中华经典诵读活动
优秀案例集

上海市语言文字水平测试中心
上海市中小学幼儿教师奖励基金会
 编

图书在版编目(CIP)数据

中华经典诵读活动优秀案例集/上海市语言文字水平测试中心 上海市中小学幼儿教师奖励基金会编. —上海：立信会计出版社,2019.8
ISBN 978-7-5429-6278-2

Ⅰ.①中… Ⅱ.①上… Ⅲ.①阅读课—教案(教育)—中小学 Ⅳ.①G633.332

中国版本图书馆 CIP 数据核字(2019)第 183017 号

策划编辑　　徐雪芬
责任编辑　　徐雪芬
封面设计　　南房间

中华经典诵读活动优秀案例集

出版发行	立信会计出版社			
地　　址	上海市中山西路 2230 号	邮政编码	200235	
电　　话	(021)64411389	传　　真	(021)64411325	
网　　址	www.lixinaph.com	电子邮箱	lixinaph2019@126.com	
网上书店	http://lixin.jd.com	http://lxkjcbs.tmall.com		
经　　销	各地新华书店			
印　　刷	上海天地海设计印刷有限公司			
开　　本	710 毫米×1000 毫米	1/16		
印　　张	16.75	插　　页	2	
字　　数	278 千字			
版　　次	2019 年 8 月第 1 版			
印　　次	2019 年 8 月第 1 次			
印　　数	1—3000			
书　　号	ISBN 978-7-5429-6278-2/G			
定　　价	48.00 元			

如有印订差错,请与本社联系调换

序

　　为深入贯彻习近平新时代中国特色社会主义思想和党的十九大精神，落实中共中央办公厅、国务院办公厅印发的《关于实施中华优秀传统文化传承发展工程的意见》，教育部、国家语委组织实施中华经典诵读工程，以立德树人、培育社会主义核心价值观为根本任务，以传承弘扬中华优秀传统文化、革命文化和社会主义先进文化为核心内容，充分发挥语言文字在传承发展中华优秀文化中的重要作用。

　　近年来，上海市各高校、中小学、幼儿园积极开展中华经典诵读活动，形成了一批优秀品牌，如上海市中小学班班有书声活动、上海市大学生经典诵读大赛、上海小学生古诗文大会等。通过竞赛、展演等方式，引导社会大众特别是广大青少年亲近中华经典，热爱祖国语言文字，提高语言文字规范意识和自觉传承中华优秀传统文化意识，诠释中华优秀传统文化内涵，彰显中华语言文化魅力。

　　2019 年，正值新中国成立 70 周年，教育部、国家语委以"诵古今经典，抒爱国情怀"为主题，组织举办中华经典诵读大赛。本项赛事得到了上海市各高校、区语委办、中小学等相关单位和部门的积极响应，报名踊跃，众多参赛作品表现出较高的诵读质量和水平。

　　优秀经典诵读作品的涌现，不是一蹴而就的，是相关单位和部门在传承和弘扬中华优秀传统文化工作中不断耕耘和付出的成果。

　　优秀经典诵读作品的涌现，同样是近年来上海市语委、市教委大力推进中华经典诵读工程建设，传承弘扬中华优秀传统文化，提升学生人文素养，通过"强根基""壮树干""生茎叶""展花果"等系列举措，以深化进教材、进课堂、进课外、进网络、进教师队伍建设和进评价体系等"六进"为抓手，加强和推进弘扬中华优秀传统文化教育，积极打造上海中华经典诵读工程的常青之树而结出的硕果。

　　为了让更多人了解这些硕果结出背后的培育和浇灌过程，了解成果产生背后的好经验和好做法，我们特组织编写了这本《中华经典诵读活动优秀案例集》。本书收集了近年来上海市各高校、区、中小学等开展中华经典诵读进社区、进校园、进家庭的生动、感人的案例。全书共分："经典洗礼 自强不息""经典吟诵 立德树人""经典伴随 诗意人生""经典传唱 和谐社区""经典诵读 诗词修身""经典传承 青春如歌""经典沃土 植根文化""经典放歌 青春飞扬""经典咏叹 魅力雅韵"9个篇章，全方位多角度介绍了各个优秀案例的构思、特色、效果和经验等。相信本书不仅是优秀活动的经验总结，还能对继续推进和普及中华经典诵读活动产生很好的示范和引领作用。

习近平总书记多次强调，中华优秀传统文化是我们的精神命脉，是我们的民族基因、文化血脉。中华经典诵读无疑是我们传承和弘扬中华优秀传统文化的一项重要而有意义的举措。在已经开展的众多优秀中华经典诵读活动的示范和引领下，扎实推进中华经典诵读工程，通过经典诵读，感受中华经典的无穷魅力，以美育人、以文化人，让更多人亲近中华经典，更加热爱祖国的语言文字，提升语言文字应用能力，培育文化自觉、增强文化自信，在全社会营造传承中华经典，弘扬中华优秀传统文化的良好氛围。诵经典，扬文化，展精神，追梦新时代！

编　者

目录

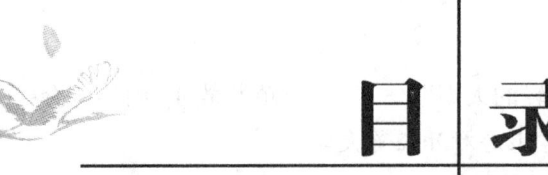

经典洗礼　自强不息

阅读历史　继往开来
　　——传红色基因,学党史国史,做时代新人
　　　黄浦区委老干部局　　　　　　　　　　　　2

绿舟架起彩虹桥　经典浸润少年心
　　——虹口区高一学生东方绿舟素质教育活动经典诵读专场会演
　　　虹口区语言文字工作委员会办公室　　　　　9

诵读经典　传承中华优秀文化
　　　上海市洋泾中学东校　　　　　　　　　　13

勇敢尝试　与经典同行
　　　杨浦区扬帆学校　　　　　　　　　　　　18

精选诵读　精心组织　精彩展示
　　——"经典阅读达人秀"创意阅读大赛
　　　闵行区田园高级中学　　　　　　　　　　24

经典吟诵　立德树人

全方位开展经典诵读　无声处提升师生素养
　　——华东师范大学开展中华经典诵读活动随想
　　　华东师范大学　　　　　　　　　　　　　31

品读文化经典　传承爱国精神　培育社会主义核心价值观
　　　上海师范大学　　　　　　　　　　　　　36

"年轻的火炬"——纪念改革开放40周年诗会
  上海对外经贸大学   43

诵读经典 不忘初心
  上海东海职业技术学院   47

雅言传承文明 经典浸润人生
  长宁区教育学院   51

颂君子之德 歌窈窕之章
  嘉定区第一中学   58

读中行 行中吟 经典永流传
  闵行区莘庄镇小学   64

经典伴随 诗意人生

"青春为祖国歌唱"诗文朗诵会
  东华大学   69

诵读经典 海大之声
  上海海事大学   75

"清吟雅诵一刻"
  嘉定区安亭小学   80

诵读经典 践行文明 照亮人生
  崇明区东门小学   86

经典传唱 和谐社区

创新活动形式 共建展示平台
  ——浦东新区"内心城市"最美声音经典诵读比赛
  浦东新区语言文字工作委员会办公室   93

一个赛事启动的经典朗诵之旅
　　——以社区为基地辐射全市的"长征杯"市民经典朗诵大赛
　　　　普陀区长征镇人民政府　　　　　　　　　　　　　98

"贤文化"引领传统文化新风尚
　　——奉贤区"爱奉贤·贤文化"经典诵读活动
　　　　奉贤区语言文字工作委员会办公室　　　　　　　104

高歌民族魂　漫溢九州乐　菁莪雅韵千秋传
　　——徐汇区上师大学区雏燕新声吟诵活动
　　　　上海市中国中学　　　　　　　　　　　　　　109

吟诗诵词传文化　自强自信承精神
　　　　松江区第七中学　　　　　　　　　　　　　　115

"诵经典，品书香"　亲子吟诵共成长
　　　　青浦区实验小学　　　　　　　　　　　　　　120

经典诵读　诗词修身

诵经典　营造健康高雅校园
　　——"上海大学朗读者"系列活动
　　　　上海大学　　　　　　　　　　　　　　　　　126

一代才女一生情
　　　　金山区干巷学校　　　　　　　　　　　　　　130

晨诵迎朝阳　雅韵伴成长
　　　　普陀区武宁路小学　　　　　　　　　　　　　134

经典照亮成长路
　　　　奉贤区思言小学　　　　　　　　　　　　　　141

创"实小朗读者"　诵百年精神
　　　　崇明区实验小学　　　　　　　　　　　　　　147

经典传承　青春如歌

诵中华经典　树文化自信
　　上海应用技术大学　　　　　　　　　　　　　　　153

情景并茂　读行相谐
　　上海市松江一中　　　　　　　　　　　　　　　158

品味四季　诗书中华
　　上海市第一师范学校附属小学　　　　　　　　　163

为中国儿童打下鲜明的中国底色
　　上海师范大学附属外国语小学　　　　　　　　　169

让经典融入学习生活之中
　　长宁区愚园路第一小学　　　　　　　　　　　　173

经典沃土　植根文化

品读中华文脉　传播中国声音
　　上海外国语大学　　　　　　　　　　　　　　　179

经典诵读　价值引领　教学相长
　　上海体育学院　　　　　　　　　　　　　　　　184

诵中华经典　建书香校园
　　上海健康医学院　　　　　　　　　　　　　　　190

文教结合　打造"家乡名片"
　　——陈伯吹儿童文学系列活动
　　宝山区语言文字工作委员会办公室　　　　　　　195

让书香溢满校园　让经典浸润人生
　　——传红色基因,学党史国史,做时代新人
　　静安区民办扬波中学　　　　　　　　　　　　　199

地域滋养　品诵经典　伴随成长
　　——以校"诗间品枫泾"综合实践活动为例
　　　金山区枫泾小学　　　　　　　　　　　　　　　　204

经典放歌　青春飞扬

与新时代同行的中华经典诵读活动
　　上海商学院　　　　　　　　　　　　　　　　　　211
青春在经典中绽放
　　——青春的花海
　　　上海科学技术职业学院　　　　　　　　　　　　216
传承国学品经典　诵读名著"话"西游
　　上海外国语大学尚阳外国语学校　　　　　　　　　221
不忘初心诵经典　凝心聚力扬文化
　　黄浦区蓬莱路第二小学　　　　　　　　　　　　　226

经典咏叹　魅力雅韵

声如夏花
　　上海视觉艺术学院　　　　　　　　　　　　　　　232
传中华经典　赏语言魅力
　　上海思博职业技术学院　　　　　　　　　　　　　238
开发影视资源　助力经典诵读
　　上海市海南中学　　　　　　　　　　　　　　　　244
古今一轮月　千载寄情思
　　——《水调歌头》经典诵读
　　　上海外国语大学附属双语学校　　　　　　　　　249
传承中华经典　弘扬中华文化
　　——传红色基因,学党史国史,做时代新人阅读大赛树品牌
　　　上海教育报刊总社　　　　　　　　　　　　　　254

经典洗礼　自强不息

阅读历史　继往开来
——传红色基因，学党史国史，做时代新人

黄浦区委老干部局

一、活动简介

2018年11月13日下午，由黄浦区关心下一代工作委员会、区委老干部局、区语言文字工作委员会、区教育局主办的"阅读历史　继往开来——传红色基因，学党史国史，做时代新人"主题教育活动成果展演在黄浦区教育学院附属中山学校多媒体剧场隆重举行。市委组织部副部长、市委老干部局局长杨佳瑛，黄浦区委书记杲云等领导出席。区离退休干部与青少年学生300余人参加了活动。

黄浦区离休局级老同志王宏杰与曹光彪小学姜艾彤小朋友，在共同阅读了反映黄浦区城区历史变迁书籍后，各自撰写了读后感，并通过对话的形式进行表演，节目名称：从原点到初心

本次活动是 2018 年黄浦区为期半年的"传红色基因,学党史国史,做时代新人"主题教育系列活动的成果展演。在前期开展的系列活动如"老少共读一本书""党史国史学有感"征文、"最美历史诵读者"朗诵培训等基础上,收获大量优秀的文章、精彩的故事和喜爱朗诵的老少伙伴,最终决定以老少参与诵读经典的方式,将中华文化、革命传统、改革开放 40 年成果,以及社会主义核心价值观等内容,以一台展演的形式呈现。

二、活动构思

红色基因作为社会主义核心价值观的有机组成部分,是中国共产党培养担当民族复兴大任的时代新人的应有之义和必然要求。习近平总书记指出,红色基因就是要传承,中华民族从站起来、富起来到强起来,经历了多少坎坷,创造了多少奇迹,要让后代牢记,我们要不忘初心,永远不可迷失了方向和道路。黄浦区关心下一代工作委员会一直在思考:新时代如何运用老同志和青少年都愿意接受的方式来开展工作。

中华经典诵读无疑是一种可以承上启下,且在老少之中喜闻乐见的方式。诵读是对文字的一种敬畏,当文字被深情地宣之于口时,不管是诵读者本身还是倾听者,都会感受到力量的注入。无论是垂暮老人,还是天真孩童;无论是音色优美,还是嗓音沙哑;诵读的魅力往往来自于那些平凡的声音,但却诉说着极不平凡的故事。其中流露的真情实感才是最能打动人心的。

黄浦区是中国共产党的诞生地,区域内红色资源丰富。区关心下一代工作委员会拥有大量离退休干部资源,他们中的大部分人亲历了中国的解放和发展,他们思想信念坚定,具有优秀的传统美德,是红色基因的传承者,也是社会主义核心价值观最好的宣传者,在青少年爱国主义教育、思想道德教育领域发挥着积极的作用。与此同时,黄浦区语言文字工作委员会拥有大量学校与青少年学生资源,并拥有长期专注于中华传统文化的传播,热爱语言文字、热爱朗诵、热爱教育事业的专家。在她们多年的培育和指导下,黄浦区各个学校形成了重视语言文字,热爱传统文化的良好氛围。近年来,各类以传承中华文化、传播正能量的诵读节目主流媒体,也吸引了大众的关注。

黄浦区关心下一代工作委员会与区语言文字工作委员会多次协商、沟通后,决定携手以诵读文化经典、诵读革命历史、诵读亲历故事的形式,让青少年学生通过自己阅读,或与离退休干部共读书籍,撰写读后感想;或与离退休干部交流读后感,最后将这些心得体会通过诵读的形式入心、入脑。离退休干部尽管年事已高,但思想却从不褪色,他们的精神力量同样可以通过文字,或通过他们自己的声音进行传达。这些有故事的老同志不仅仅可以教育青少年一代,更能影响或是引领更多的老同志加入关心下一代的队伍中来,可谓是一举多得。

市委组织部副部长、老干部局局长杨佳瑛向获得黄浦区离退休干部关心下一代工作积极分子、离休干部孙瑞英颁发荣誉证书

三、特色介绍

1. "见字如面":93 岁抗战老兵与青年干部结对 15 年,忘年情深

孙瑞英是黄浦区关心下一代工作委员会名誉主任,常年致力于关心下一代工作。曾于 2017 年 9 月 3 日,代表上海抗战老战士参加在天安门广场举行的阅兵仪式,多次被评为关心下一代工作先进个人。15 年前与当时还在团区委工作的青年干部姜敏结对,自此两人共读马列经典,青年干部定期向老领导汇报学习和工作进展。一段延续十数年之久的"忘年之交"传为佳话。随着时间的推移,他们的故事还在延续,知晓的人越来越多。如此充满正能量的真实事例,无论是对青年干部,还是对老同志都具有很大的教育意义。

主办单位邀请老青两人将 15 年的结对情谊用文字的方式来总结,并用诵读节目"忘年交"展示。93 岁高龄的孙老亲自提笔写了一封长信给已经在黄浦区人大办任职的姜敏,诉说了自己对于青年一代的美好期望。姜敏也在第一时间回复,表达对老领导多年来教育、指点的感激之情。展演舞台上,优雅沉静的孙老将两人的忘年之交娓娓道来,柔和而有力的声音里传递的是浓浓的深情,看着九旬老人如此认真地诵读自己准备的书信,如此热爱自己的事业,如此关注年轻一代的成长,台下的老同志和青少年都为之动容。老青两人诵读书信的方式新颖而庄重,饱含深情大义且真情流露,传递的是老一辈革命家、教育工作者对青少年的深情厚谊;传递的是离退休干部尽己所能发挥正能量的使命担当,令倾听者肃然起敬。

2. 情景对话:离休老干部与小笔友共读一书,话"原点"与"初心"

王宏杰是黄浦区老干部大学名誉校长、离退休干部思想政治工作研究小组组长、离休党支部书记,他年少时曾在黄浦学徒,又在黄浦加入了中共地下党,一直在这片土地上接受着党的教育和培养,对黄浦这片土地有着深厚的感情。11岁的小学生姜艾彤,出生在黄浦,就读于黄浦中心城区的小学。老少二人共读记录黄浦区中心城区历史沿革的《上海城市之心》一书,对"原点"和"初心"的理解各自不同。读后感以老少情境对话的形式呈现,并形成节目"从原点到初心"。舞台上,小学生天真可爱,表达着自己对出生地的依恋和对参加过革命的老爷爷的崇敬;而老同志则向孩子讲述着黄浦是自己作为一名共产党员的人生"原点",唯有保持一份"初心",才能再次出发,并鼓励孩童要认真学习,热爱自己的家乡和祖国。老干部略带沙哑的嗓音与孩童清亮的声音,演绎的正是历史的积淀和新时代的希望。诵读的形式让爱国主义教育变得真实、生动,台下的孩子都兴致勃勃,第一次看到了书中才能看到的"地下党"的真实形象。声与形的演绎,比相对刻板的书本教育,更能深入人心。

3. 亲历改革:青年人讲述老一辈改革开放40年故事,教育无处不在

2018年是改革开放40周年,黄浦区有一大批老同志是改革开放的亲历者和参与者。而改革开放的这40年,同时又是"80后"成长的40年。我们特别邀请4所学校的青年教师,用诵读故事的方式讲述中国人"幸福走过的40年",展示离退休干部群体在中国40年改革开放历程中做出的巨大贡献。1977年恢复的第一次高考,上海的第一条地铁,快速发展的城市交通,这些具有深远意义的大事,不仅影响着老同志们,同样也影响、改变着青年一代。青年教师肩负着教育下一代的重任,"革命尚未成功,同志仍需努力!"当接力棒已经传递到这些年轻人的手中,必要的叮咛与教诲仍然是必不可少的。通过对老同志们亲历故事的诵读，青年教师必能深受教育。

4. 书声琅琅：青少年以诵读诠释经典，力量不可小觑

2018年5月23日，上海市"从石库门再出发——传红色基因，学党史国史，做时代新人"主题教育活动启动仪式在中共一大会址隆重举行。中国关心下一代工作委员会顾秀莲主任等领导参加，并对由黄浦区承办的此项活动给予了高度肯定。"从石库门再出发"是唯一由老艺术家和黄浦区师生共同演绎的诵读节目。此次展演中，中小学生群诵的"从石库门再出发"铿锵有力，震撼人心；8位化妆"身披镣铐的革命志士"，大声宣读自己的理想信念，"我应该在烈火与鲜血中得到永生！"没有人会因为他们只是一群小学生而感到不妥，反之都被他们的气势所感染；"我爱我的家"是曾在澳门获得两岸四地朗诵比赛大奖的精品节目，小女孩一人独撑舞台，讲述着自己对于祖国和家乡的热爱，可爱且认真的形象，引得台下观众啧啧称赞；压轴节目"中华赋"大气磅礴，"少年强，则国强！"毕业班的同学们表达了自己对于传统文化的尊崇与喜爱，传承的是无与伦比的信心与决心。小小少年，大声而郑重地宣读着自己勇担复兴重任的理想，洋溢着青春与希望，没有比这样的情景更充满朝气与力量的了。

四、效果反响

上海市委组织部副部长、老干部局局长杨佳瑛，黄浦区委书记、区长杲云全程参与了黄浦区"阅读历史，继往开来——传红色基因，学党史国史，做时代新人"主题教育活动成果展，并给予了肯定和高度评价。活动的成功举办，无论是在语言文字工作领域，还是教育系统，以及老干部工作系统，均产生了较大的反响。很多现场参与的离退休干部，第一时间表达了对活动的肯定，活动信息通过各种媒体报道之后，一些老同志还致电老干部局，表示："主题活动立意很高，展现了新时代离退休干部的风采，以诵读为形式，生动、感人却不失庄重大气，可看性强。"

黄浦学子通过参与此次活动也得到了教育和锻炼。黄浦区教育学院附属中山学校八年级4班的韩瑾兴同学，在其题为"朗诵，成为我们人生的底色"的作文中写道："这也许是我们初中阶段的最后一次展演，但绝不是人生的最后一次展演。在这两年中，我们收获的不仅仅是奖项，更是每个同学自我经历的一次沉淀。班里的学习风气越来越浓，我也因此更加热爱古诗词。在一次次的表演过程中，我不知不觉地便诵出了一种归属感，一种幸福感，一种自豪感。

我感受到了,身为祖国的下一代,我要努力地阅读、学习,让祖国变得更加富强,让人生散发光彩!"诵读辅导老师陶悦在一篇名为"翰墨书香,感悟成长——记黄浦区弘扬传统文化经典诵读活动"的文章中这样描述:"'老师,我不行的!''老师,能让我再试一试吗?''老师,我刚才真的很紧张,但是,我好开心!'这是小清同学在参加本次经典诵读活动前前后后对我所说的话,看着孩子们的变化,感受着孩子们的成长,我发自内心地感动和欣慰!"

五、经验反思

作为一次资源整合、强强联手的合作,黄浦区"阅读历史,继往开来——传红色基因,学党史国史,做时代新人"主题教育活动成果展演是成功的。诵读,不仅展示了主题教育系列的内容、青少年与老同志的风采,还体现了离退休干部在引领和指导青少年成长发展中所起的重要作用,更营造了青少年一代不忘老干部、尊重老干部的良好氛围。本次活动的成功,表现在四个方面。

一是加强协调,发挥1+1>2的效力。黄浦区关心下一代工作委员会与语言文字工作委员会虽是首次合作,但双方在活动的构思和策划、组织和执行环节都不断地进行沟通和协调,毫不吝啬各自所拥有的资源,为诵读活动顺利开展打下良好的基础。加之有教育关工委的通力合作,使得活动如虎添翼,将各部门的效力发挥到最大。

二是创新载体,重视语言文字在传承中的积极作用。无论是阅读还是诵读,都是一种适合老年人与青少年的学习和展示方式。打破阅读的刻板印象,加入"悦读"理念;改变诵读较为专业的片面想法,鼓励"人人可诵读"的风气,将中国语言文字的魅力,重新展现在世人面前,让那些厚重的历史、深邃的思想、感人的故事,真诚的感受都能通过你、我、他的声音来传递,尊重文字,传承文化。

三是打好前站,做足积累。展演是系列活动成果的集中汇报。而前期组织的读书、写作和朗诵培训等活动,尤其是在"最美历史诵读者"朗诵培训中,区语言文字工作委员会特别邀请了语文特级教师为老同志和青少年进行朗诵培训,老少朗诵爱好者也进行了当场展示,老师更是结合他们的表现进行了生动有趣的现场指导。活动有200余位学生和老同志参加,形式生动有趣,效果显著,活动中涌现的积极分子还参与了此次展演活动。

四是充分发挥老少主观能动性,教育与自我教育相结合。中华经典诵读,目的是正向教育。经典来自过去，经典也可以创造。积极鼓励老少从自身出发，学经典、谈感受、作交流，在学习中成长，在感悟中升华，在交流中影响他人。通过诵读，通过选择适合自己也适合听众的作品，起到教育与自我教育的效果。

老干部是社会的优质资源，拥有巨大的能量，青少年是祖国的未来，拥有海绵快速吸水的能力。以中华经典诵读活动为载体，进一步提升工作能级，吸引更多的老同志和青少年参与其中，发挥语言文字在传承中华文化以及社会主义核心价值观中的重要作用，老少携手，再诵中华经典，这也是语言文字工作者的职责。

（执笔：罗申汶）

绿舟架起彩虹桥　经典浸润少年心
——虹口区高一学生东方绿舟素质教育活动经典诵读专场会演

虹口区语言文字工作委员会办公室

一、活动构思

为充分发挥上海市青少年校外活动营地——东方绿舟的资源优势,市教委每年安排各区高一年级(包括中等职业学校)学生到此开展军训活动,为期5天,并要求各区教育局协调各方面力量,开展丰富多彩的主题活动,发挥军训的综合育人功能,推动形成本市学生军训工作新格局。

虹口区语委办从2008年开始至今,以"绿舟架起彩虹桥,经典浸润少年心"为主题,连续10年与区教育局中教科、体艺卫科、东方绿舟素质教育基地、区内所有高中和职校通力合作,结合社会热点,巧妙设计,不断丰富高一新生东方绿舟军训的集体生活。军训一周,周二或周三晚上的节目一定是诵读、演讲、微小品展演活动。参与军训的全体师生与教官们齐聚绿舟剧场,在特定的时空、特定的氛围、特定的主题中受到了生动而深刻的教育。2008年至今,已有160多所学校的学生受益,具体数据见表1。

表1

时间	主题形式	参与人数
2008年	"与世博同行、与快乐相伴"——"我的2010"演讲活动	17所学校,4 820名
2009年	"畅想未来话世博"主题论坛	17所学校,4 530名
2010年	"绿舟架起彩虹桥,经典浸润少年心"经典诵读活动	17所学校,3 730名
2011年	"绿舟架起彩虹桥,经典浸润少年心"经典诵读活动	18所学校,3 779名
2012年	"绿舟架起彩虹桥,经典浸润少年心"经典诵读活动	18所学校,4 000名

(续表)

时间	主题形式	参与人数
2013年	禁毒微小品·演讲活动	15所学校,3 321名
2014年	禁毒微小品·演讲活动	14所学校,3 000名
2015年	"诵读经典·健康人生"庆祝反法西斯胜利70周年诵读活动	13所学校,3 000名
2016年	"诵读经典·健康人生"庆祝红军长征胜利80周年诵读活动	13所学校,3 000名
2017年	新沪杯20周年法治小品专场会演活动	12所学校,3 000名
2018年	庆祝改革开放40周年经典诵读会演活动	10所学校,2 800名
2019年	庆祝新中国成立70周年经典诵读会演活动	待续……

二、特色介绍

以2010—2012年的主题诵读活动为例,区语委办按照参赛学校数,将中国历史分成几段,推荐每个历史分段的经典作品,各校通过抽签确定并排演诵读篇目。会演当天,每个历史分段先由2分钟视频导入,创设历史情境,千余名身着迷彩服的高一新生,穿梭历史时空,或是静心倾听,或是齐声呼应,通过诵读、舞蹈、配乐、课本剧、多媒体渲染等手段,演绎经典,畅游中华文化历史长河,感悟经典,引领学生领略中华文化。

2010年绿舟架起彩虹桥,经典浸润少年心诵读活动

2015 年,区教育局、区未保办、区语委办联合开展"诵读经典·健康人生"会演活动,让诗歌唤醒记忆,让小品警示人生。整场活动共分两大板块:第一版块是诵读篇——峥嵘岁月,学校通过抽签按"烽火初燃、狼烟遍地、凝定群相"3 个主题,寻找庆祝世界反法西斯胜利 70 周年的诵读内容;第二板块是小品篇——健康人生,学校自编自演法制小品,内容涉及保护消费者权益、碰瓷、新广告法、网络暴力等热点话题,引起全体师生强烈的共鸣。

2016 年"诵读经典·健康人生"会演活动,在诵读中"冲破封锁线、四渡赤水、飞跃大渡河、勇攀雪山草地"重走长征路,庆祝长征胜利 80 周年;又在戏剧冲突、情感真挚的小品演出中,感悟"珍爱青春、远离毒品"。

三、效果反响

纵观 10 年的东方绿舟主题诵读活动,学生的参与热情高涨,参与度很高,在体验浸润式的活动中,学生增强了传承中华文明的使命感,在经典作品中陶冶性情品德,同时也提高了广大师生的语言文字规范意识和应用水平。该项活动不仅是对虹口高一新生义务教育阶段经典诵读行动成果的检阅,更是奏响了高中学段经典诵读行动全面启动的序曲。这种被东方绿舟军训基地奉为"虹口模式"的素质教育范本已被推介到各个区县。

近年来,虹口区教育局大力推进高中"戏剧进校园"项目,连续 3 年推出由零基础的高中生出演的大型原创史诗舞台剧《东方之舟》《赤子之心》《黎明之前》,以及与专业演员同台的《鲁迅在上海》,反响热烈,被认为是最有意义的"开学第一课"。其中,主要演员大多是在高一学生东方绿舟诵读主题活动中脱颖而出的。澄衷高级中学学生高瑞杰,因在东方绿舟专场会演中崭露头角,成为舞台剧《东方之舟》《赤子之心》的主角,被评选为"全国最美中学生"。

四、经验反思

1. 部门联动齐发力

虹口区委、区政府始终高度重视区青少年学生的成长发展,专门建立了由 17 个委办局组成的区级部门联席会议机制,实施虹口区关爱学生成长"彩虹计划",该计划由"立德树人、人文涵养、科学素养、自主学习、健康促进、国际交流和助学暖心"七大工程组成。其中,人文涵养工程就要求"积极传承国学文化,精心组织开展经典诵读活动",参与该工程的部门除语委办外,还有区文化局、司法局、未保办、督导室、青少年活动中心及区教育局各相关科室。

2. 课程体系强推进

各高中、职校积极发挥语文、历史、政治、音乐等基础课程主阵地的作用，结合课堂教学，指导学生品读经典，深入理解中华经典的内涵与精髓；通过拓展课与研究性学习，充分调动学生的积极性、主动性和创造性，引导学生自主学习、自我教育、主动发展，尝试各种文体的创作；通过主题德育活动、学科活动、社会实践活动、学生社团活动为载体，展现学生学习实践的成果。

2016 虹口高一学生东方绿舟纪念长征胜利 80 周年主题活动

3. 专业教师重引领

区教育局多渠道解决艺术师资短缺的问题。通过项目培训提升教师的专业能力和执教能力。在此基础上，还探索了兼职教师的使用机制问题，聘用社会文化艺术团体的专业人士指导教学实践。

区语委办发挥资源优势，邀请专业配音演员、新闻主播等担任现场评委与点评、示范表演嘉宾，让虹口学子通过近距离感受专业人士的语言及人格魅力，潜移默化，从艺术家身上学到了宝贵的敬业精神。

虹口区教育局、区语委办始终坚持文化育人，切实使社会主义核心价值观成为学校德育改革的灵魂，遵循不同学段学生的志趣养成和认知规律，把东方绿舟素质教育活动诵读专场会演作为德育美育融合创新的重要载体，树立"大德育"理念，持续推进德育改革，继续深入挖掘区域文化历史资源，生动开展虹口学生社会主义核心价值观教育活动。

（执笔：孙梅）

诵读经典　传承中华优秀文化

上海市洋泾中学东校

一、活动构思

中华文化源远流长,博大精深,是中华民族赖以生存的精神支柱和心灵家园。开展经典诵读活动,品悟中华文化,传承民族精神,涵养民族修为,承继民族智慧,造就具有中华气韵和民族气质的现代中国人,是教育者的神圣使命。

洋泾中学东校积极开展经典诵读工作,设计了"诵读经典,传承优秀中华文化"系列活动:第一,班班诵经典;第二,诗词擂台赛;第三,名著我来评;第四,汉字夏令营。通过这些系列活动,在引导学生诵读经典名著,增强学生的人文底蕴,获得道德熏陶和思想修养,弘扬优秀的民族传统文化。

班班诵经典比赛

二、特色与成效

1. 班班读经典，文中会古贤

"出必告，反必面。居有常，业无变""天地玄黄，宇宙洪荒。日月盈昃，辰宿列张。"每周二清晨，学校各教室传出了琅琅的读书声。这是学校开展的晨读经典活动。

每个年级都有自己的必读篇目，学生在校四年，将诵读《弟子规》《论语》节选、《诗经》《千字文》《道德经》，语文教师指导学生理解背诵。《弟子规》《论语》节选、《诗经》等都是我国古人留下的经典著作，承载着中华民族的文化和思想精华，凝聚着古人智慧。几年如一日的晨读经典活动，培养了学生们对经典文章的兴趣，积累了大量的经典文章，感受中国的传统美德和中华文化的博大精深，了解了我国古代圣人老子、孔子等的大智慧，有助于开阔学生的眼界，增加学生的文化内涵，在潜移默化之中提高道德品格，为他们未来的人生奠定了坚实的基础。

学生的经典诵读总是需要为他们搭建一个展示平台，这就是个人朗诵比赛或班班诵经典比赛。特别是班班诵经典，采用全员参与的方式，每班围绕主题选择朗诵内容。赛况可谓是精彩纷呈。同学们的朗诵抑扬顿挫，情感充沛，形式多样。一首首经典的唐诗伴着悠扬的乐曲，从同学们的心中喷发出的深情，令所有参与的同学沉醉在古诗的殿堂之中。有的班级6个领诵，阵势庞大，浅吟清唱诵古韵，悠悠诗情明我心；有的班级古装登场，娓娓道来，倾情演绎，使观众沉浸在古诗的意韵中。

2. 诗词擂台赛，比谁有底蕴

为了提升学生语言文字应用能力和经典诵读能力，传承弘扬中华优秀传统文化，激发学生多背诵理解诗词，增加诗词底蕴，学校在每年4月份开展"汉字听写暨诗词知识擂台赛"。提高学生汉字书写能力，理解汉字内涵，赏中华诗词，寻文化基因，品生活之美。

"看图猜诗句"，不同的参赛队选择不同主题的诗词："多情山水""岁月深情""四时风光""如梦令"，这是对选手们的一个极大挑战。有的图片，学生头脑中冒出了好多首诗词，但还是没对上号。"春江水暖鸭先知""竹外桃花三两枝"……主持人启发了："图片有鸭么？有桃花么？"最后亮出答案，哦，原来是《忆江南》。还有诗词九宫格，非常能考察学生的诗词功底的。真是"书到用时方恨少",同学们都很受震动,回头继续多多背诵才行。台上答不出的,台下同学抢答,每场比赛都是热闹非凡。四周的擂台赛在激烈的角逐中拉下了帷幕,激励同学们继续在汉字博大精深的文化根基里,在经典诗词的丰富意境中,积累文学功底,积淀人生。

学校迎接2017年教育部经典诵读工作调研

3. 四大名著榜,你我来点评

在文学经典的阅读中,其中的人物或故事情节常常打动读者的心灵。阅读的过程就是一次难忘的情感历程。这种阅读的体验和思想的冲击慢慢地积淀下来,沉淀在学生的记忆中,成为内在的驱动力,推动着他们去认识世界、展望未来、创造生活。为了鼓励学生阅读《三国演义》《西游记》《水浒传》和《红楼梦》四大名著,学校在走廊的墙上做了4块大板作为名著点评榜,分别是"三国群英争秀榜""漫评西游众生相""水泊梁山百八将""红楼人物之我见"。在学生阅读名著的基础上,让他们在各种形状不一漂亮的贴纸上,写上自己对名著人物的点评,然后粘贴在名著榜上。

这种喜闻乐见的方式,一方面,激发了学生阅读古典名著的兴趣;另一方面,让学生在名著榜上留下了自己的墨宝与独特的点评,常使他们驻足于前品评。学生以他们的视角点评名著中的人物,道出了自己的心声,也不乏风趣幽默。例如有学生这样评价《三国演义》中的人物:"关二爷,您与您的青龙偃月刀和赤兔马作战多年,创下赫赫战功。您的兄弟情谊着实地让我感动"。有学生这样评价《红楼梦》中的人物:"林黛玉孤独自卑而又清高自傲,洞悉世情却不识世故,难得众人心却拥有真知己""贾宝玉不拘于世俗,潇洒自在",等等。

4. 汉字夏(冬)令营,游历品经典

为了让孩子进一步体验"读万卷书,行万里路"的快乐人生,学校每年组织"汉字听写夏(冬)令营",在游历祖国大好河山的过程中记忆汉字,品读经典。

这些年,学生游览了上海金山嘴渔村、海宁钱塘江、王国维故居、金庸书院、嘉兴南湖、大运河源头、西峡大森林、神龙川峡谷等地方。在游览中,不仅饱览了祖国的壮丽山河、品读了名胜古迹中的诗词楹联,还接受了专家的培训,如"二十四节气诗词系列"培训、"出自四大名著的成语故事"的表演、"出自《论语》的85个成语典故解说"培训,等等。同学们觉得这样的游学活动让自己获益匪浅。

三、效果与反响

经过多年的实践、反思与改进,学校的经典诵读工作逐渐形成了自己的特色,并在浦东新区乃至上海市具有一定的影响力。

2013年,学校承办了第七届浦东教学展示周"中华经典诵读教学展示专场",接待了全区各校语言文字专管员及125位语文教师开展观摩研讨活动,开设了两节经典诵读教学展示课,汇报学校经典诵读工作,起到一定的示范辐射作用。同年,学校被评为浦东新区首批经典诵读优秀学校。

2015年,盛自远同学获第三届中国汉字听写大赛上海站点第一名,代表上海队参加中国汉字听写大会,获团体二等奖。

2016年、2017年,学校与浦东新区语言文字工作委员会联手举办2016年区级"汉字听写初中邀请赛"和2017年区级"初中学生汉字听写暨诗词大会邀请赛",完成了学校作为优质资源的辐射效应。在两届浦东新区"汉字听写初中邀请赛"中,学校汉听团队以绝对优势荣获第一。

2017年7月,在浦东新区兰馨悦立方隆重举行了杨华校长"拥抱春暖花开"诗集首发式暨诗歌朗诵会。此次活动的指导单位是上海市作家协会、上海市语言文字工作委员会办公室、上海市语言文字水平测试中心,由浦东新区作家协会主办,浦东新区潍坊街道、浦东新区语言文字工作委员会办公室承办,活动取得圆满成功。

2017年9月,洋泾东校作为上海市初中学校代表,迎接教育部经典诵读调研团到校调研。学校将经典诵读工作从学校管理层面定位,从文化积淀方面突破,从条线操作点面落实,总结了因校制宜探索经典诵读的有效途径,探讨了经典诵读与学生成长成才之间的关系。专家、领导对于洋泾东校近几年来"诵中华经典,育学校文化"的探索实践大为赞赏与肯定。

2018年,学校被评为上海市首批"书香校园"。

四、经验反思

(1) 学校重视经典诵读工作,由诗人校长领衔,教导处主抓,各教研组、年级组积极组织,各项工作有序推进,成效显著。

(2) 活动设计中,有前瞻性、系统性,"诵读经典,传承优秀中华文化"系列活动从"诵"到"赛"到"展",从校内到校外,从"读万卷书"到"行万里路",各项工作层层推进,追求实效。

(3) 学校开展经典诵读工作,有持续性,在实践中不断反思改进,日渐形成成熟的模式,形成学校的育人文化。

"雅言传承文明,经典浸润人生",学校将传承特色,推陈出新,更深入地开展中华经典诵读活动,营造积极向上、清新高雅、健康文明的校园文化氛围,提升学生的人文素养,丰厚学生的精神底蕴,不断深化学校文化建设内涵,促进师生共同成长。

勇敢尝试　与经典同行

杨浦区扬帆学校

这是一个特殊的学生群体。

加强中华优秀传统文化教育要从孩子开始，在小学阶段学习中华民族流传下来的经典作品，意义重大。对特殊学生，老师有责任给予他们传统文化的熏陶，培养他们的爱国意识，陶冶情操，提高其适应社会的能力。

一、指导思想

"中华经典篇章"是中华民族文化的重要载体，是中华民族悠久文化的精华，是爱国主义教育的不朽教材。为了营造阅读经典、诵读经典的区域文化氛围，让特殊学生也能从小了解中华优秀传统文化、接受优秀传统文化的熏陶，在潜移默化中养成爱国守法、明礼诚信、团结友爱、勤俭自强、敬业奉献的良好品质，更重要的是让他们能在经典的熏陶中，融入社会生活，学校开展了"勇敢尝试，与经典同行"为主题的中华经典诵读活动。

杨浦区班班有书声展演活动

二、特色介绍

(一) 古诗词诵读活动

1. 日常活动

学校制定了适合低、中、高年级学生都能参加的古诗词诵读活动方案,充分利用各学科课前两分钟的时间,让学生一遍遍地诵读,使学生时时能读,日日能诵。很多特殊孩子只能接触语文课本中的几首古诗词,十分有限,而他们会背诵的古诗词更是少之又少。经过一年多的中华经典诵读活动的开展,学生会背诵的古诗词大大增多,有些高年级学生已经能够背诵近百首古诗词。琅琅书声,日有所诵,水滴石穿,诵读活动渗透到日常教学,陶冶了学生的情操,增强了特殊孩子热爱祖国优秀文化遗产的情感。

2. 古诗词诵读比赛

经过一段时间的古诗词日常诵读后,学校开展了一次"诵经典古诗词比赛"。初赛先是在各班级自行角逐,班级优胜者再参加校级"诵经典古诗词比赛"决赛。最后进入决赛的孩子们演绎了《水调歌头》《游子吟》《登鹳雀楼》《忆江南》等中华经典古诗词。参赛选手们或伴随满怀意境的音乐,或编排优美的动作,将诵读的古诗读出了古韵,让人不禁拍手叫好。有个别低年级的孩子太过稚嫩,背不出稿子,但依然勇敢上台将稿子认真读完,精神可嘉,甚是可爱。

(二) 表演活动

除了诵读经典以外,学校鼓励孩子们演绎经典。特殊孩子的理解能力非常有限,将经典的故事、片段演一演,不但能让孩子们更加熟悉经典篇章,更重要的是能够帮助特殊孩子理解经典篇章的内容,尽可能地让他们更真切地体会祖国优秀的传统文化,陶冶特殊孩子们的高雅情操。根据特殊学生低、中、高年级不同的接受能力,学校分别开展了3个不同的表演活动。

1. 低年级童谣表演

童谣表演是专门为刚进校园不久的孩子们设计的。童谣琅琅上口,简单易懂,篇幅不长,孩子们比较容易记忆。活动的主题是"向上的力量"。该主题紧紧围绕弘扬传统文化、宣传传统美德开展,让扬帆的学生们从儿歌中体悟中华民族五千年来的精神脊梁,感受中国文字的韵律与博大精深。比赛的同学,念儿歌、演儿歌,给台下的同学带来了精彩丰富的体验,同学们时而在《天之大》的儿歌中感受到"孝"与"善"的意义;时而在《儿歌连读》中,体悟到了"独立"与"自主"……看着台上精彩的表演,同学们热烈鼓掌,全身心地投入向上向善的氛围中。

学校执教言语沟通课的老师还为低年级的学生提供一对一的个别化教学,为那些发音存在问题,言语存有障碍的孩子们进行言语矫治。经过一段时间的矫治和训练,孩子们的言语能力会有一定的改善,这样做能帮助孩子们早日融入班级的语言环境,也能早日融入社会。

2. 中年级课本剧表演

中年级的学生以年级为单位,将语文课本中的成语故事进行排练和演出,几乎每个孩子都安排了角色。语言能力强的孩子台词安排多一些,语言能力较弱的孩子则动作安排多一些。孩子们利用午休和大课间的时间一起排练,在一遍遍对台词、一遍遍衔接环节的过程中,孩子们的语言能力有了明显的提高,他们对自己表演的成语故事也熟记于心。孩子们非常高兴,不怕烦琐,自己动手做起了演出道具,为演出增添光彩。正式演出那天,孩子们表演了《滥竽充数》《自相矛盾》《狐假虎威》等课本剧,赢得了全校师生经久不息的掌声。

3. 高年级配音比赛

这是一个创新型的活动,学生们从来没有接触过。老师为孩子们选择了动画片《三字经小故事》,以及时下具有教育意义的动画片《大耳朵图图》中的片段,以班级为单位进行了一场别开生面的配音比赛。比赛现场让人感慨颇多,竟然也有不少特殊孩子能将语音语调模仿得惟妙惟肖。孩子们全情投入,兴奋异常,深深感受到了语言的美妙。本次活动激发了学生学习语言的积极性,也大大增强了孩子们在语文课堂中朗读的热情,可谓受益颇多。

(三)参加区"班班有书声"中华经典诵读展演活动

学校语文老师齐心协力,重造原创诗篇。孩子们对于深奥的文字不能理解,老师们就写孩子们自己想说的话!孩子们的委屈、孩子们的失落,以及来到学校接受教育后,找到梦想、努力实现梦想的心声,还有一直以来感受祖国母亲温暖关切的感动……这是孩子们想说的话,也是老师们想说的话,即便没有桃李满天下的荣耀,老师们依旧会不计名利地扬帆起航,只为着心中的教育梦想!最后老师们将师生的梦想写成了诵读诗篇——《相信》,真情实感,感人至深。

今年的诵读活动还增加了歌颂改革开放40周年的内容。学校特意制作了一个视频文件作为展演节目的背景进行播放,该视频展现了特殊孩子们在学校接受教育的实况,以及接受教育后学生们的成长变化,也向人们展示了特殊教育这些年的飞速发展和进步。

勇敢尝试，筑梦前行。学校进行全校选拔，最后有 15 名学生及 2 位老师参加此次展演。每一个参赛的孩子都坚持不懈、全力以赴。脑瘫的孩子佳佳，从小不会走路，平时在学校里也由母亲寸步不离地陪伴，但她声音好听，在语文课上的朗读总是很出彩。佳佳很想登上舞台参加诵读比赛，很想在聚光灯下展示自己的声音，但是她连站稳都很困难，如何能在舞台上表演节目？老师为佳佳设计了适合她的位置和动作，一遍一遍的排练，师生一次一次的鼓励，让佳佳找回了自信，主动要求在舞台上站起来走两步，想用自己跟跄的步子鼓励更多的人找回自信！还有严重自闭倾向的磊磊，胆小懦弱，害怕与人交流，不敢跟人对视，老师夸他记忆力好声音也好听，鼓励他大声朗诵。他读错的音帮他一遍遍纠正，他不会读的句子帮他一次次练习。渐渐地，他脸上的笑容多了，与同学的交流也与日俱增，能融入集体生活和学习中去。这次展演活动，老师为他安排了一句领读，最后他出色地完成了任务！现在的他越来越自信，语文课上能领读课文，学校活动也能积极参加，还成了一名红领巾广播员，每个星期为大家讲故事。

三、效果反响

经过这次"中华经典诵读"活动的开展，孩子们收益颇丰。

1. 特殊孩子们的性格有了改变

性格胆小的孩子原本声音轻、不敢在人前展示，通过日常诵读活动和上台朗诵表演，胆子渐渐大了，声音响亮了，变得自信了，连性格都开朗了。

2. 学生的语言能力有了很大的提高

孩子们会背诵一定数量的古诗词，熟记许多经典故事篇章，熟读而后能悟，孩子对于经典篇章的理解有所提升，培养孩子们诵读的兴趣和习惯。而学生每天读经典，耳濡目染被文化的韵味而感染，陶冶情操，丰富语汇；积累了语言，提高了表达能力，不仅日常朗读时变得有声有色，上台表演的能力也提升了不少。

3. 特殊孩子了解了祖国优秀的传统文化

孩子们通过古诗词、童谣、经典故事等内容，感受到了中华优秀传统文化的魅力，激发了孩子们了解经典、诵读经典的兴趣。而经典的核心是以德育人，诵读经典能让孩子们明白事理，提升特殊孩子的道德素养。

4. 提高了特殊孩子的社会适应能力

诵读经典活动让孩子们变得自信乐观，提高了语言能力，而且孩子有感悟，思想道德优秀，为将来进入社会、适应社会打下良好的基础。

5. 经典诵读活动取得的成绩

学校原创诵读篇目《相信》荣获2018年杨浦区学生纪念改革开放40周年"班班有书声"中华经典诵读展演活动一等奖。4位同学荣获杨浦区第三十届学生艺术节"戏剧朗诵单项比赛"小学组一等奖。佳佳同学荣获杨浦区"学宪法讲宪法"演讲比赛三等奖。杰杰同学在上海博物馆陈列室志愿者活动中表现出色，被评为"优秀志愿者""优秀小小讲解员志愿者"称号。学校还参加世界头脑奥林匹克表演类赛题，荣获第39届"世界头脑奥林匹克中国区决赛"特别奖，并且荣获"头脑奥林匹克特色学校"称号。

四、经验反思

1. 教师层面涉及较少

本次活动主要是在学生层面开展的，除了参加区"班班有书声"中华经典诵读展演活动时有老师和学生共同上台演出外，其他活动老师都是指导者和旁观者居多。弘扬中华优秀传统文化、彰显中华语言与文化魅力，应该在师生层面一起推广，在校园里营造浓郁的师生共同诵读中华经典文化的氛围。可以多设计师生能够一起参加、一起成长的活动，让师生一起与经典同行。

2. 日常活动渗透不多

活动虽然多，但是活动都是一段时间便结束了，除了每日课前两分钟诵读古诗词以外，日常的活动太少。鉴于特殊孩子教学应"反复多循环"的特点，可以设计一些反复呈现的活动，加深特殊学生的记忆。比如以节日为契机，利用元旦、春节、元宵节、清明节、端午节、中秋节、重阳节等传统节日，开展传统文化经典知识、故事的普及教育，培育学生民族感情，激发民族自豪感。

3. 家校联动，效果更佳

孩子的进步离不开学校和家庭的紧密配合，特殊孩子更需要家长协助老师"小步子多循环"的学习。所以"中华经典诵读"的活动可以让家长参与进来，帮助孩子一起学习经典，诵读经典，不仅能提高学生的学习动力和诵读热情，还有助于亲子关系的培养。

4. 尝试普特融合活动

当今社会提倡融合教育,让特殊孩子与正常孩子在一起学习和互动,提高正常孩子对于特殊孩子的接纳程度,也帮助特殊孩子适应普校的学习和生活环境,更重要的是适应社会环境。所以,如果设计与普校学生一起互动的活动,让特殊孩子接触到普校学生的诵读状态,可以带动特殊孩子的诵读兴趣,提高特殊孩子的诵读能力。

国学大师南怀瑾先生曾经说过:"我提倡孩子们读经典,是为了未来中国多出一些大思想家、大科学家、伟大的政治家。"让孩子们诵读经典,才能培养出有文化、有思想的人。在经典的熏陶下,相信特殊孩子也能够勇敢尝试、与经典同行,也能继承中华优秀传统文化,成为有正确思想、有底蕴的正常孩子。

精选诵读　精心组织　精彩展示
——"经典阅读达人秀"创意阅读大赛

闵行区田园高级中学

一、案例回放

镁光灯起，主持人优雅地走向舞台中央，伴随着轻盈的背景音乐，主持人饱含深情地说："朗读是传播文字，达人则是展现生命精彩，将值得尊重的生命和值得关注的文字完美结合就是我们的'创意诵读达人秀'。谁会是今晚的诵读达人呢？"

开场是党员红色经典诵读，与红色经典剧目《井冈山上》融合，气势磅礴，接着有高三学子家书诵读，温暖亲情；有教师沉浸书海，阅读感悟，娓娓道来；有学生创意诵读分享，体现创意特色；有剧中五彩人生，经典剧目《日出》展演。整个活动精彩纷呈，高潮迭起，最后由创意诵读小品《繁事惹人愁，思亲心更忧》获胜。在提问环节，主持人问他们为什么选择苏轼？学生曰："三苏出自眉山，占尽人杰用尽地灵。通过朗诵苏轼的一首首作品，感受苏轼的卓越才华。如果说李白杜甫是唐诗中的双子星，那么苏轼则是宋诗中的珠穆朗玛。苏子当年的振臂一呼、应者云集的气概，当年的气吞山河、威震四方的雄心，值得我们永远咀嚼。他的诗有一种雄浑的蕴藉，他的文如高山流水般优雅，清新畅达，洗尽浮华，他的风骨是中华民族生生不息的精神源泉，我们撷圣贤之魂，积淀文学底蕴，认清生命的方向。谨以诵读此小品表达对东坡先生的敬意，观贤人之行，养浩然正气。"赢得了满场的喝彩。

最后，主持人总结：当你读到杨绛说的那句"读书不是为了拿文凭或者发财，而是成为一个有温度懂情趣会思考的人"，你会开始告诫自己：因为有温度，你不会让自己的心灵霜深露重、寒意四起；因为懂情趣，你不会让自己的生活重复机械地运转；因为会思考，你才懂得珍惜一个独立而挺拔的自己。我们就这样在经典的诵读里展现自我，最终邂逅那个更温厚、更生动、更丰富的自己,本次创意诵读达人秀圆满结束。

三句半(台词皆为原创)

二、活动构思

"创意诵读达人秀"是学校第十六届读书节的重要部分,既是评比,也是成果汇总,此次"创意诵读达人秀"的活动构思是:

1. 开幕式

升旗仪式上,进行第十六届读书节"影响我人生的一本书"主题演讲,正式启动学校经典诵读系列活动。

2. 主题宣传

(1) 标语宣传:学校围墙悬挂2条宣传标语设计读书节宣传海报。

(2) 阅读宣传:图书馆设计制作"影响人类进程的10本书籍"展板,要求图文并茂,内容对学生有启迪。

(3) 板报宣传:各班围绕活动主题出好黑板报。

3. 教师阅读及诵读活动

(1) 党员红色经典诵读:学校共产党员开展阅读红色经典活动,每人选择一本感动最深的红色经典作品阅读,摘录其中经典片段朗读并撰写感悟,择优在闭幕式展示。

(2) 老师沉浸书海:第一,提交一篇读书感悟,谈谈某本书曾给你带来哪些深刻影响,谈谈你和这本书的个性化故事,文章由教师发展中心统计评选;第二,为图书馆捐献这本书,在扉页附上推荐理由和签名,图书馆有专门书架展示教师推荐的书籍;第三,教师在读书日沙龙诵读,与党员经典红读同时开展,并分组交流读书心得,读书感悟择优在闭幕式展示。

4. 学生阅读及诵读活动

(1)成立心动瞬间诵读小组与高三成人仪式活动结合,在亲子家书诵读环节融入读书成长的感悟,邀请部分家长与学生在闭幕式上进行读信展示。

(2)创意诵读分享:第一,高一各班围绕"经典对我的影响,我与经典的故事"撰写读后感;第二,高二各班围绕"经典对我的影响,我与经典的故事"撰写书评;第三,每位学生向图书馆捐出自己写书评和读后感的那本书,在扉页写上推荐理由并签名,图书馆按班级安排书架展示;第四,班会择优推选充满创意的分享自己的书评或读后感,每个年级择优推荐1位创意分享者在闭幕式展示。第五,每班创意展示阅读实力(话剧,小品,诗歌,三句半,等等)

5. 第十六届读书节闭幕式

举办"创意诵读达人秀",评选自己心目中的诵读达人。在诵读活动中表现优异的同学,现场表演,现场回答问题。

三、特色介绍

活动在于设计,设计在于创意。本着"为每一位师生创设发展的空间"的办学宗旨,学校作为书香校园,相对于传统的经典诵读活动,"创意诵读达人秀"为学生学习兴趣的激发提供了更高的条件。整个设计选取的内容具有经典性、人文性,科学性;内容的表达上具有可学性、生动性与创造性。在独特的构思里,在饶有兴趣的活动里,丰富了学生的学习经历,将经典阅读转向自主化、人本化和个性化。

四、效果反响

1. 诵读示范

"创意诵读达人秀"的成功举办,在区里赢得了巨大的反响,学校作为学区化办学的牵头人尽心尽责,努力培养师生阅读以及朗诵的兴趣,大力弘扬优秀传统文化。组织力量编写小学、初中、高中语文课本中的古诗词吟唱曲谱。在学校的读书节、话剧节、文化节等重要活动中,邀请兄弟学校的师生共同参与,赢得师们的喜爱,在各校师生中取得了良好的效果。

2. 对外影响

随着影响扩大,许多市内外领导老师来学校参观互动,交流学习。近年来,学校每年要接待挂职学习、参观交流教师 10 多批次,校长多次在市内外做专题汇报。

戏剧盟主。闵行区戏剧联盟学校以田园学校为盟主,韩磊老师指导的戏剧工作坊以盟主身份,组织学生帮樱园等社区编写剧本,指导排练、参与演出原创戏剧,深受好评,社区居委送来锦旗表示感谢。

市级展示。学校师生朗诵的《将进酒》在市语协组织的"魅力汉语"朗诵比赛中获优秀奖和一等奖,《少年中国说》在"木铎金声"上海市民朗诵节展演中被选拔参演。

话剧《日出》

全国交流。2014 年学校被"中语会"领衔的"全国校园文学委员会"授予"全国文学校园示范学校"称号。同年,学校"二月"文学社被授予"全国文学校园示范社团"称号,参加当年"文学校园"杭州年会,陆振权校长被评为"全国文学校园优秀校长"。2015 年,学校参加"文学校园"泰安年会,李卫华老师被评为"全国文学校园优秀指导教师",李老师的公开课《活用经典,生彩双眸》被评为"文学课堂"二等奖。

五、经验反思

每个学校都有一处育人的风景,师生们更愿意把自己学校对国家语言文字的热爱比作一场音乐舞剧,各种典型的角色,共同演绎出一场宏大的舞剧,这场音乐舞剧的名字是：同心同德谋发展，稳步推进创辉煌。

1. 指挥：寻找向上的力量

学校秉持"美育引领，创意发展"的特色办学理念、"为每一位师生创设发展的空间"的办学宗旨，校长一再强调："每位学生天生有才，每位学生各有精彩，做好教学、教研的研究，要用心、用情爱戴学生"。学校的总指挥给了全校教育者向上的力量，这力量来自于决策者对教育的虔诚，带着这种虔诚，师生一路旖旎而行，且行且珍惜。为推进语言文字工作的建设，学校设有健全的校级组织架构，各级各类组织人员分工明确，组织运转有序，设立丰富多样的师生诵读组织，大力推进经典诵读书香校园建设。

附：学校"语言文字"工作领导小组成员网络图

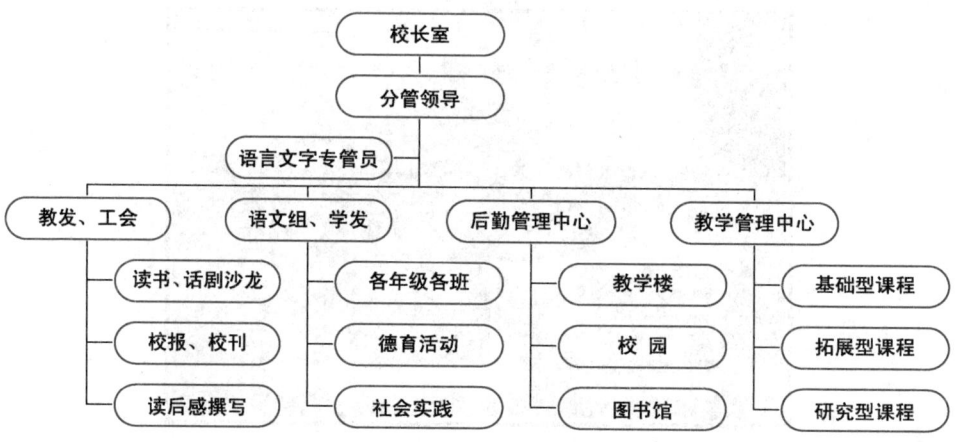

2. 领舞：做书香校园的灵魂

"经典阅读达人秀"是"书香校园"建设的重要组成部分，学校各级领导对此项工作非常重视，将创建工作的要求纳入"美育引领，创意发展"的总体规划之中，纳入学校常规管理，创造性地落实在三类课程，德、智、体、美和社会实践等教育活动之中，创造性地建设十大"创意工作坊"，探索教育创新的新思路，培养师生创新意识，促进师生创意发展。戏剧表演、播音主持、文化创意等工作坊建设直接与经典诵读书香田园建设挂钩，呈现"田园有书香，诵读有创意"的特色发展态势。

学校语文组是经典诵读活动的突破口和生力军，全体语文教师编辑《田园人文读本》丛书，并不定期进行增删修订，进行"经典的搜集"；对学生，开设了文学社、名人堂微型课、唐之韵选修课；承办读书节、礼仪节；举办校内现代文、古诗文、作文、朗诵、讲故事、"墨韵飘香"硬笔书法比赛;要求开口说美文、提笔练美字、天天读美文、古文记心间。

图书阅读场馆。图书馆藏书 33 452 册,师生人均 6 册。学术委员会、各教研组每学期向图书馆推荐购买书目,图书馆开设最新书籍期刊专区,借阅、检索、还书、查询全部实现数字化管理。图书馆开辟阅览咖吧,为师生阅读提供优美的环境以及茶水和咖啡,图书馆整体装修,建成雅致的开放型阅读空间,开设专门的阅读区域,自成一体互不干扰,有浓郁的书香气息,全天候向师生开放。

3. 群舞:点染每一处精彩

舞台的绚丽是每一个舞者的点染,是每一处细节的勾勒,而学校文化成为一出精彩的音乐舞剧,更需要每一位教师的倾情投入,每一位学生的真情演绎。

在教师的引领下,学生当中的文学爱好者像田园的葵花小苗一样茁壮成长,他们用自己独特的青春视角诵读经典、思考世界。田园学生群体文学创作风气日盛,在区级作文竞赛和古诗文阅读大赛中,学生共获得等第奖项 362 人次。由韩老师指导的戏剧表演创意工作坊发展态势喜人,成为区学区化办学课本剧表演方面的盟主学校,学生在创作剧本、改编台词、朗诵、表演古今文学作品方面的才华得到最好的发挥,戏剧表演在区内外各级比赛中获得大奖,具有很好的辐射引领作用。

当然,还有很多新的问题:如何进一步丰富和创新诵读活动,以增加对师生的吸引力,从而使得它获得持续的成功和支持;如何进一步深化诵读活动,并迁移到各项工作和所有教师身上,最终促进教师素质的全面提高。

经典诵读的养成是一个过程,从指挥到领舞到群舞,这个过程使语言文字具有真正的育人功能,无论是学校的推动力,教学管理部的策划能力,还是教师的研究能力,学科育人的人文底蕴都是在文化创建过程中,"化"进去和"提"出来的,学校育人文化的形成,会从深层影响学校的发展方向与发展速度。杨绛说:"读书是为了遇见最好的自己。"在浮躁的时代潜心播下阅读的种子,默默蓄积破土的力量,在未来的某个日子,这颗种子定会长成参天大树,安静而美好。

(执笔:孙颖芳)

经典吟诵　立德树人

全方位开展经典诵读
无声处提升师生素养
——华东师范大学开展中华经典诵读活动随想

华东师范大学

华东师范大学是由国家举办、教育部主管,教育部与上海市人民政府重点共建的综合性研究型大学,2006年学校进入国家"985工程"高校行列,2017年学校进入国家世界一流大学建设高校A类行列,全面开启扎根中国大地建设一流大学的新征程。在长期的办学实践中,华东师范大学逐渐形成了重视语言文字工作的传统,2006年学校成为上海市首批语言文字规范化示范校,2009年被授予国家级语言文字规范化示范校称号。在学校语言文字工作发展和推进过程中,全方位开展中华经典诵读工程,实施浸润式教育,于"润物细无声"处传承和弘扬中华优秀传统文化,提升师生语言文字规范意识和应用能力。

华师大"聆听丽娃河"大型实景情景朗诵演出

一、活动构思

诵读中华经典文化浓郁氛围的营造,绝非一朝一夕、一人一事,需要动员学校方方面面的力量，占据课堂内外的时间，持之以恒，常抓不懈。华东师范大学中华经典诵读的开展，以此为切入点，实施全员参与、第一第二课堂配合的浸润式教育，形成教育的合力，打造"课程＋活动"的中华经典诵读开展模式。

二、特色介绍

（一）以课程讲授涵养中华经典诵读基础

中华经典的诵读，源于对经典中蕴涵的中华优秀传统文化、革命文化和社会主义先进文化的深刻把握和透彻理解。中华经典课程的讲授，在中华经典诵读活动的开展过程中发挥着奠基石和基础作用。学校现已建成以《大学语文》为核心的经典诵读讲授课程群。

以教育部长江学者特聘教授谭帆为课程负责人，以中国语言文学系为依托，作为通识必修课程，从2006级开始，学校要求所有非汉语言文学专业的学生修读《大学语文》课程。作为《大学语文》课程的开创者（1984年）、国家级精品课程（2008年）、上海市教学成果奖（高等教育）特等奖（2013年）、国家级教学成果奖二等奖，学生们为达成"以人文精神熏陶为目的，以审美教育为途径，整体提升大学生的文化素质"的大学语文课程教学目标，在学有专长、优势互补的学者们或生动讲授，或开设专题讲座，或举办作文竞赛，或邀请专业演员现场授课等开放、多元的教学形式和方法的引导下，提高了语言文字应用能力，既获得理想智慧的启迪，又受到思想情感、审美体验、人生价值等方面的感悟和熏陶，提高对传统文化的热爱和领悟能力。

不仅如此，一批优秀的语言文字研究者、教师，结合自己的专业特长，在全校范围内开设《论语精读》《史记精读》《唐诗研究》《宋词研究》《古典戏曲精读》《红楼梦研究》《鲁迅研究》、"古代文化专题"、《中国文化通论》（2015上海市精品课程）、《汉字与文化》《社会语言学》《书法鉴赏》等一大批与大学生经典理解、人文素质培养有关的通识课，形成了以"大学语文"课程为核心的经典诵读教育课群，整体上营造出人文素质教育的氛围，使"大学语文"课程获得良好的教学环境，拓展了"大学语文"的广度与深度，也满足了学生进一步学习的要求，提高了他们学习兴趣。

学校《大学语文》课程教学，还积极发挥示范和引领作用，辐射全国和上海市。《大学语文》课程在全国普遍开设，《大学语文》教材成为教育部高教司指定的全日制高校重点教材。2015年在全市范围内组织了首届大学语文教学观摩研讨活动,为国家人才培养、中华经典传承做出了重要贡献。

(二) 以活动开展展示中华经典诵读活力

活动是载体,独具匠心、形式多样的中华经典诵读活动,借助"微信"等新媒体手段,在校园中形成了良好的诵读中华经典氛围,发挥着润物细无声的作用,使师生浸染其中,受到中华优秀文化感染和熏陶。现在,学校已形成覆盖面广、形式多样、精彩纷呈的中华经典诵读系列活动。

1. 年度校级中华经典诵读比赛

校级中华经典诵读比赛由校语言文字工作委员会、教务处主办,院系承办,面向全校师生,每年举办一次。大赛吸引了来自各院系、各专业爱好中华经典诵读的师生参赛,参与面广,深受师生喜爱,是中华经典诵读活动的一次年度盛事。

2. "阅动人生·礼赞祖国"教师诵读大赛

"阅动人生·礼赞祖国"教师诵读大赛由校工会、图书馆主办,教师朗诵协会、图书馆青年联谊分会承办。大赛在两个校区图书馆安置朗读亭,借助"微信"朗读亭小程序上传朗诵作品,极大地激发了广大教职员工参与的积极性。首届教师诵读比赛就有110个作品参赛。校教师朗诵协会还定期开展活动,举办各类讲座提高教师对经典的把握及朗诵技巧的提高。

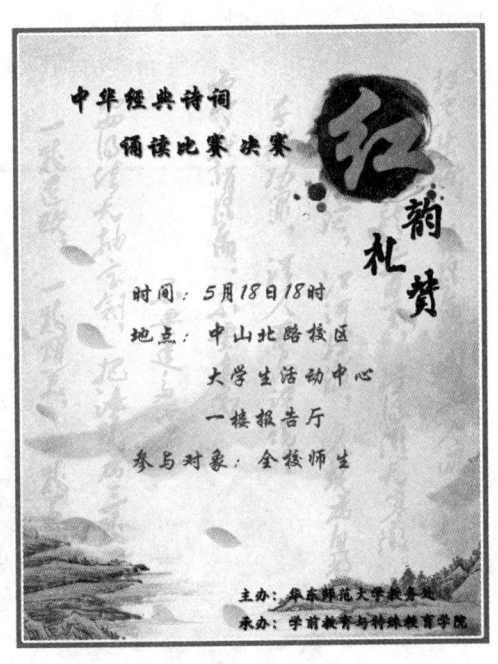

华师大年度校级中华经典诵读比赛

3. 播音主持艺术专业学生推普周专场汇报演出

每年推普周期间,学校播音主持艺术专业的学生都会进行专场汇报演出,迄今已坚持十多年。播音主持艺术专业的师生们以他们专业的朗诵,为全校师生献上一组主题鲜明、风格各异、声情并茂的有声语言艺术作品,给观众带来耳目一新的视听享受。

4. "隽永诗文·友谊之歌"留学生中华诗文诵读比赛

2017年开始,配合上海市语委举办的留学生中华诗文诵读比赛,学校开始在全校范围内开展留学生中华诗文诵读比赛。比赛吸引了来自全球各地留学生同学参与,加强了语言文化国际交流与传播,进一步弘扬了中华优秀传统文化。

5. "聆听丽娃河"大型实景情景朗诵演出

"聆听丽娃河"大型实景情景朗诵演出由后勤党工委、华申学术交流中心主办,自2013年开始已成功举办六届,并逐渐发展成为学校一年一度的文化盛会。"聆听丽娃河"大型实景情景演出围绕"文以载道,以文化人"的精神,依托丽娃河深厚的文化底蕴,结合中外诗歌、音乐、绘画等艺术表现形式,力求从新的角度,探索将中华经典诵读活动以生动活泼的方式进行呈现,增加中华优秀文化的感召力和渗透性。

华师大阅动人生教师经典诵读大赛

三、效果反响

经过多年持续不断地开展中华经典诵读活动,学校师生诵读经典的积极性空前高涨,"学经典、诵经典"蔚然成风,师生语言文字规范意识和应用能力极大提高,对中国优秀传统文化的理解、感悟更加深刻。自 2008 年以来,学校师生在各级各类中华经典诵读比赛中,先后荣获中华经典诵读大赛全国总决赛特等奖、长三角中华经典诵读比赛特等奖,以及优秀组织奖等其他各类奖项29 项,是学校经典诵读活动开展成效的集中展示。

四、经验反思

学校中华经典诵读活动的蓬勃开展及取得的成绩,得益于学校悠久的办学传统和文脉传承、校领导的高度重视及经费支持,得益于学校各部门的协调配合及强有力的师资做坚强后盾。在多年开展中华经典诵读活动中,也有很多困惑和不解。如何吸引更多的师生参与中华经典诵读活动,建立中华经典诵读长效工作机制是需要不断探索实践的工程。

品读文化经典　传承爱国精神
培育社会主义核心价值观

上海师范大学

　　上海师范大学作为上海市重点建设的高校，是一所以文科见长并具教师教育特色的文、理、工、艺等学科协调发展的综合性大学。学校对弘扬中华优秀文化，彰显中华语言与文化魅力，加强以爱国主义为核心的民族精神和以改革创新为核心的时代精神教育，以及中华民族优秀文化传统教育和革命传统教育等工作予以高度重视，深刻认识培育当代大学生的社会主义核心价值观深远意义。

　　中国的语言，独有一种节奏，特别是诗歌的语言，有平仄、格律、韵字的讲究，而声音能够感动人、打动人的心灵。以经典诵读为例，要使中华传统文化不断绝，保持诗文吟诵的传统，是一项非常重要的基本工作。诗歌吟诵的重点在于诗歌本身情意的感发，很多人认为自己现在仍能背诵一些古诗词文章得益于早年的背诵，这些记在脑中的诗文时常给自己带来新的领悟，让自己对生活有更美好的感受。高校方面要充分利用国家大力倡导经典诵读活动的契机，采取补救措施，提供多样化学习途径和有效的考核办法，让学生学有所得、学有所用。通过标本兼治，让年轻一代的大学生，重新认识传统文化，并成为其真正的精神需要。为进一步推进经典诵读活动，学校党委和各级领导高度重视中华经典诵读与系列践行活动，通过师资培训、课程建设、专业间资源互助、打造校园平台等各个方面，不断提高大学生的语言文字应用水平，提升人文素养和道德情怀，彰显中华语言与文化的魅力。

　　2018年在中华经典诵读与系列践行活动中，加大开展力度，重点推动。学校在设计多维教学、打造实践平台、强化等级考核三方面形成了相辅相成、相互提高的优化模式。主要包括这几个内容：首先，在教学中融入中华优秀传统文化的内容。让学生通过学习，对中国优秀传统文化的哲学思想、人文精神、教化思想、道德理念等有一个系统而全面的认识。教学形式多维度,包含课堂教学、讲座教学、社团教学,等等。其次,是在全校范围内营造中国优秀传统文化的学习氛围,开展形式多样的院系、社团活动。学校组织学生开展和参与校内外的各种传统文化类比赛,充分发挥他们的主观能动性,让他们主动靠近经典,了解经典。同时开展了形式多样的践行活动,例如:创新创业活动、劳动养成教育,送爱心活动,知识下乡活动等。最后鼓励学生积极参与语言文字能力测试,使学生能够具备良好的语言文字应用能力,通过测试以了解自身在规范汉字为媒介的阅读、书面表达等活动中,掌握和使用语言文字所达到的水平。目前在大量外语培训市场的冲击下,推广普及语言文字规范化、提升语言文字应用水平使用是刻不容缓的使命,对改善社会用语用字环境、促进社会进步和发展、弘扬中华文化具有十分重要的意义。

中华经典诵读与系列活动取得了可喜的成绩。

一、活动思路

1. 培育社会主义核心价值观

帮助学生树立正确的人生观和价值观,增强适应工作岗位要求的素质与能力。当代人阅读传统经典,不仅是为了获得知识,也是使悠久文化得到传承与发展,这是寻求一个完善、独立的自我与品格的好途径。如果高校的学生在大学学习期间,心中埋下经典的种子,养成了良好的阅读习惯,在今后的人生旅途中还时常能够与经典相伴,心灵与文化巨人同在,他自然会明白古圣先贤为人处世的道理,理解"修身齐家治国平天下"的思想,从而自觉地将古贤先驱的教诲融入自己人生成长的历程,自觉地消解外部世界的喧哗与浮躁,自觉地加强内在修养,强大自己的内心,这将大大提升人生的高度与广度。

2. 课程与优秀传统文化相结合

营造文化氛围,提升内涵,可以建立师范类高校的大学精神。师范类高校的大学精神建设,目标在于创建一种氛围,以陶冶学生的情操,构筑健康的人格,全面提高学生素质。中华经典诵读与践行活动的开展,在构建校园文化,提高学生审美能力,加深文化积淀等方面具有非常重要的作用。一个群体长期置身于一定的文化氛围中,会形成共同的风格和气质,是一种校园精神文化。师范类高校精神文化是高等教育之魂,如果能使师生在经典诵读和践行的活动中感受到凝聚力和向心力,增加师生的自豪感和荣誉感,从而也加深其传承感,并能够在这种文化氛围中团结协作、思索升华,达到"以文化人"的境界,势必会促进文化素养的进步和创新,从而为创建师范类高校精神文化贡献力量。

3. 开展组织各类主题活动

变"他律"为"自律",推进学风建设,为学生学习优秀传统文化提供平台。在校园内开展中华经典诵读和系列践行活动,组织学生参与比赛、背诵经典、演讲朗诵、做读书笔记、等级考试、评优评先等活动,可以使学生感到校园浓烈的学习氛围,自觉地改变懒散的学习态度,使学校的学风日趋向上。

二、案例设计与实施

整个活动有读、看、听、讲、赛和行 6 大板块。

1. 读

读,就是精心组织,读经典。各学院分别布置学生阅读任务,每周进行班会考核,学期末进行总结分享。例如:谢晋影视艺术学院为学生整理编写大学生必看 100 本书籍目录,并定期召开读书会进行分享考核。

2018 年 5 月动画系副教授赵老师主持读书指导会,重点推荐了《宋元戏曲史》《吴梅戏曲论文集》《唐戏弄》《戏文概论》等书籍。

2. 看

通过多种载体,视觉感受。通过观看"中华诗词大赛""朗读者""网络公开课""百家讲坛"、慕课等与中华经典相关的视频,通过多种载体感受经典魅力。

3. 听

多种形式,细心聆听。即听广播,听学院广播、听电台广播、听专题广播。学院广播站开设"经典导读",播放与经典有关的朗读、赏析等内容。

4. 讲

多种角度,多种方式,讲解传授。开设中国传统文化的系列专题讲座;邀请校外有关专家来校进行经典专题讲座,如"过清明、读经典、缅忠魂、承先志"和"过端午、读《离骚》、思屈原"等专题;组织大型演讲比赛、经典朗诵会。例如:"踏秋怀古,情系重阳"中华经典诗文诵读会、年轮——中华古典诗词品读会等。

5. 赛

展现个性,赛出风采。学校组织开展各类诵读比赛,以竞赛促使学生扩大经典的诵读量,并且支持鼓励学生参加校内外经典文化类型比赛。通过活动来检测学生诵读方面的效果,激发学生诵读经典的热情。2018 年学校承办的第二届长三角地区大学生中华经典诵读邀请赛,引起了全校师生的高度重视,并且对语言文字能力培养起到显著的作用。一方面,中华经典作品诵读有效地提高了大学生语言文化涵养,挖掘与诠释了中华民族传统文化内涵,弘扬民族优秀文化,彰显中华语言与文化魅力,进一步加强以爱国主义为核心的民族精神和以改革创新为核心的时代精神教育;另一方面,大规模的比赛开阔了大学生的眼界,从中华五千年历史长河中的名篇佳赋接受洗礼,在与兄弟院校激烈的角逐中加深对自我的认知。近几年,由学校参与或承办的各类主持、朗诵、演讲比赛中,本校学子均获得了较好的成绩。例如,首届长三角地区"中华经典·中国梦想"大学生中华经典诵读邀请赛总决赛,黄晓天荣获一等奖,两位指导教师均获得"最佳指导老师奖";第十六届齐越朗诵艺术节暨全国大学生朗诵大赛本校学子荣获二等奖;第四届"夏青杯"朗诵大赛上海赛区明罡荣获成人朗诵组特等奖;第三届"夏青杯"朗诵大赛上海赛区成人朗诵组特等奖、一等奖、二等奖均由本校学子夺得。

2018 年 10 月 17 日,"踏秋怀古,情系重阳"中华经典
诗文诵读会在上海东方艺术中心演奏厅成功举办

6. 行

身体力行,重在践行。纸上得来终觉浅,唯有实践出真知。学校为了进一步落实践行,主要是通过以下途径:一是与"世界读书日"结合,推出了"读书节"活动,进一步拓宽学生的阅读量与阅读范围;二是在学生中开展暑期实践

周活动,让学生养成身体力行的习惯;三是走出校园,积极参与校外活动,如参与市委市政府倡导的"创建国家交通管理模范城市"做交通劝导员,到敬老院或福利院做力所能及的事情;到盲人电影院参与说电影活动,献出爱心。

三、案例效果和反思

学校开展"中华经典诵读与践行活动",通过实践发现具有以下成效。首先,通过反复诵读与践行,让学生与中华传统文化的崇高精神对话,强化学生的社会责任感、使命感、正义感,思想境界不断净化和提升,不断强大和丰富内心世界。其次,开展"中华经典诵读与系列践行活动"营造了良好的校园文化氛围,培育师范院校特有的大学精神。校园文化是一种特殊的社会文化,具有很强的育人功能,具有潜移默化、润物无声的特点。通过诵读与践行经典,能够构建和谐诗意的人文校园,让经典的民族智慧、民族精神成为校园的无形资产,同化与塑造每个学生。第三,经典诵读精神成果能够引领企业的精神文明,学校培养的师范类人才走向工作岗位,带来的不仅是专业化的技能,而且还有更重要的精神引领。他们的人文底蕴将成为学高为师身正为范的很好诠释。

学校开展"中华经典诵读活动"的成功,还得益于以下几个方面:

1. 运用专业课程特色,打造专业间资源共享,为学生传统文化学习提供完备的培养体系

课程设计是学校在传统文化的学习及经典诵读能力培养方面的重要着力点,学生依托课堂教学理论学习得到能力的培养与提升。学校整体推进学分制改革,鼓励辅修专业,增加选修课比例,实施专业间资源共享。在教学过程中不仅注重扎实的理论,同时深化以能力为导向的实践培养体系,达到理论与实践相结合,以理论指导实践以实践反馈于教学。在校园内努力为学生的能力学习提供完备的培养体系,主要体现为三个结合。

第一,选修课程与特色专业相结合。学校是一所以文科见长并具教师教育特色的文、理、工、艺等学科协调发展的综合性大学。不同专业不同领域的学生对于传统文化的学习能力有不同的特点。针对不同专业学生发展特点各异的情况,构建协调发展通识教育体系,推进学分制改革,鼓励教师开设辅修、选修课程,实施跨专业资源共享。一批针对语言文字应用的优秀课程应运而生:由人文与传播学院开设的儿童文学、宗教文学欣赏、传播技巧、中国文化史等课程受到学生广泛好评;由谢晋影视艺术学院开设的教师发声与表达技巧、普通话测试培训、演讲与口才、经典诵读等课程被学生争抢为热门课程。其中,教师发声与表达技巧课程是由谢晋影视艺术学院播音与主持专业老师们组建的课题组,运用主持专业科学发声方法和语言表达技巧的特色,结合教师职业发展特点,为在校师范生量身打造的语言文字应用能力提升课程。学生表示此类针对语言文字应用型课程可以较多设置,对于今后站上讲台提供了很好的前期训练。

第二,理论课程与教学实践相结合。学校除开设一系列针对传统文化学习培养的课程外,也相应地设计了培养学生实践能力的实践训练项目。包括校级实习平台建设、校级学术讲座、校级大学生创新创业训练计划项目展示、校级学科竞赛活动、职业能力提升训练计划、三下乡实践活动、志愿服务活动、爱心学校(课堂)活动、挂职锻炼实践活动、社会调研专题活动等。特别是针对师范专业的学生设置了教育见习和实习,主要在中小学教育实践基地中完成。通过教师的指导,完成教育实习任务,使其得到最大程度的演练与提升。

第三,能力运用与校园活动相结合。学校提出人才培养核心能力素养特征中"2S"的概念,即目标导向的自主学习和自主发展能力(Goal-oriented Self-learning, Self-development)。在校园中每一次的能力运用就是很好的学习与发展的过程。为此积极组织丰富的校园活动以帮助学生在参加活动的过程中"寓教于乐"使语言文字应用素养得到很大提升。例如:一年一度的校园主持人大赛、新生辩论赛、易班文化节、读书文化节、诗歌朗诵比赛、演讲比赛、作文比赛等。

2. 开展经典进课堂,帮助学生了解经典,把握经典

通过开展形式多样的中华经典诵读活动,吸引学生,让学生认同并肯定中华的优秀文化,提高他们的学习兴趣,增强他们的民族自尊心和自信心。

充分发挥学生的主体作用,让学生在活动中得到锻炼和提高。开展经典诵读活动,老师只是指导者,从方案的撰写到实施,要鼓励学生全程参与。这样,学生既能获得知识,又能提高能力,这对于即将走入社会的学生来说是一次很好的实战演练。学生将在写作、主持、会场布置等各个方面得到很好的提升。社会主义核心价值观的培养是一项伟大而又艰巨的任务,学校以经典诵读为推力、以课程设计为基础,以平台搭建为特色,积极加强校园精神文化建设。全体师生在经典诵读活动中感受特定区域文化的凝聚力和向心力,增强了师生的自豪感和荣誉感,从而也加深其传承感,并且能够在这种文化氛围中团结协作、思索升华。

总之,通过经典诵读所营造出来的文化氛围,在推进学风、教风建设,提高学生文化素养、提升学校文化品位和推动品牌建设等方面起到了不可或缺的作用。学校将继续推进中华经典诵读活动的开展与规范化,不断提高师生诵经典的意识,不断提高学生对传统文化的应用能力和表达水平,发挥高校示范带头作用。

"年轻的火炬"
——纪念改革开放40周年诗会

上海对外经贸大学

培养学生爱国主义情怀,塑造学生人文品格;坚持先进文化导向,弘扬民族文化,传播高雅艺术,提升优质丰富的艺术教育内涵,构建多彩的校园文化氛围。学校坚持艺术育人,结合改革开放40周年重要契机,诵读经典,传承中华优秀文化,讴歌改革开放。

一、工作思路

习近平总书记在全国教育大会上指出:"要全面加强和改进学校美育,坚持以美育人、以文化人,提高学生审美和人文素养。"接受艺术的教育和熏陶是每一个青年学生的成长需求和成才需要,高校艺术教育作为美育的重要部分,在帮助学生提高文化艺术素养、树立正确审美观念、激发创新意识和创造能力,实现全面发展方面具有重要的作用。

青春主题节目《闪耀吧,青春的火光》

经典诵读定位于引导和激发学生对"真善美"的欣赏与追求,以大学生艺术团为活动主体,推动大学生艺术团秉承"炽诚、灵动、传承、交响"的理念,坚持发展"唱享、舞动、乐艺、声绘"四类文化,打造这一艺术活动品牌,设计开展一系列让学生亲自参与、亲身感受有意义有情怀的艺术活动。针对纪念改革开放40周年的主题,如何设计一个能够让全体学生参与的形式,并通过艺术进行表现,引领更多同学了解改革开放历程呢?学校团委着眼于团日活动,在全校团员中广泛征集纪念改革开放40周年原创诗歌,并通过大学生艺术团举办专场诗会,将原创的作品进行再度艺术创作,实现"了解——内化——创作——再创作"的过程,引导青年学子由内而外地抒发对改革开放成就的体悟与感受。

二、实施过程及特色做法

1. 实施过程

此次名为"年轻的火炬"主题诗会,分为颂祖国、致青春、向未来3个篇章,带领观众回望祖国令人骄傲的伟大成就,感受青春所蕴藏的无穷力量。3个篇章的诗歌朗诵,从历史悠久的《中国话》到底蕴深厚的《书韵》;从过去的《春天的故事》到如今《青春万岁》的呐喊,追忆从古到今为了中华民族伟大复兴付出努力的人们,回顾改革开放40年来人民生活的可喜变化,表现当代青年人的青春朝气和无限潜力。诗会的形式丰富多样,大学师生与附校学生参与了不同节目的朗诵表演,舞蹈团成员带来了曼妙多姿的舞蹈,展现了不同年龄段为了相同的中国梦而不懈奋斗的精神风貌。诗会以其独特的节目为师生们带来一场绝妙的视听盛宴,表现了当代中国坚定不移推进改革开放的信念和决心。诗会中所有作品均为原创,经过筛选和修改确定最后呈现出的作品。整个活动过程就是一次最深刻的爱国主义教育。

2. 特色做法

(1)诗歌原创。全校团支部共报评200多篇原创诗歌。经过层层选拔,35篇优秀作品脱颖而出,并最终将其制作成"牢记使命齐奋斗,青春火炬新征程"纪念改革开放40周年主题诗集。

(2)篇章设计。诗会共分为了3个篇章,分别为"颂祖国""致青春""向未来"。跨越时间,从3个方面传扬对改革开放的纪念与致敬。从曾经到现在,从过去到将来,改革开放的精神和影响不断地影响着中国的成长。在"颂祖

教师朗诵表演：这样一种声音

国"篇章中，有对家国情怀的歌颂，有直面 40 年前的记忆，有对改革开放设计师的缅怀；在"致青春"篇章中，有对青年们的热切希望，对青春飞扬的表达；在"向未来"篇章中，有对祖国美好将来的憧憬和展望，有对当下奋斗者的鼓励。

（3）反复酝酿。为了更好地呈现效果，组织者对原创诗歌进行二次加工，使其更加适合诗会的朗诵需求。同时，每首诗歌朗诵的背景素材也经过了精心制作。除了诗歌朗诵，还有"春天的故事"等舞蹈元素融入。这些酝酿的过程，也是改革开放历程不断入脑入心的过程。

三、主要成效和经验

1. 搭建"德育＋艺术教育"的有效载体

诗会是探索文化素质教育和思想政治教育相结合的有益尝试。艺术教育不仅可以帮助学生陶冶情操，发展个性，启迪智慧，更可以让他们感受艺术中传递的正能量，不断充实信心，自如表达，向上向善。大学生艺术团作为校园文化活动的重要载体，是高校文艺特长人才的聚集地，有着其特殊的德育功能。学校大学生艺术团中的语言艺术团在不断的探索与创新中打造出了自己的品牌活动——"红色基因"主题诗会。比如，2017 年主题为学习十九大精神，分为 4 个篇章，以"党史"开篇，以"青春"收尾，重忆共产党人的初心，感悟美好生活的来之不易，体会习近平总书记对党、对国家、对人民用情之深、之切，闪耀着党的十九大精神的思想光辉，澎湃着新时代的青年用青春建功新时代的壮志豪情，带领在场师生寻岁月之路，显时代之魂，望思想之光，燃青春之火。活动邀请校优秀学生代表、退休党员代表、教师代表、附校学生代表参与朗诵节目,将诗会打造成一个可延展、可参与、可分享的活动。2018年"红色基因"诗会的主题为"年轻的火炬——纪念改革开放40周年",分为颂祖国、致青春、向未来3个篇章,带领大家回望祖国令人骄傲的伟大成就,感受青春所蕴藏的无穷力量。在两年打造的基础上,诗会已经成为德育结合艺术教育的一个重要载体。

2. 整合多方资源,助力三全育人

坚持以立德树人为中心环节,推进全员全过程全方位育人,是贯彻落实全国高校思想政治工作会议精神的必然要求。将诗会打造成一个育人平台,既有退休党员、思政教师、专业教师同台演绎,又有党建带团建、团建带队建的传承发展,可以更好统筹整合资源,助力三全育人格局的完善。同时,诗会作为第二课堂的重要活动,也是对第一课堂的有效补充,参与师生通过围绕一个主题展开设计互动,不断学习打磨,在这一过程中,爱国主义情怀愈发醇厚,入脑入心。

诵读经典　不忘初心

上海东海职业技术学院

一、活动构思

经典著作是古今中外各个知识领域中那些具有典范性、权威性、经久不衰的传世之作。"把读经典、悟原理当作生活习惯、精神追求""用经典涵养正气、淬炼思想、升华境界、指导实践"。人类文明的成果，就是通过经典的阅读而代代相传的。钱理群说："年轻一代或者大众，却都不读原著，只读别人的解释，这就会误事，会造成比我们想象的更加严重的后果，说不定比不读更坏。""要用人类、民族文明中最美好的精神食粮来滋养我们的下一代，使他们成为一个健康、健全发展的人。"

红色经典诵读

经典的每一句话都意蕴深刻，让人回味无穷，并从中受到深刻启迪。经典会越读越深入，越读越明白更多。每一次读，都会有新的收获和体会。毛泽东堪称是刻苦钻研经典著作的典范，他读《二十四史》《资治通鉴》《共产党宣言》

等,不仅反复阅读,而且还作精彩的眉批和注脚。邓小平在谈到自己的革命经历时,也曾多次讲到刻苦钻研《共产党宣言》等经典著作对自己世界观、人生观的影响。

品读马克思、恩格斯、毛泽东等伟人的经典著作,不仅有助于我们用辩证唯物主义和历史唯物主义的立场、观点、方法来研究人类社会的各种现象和问题,而且可以引发我们对世界观、人生观、价值观的深入思考,启迪智慧,涤荡心灵。在2017年全国高校思想政治理论工作会议上,习近平总书记强调,"从我们党探索中国特色社会主义历史发展和伟大实践中,认识和把握人类社会发展的历史必然性,认识和把握中国特色社会主义的历史必然性,不断树立为共产主义远大理想和中国特色社会主义共同理想而奋斗的信念和信心"。《毛泽东思想和中国特色社会主义理论体系概论》是一门理论性很强的课程,其理论都有深刻的时代背景。比如毛泽东思想为什么能指导中国革命取得胜利,跟毛泽东对于中国国情的深刻了解密不可分。为什么能认清"谁是我们的敌人?谁是我们的朋友?"为什么能抓住农民这个群体对中国革命的作用?如果能够阅读毛泽东的一系列文章,就能让学生对新民主主义革命理论有更为深刻的理解,比起老师直接讲理论效果岂不更好!

二、活动特色及具体做法

教师让学生朗读一些与概论课有关的经典文章;通过"诵读经典"鼓励同学们多读书;通过阅读经典,了解历史事件的原貌;通过诵读经典,了解共产主义理论、新民主主义革命理论和改革开放理论的历史发展和伟大实践,对中国新民主主义革命的胜利和中国特色社会主义的建设产生理论认同;通过诵读经典,理解中国道路选择的历史必然性,进而增强对中国共产党的政策选择的情感认同;通过诵读经典,提高学生的课堂参与度。分组完成此次活动,让学生锻炼团结协作能力,让每一位学生都能参与其中。

1. 活动对象

教学活动针对大一学生,第一次上课时就在课上介绍"诵读经典"活动,并简述诵读的意义和方法。各班分组,安排小组负责人以及班级负责人。

2. 朗读书目及要求

朗读的书目选择了4篇:《共产党宣言》《湖南农民运动考察报告》《中国社会各阶级分析》《邓小平南行讲话》。事先将文章提供给同学,要求将所读内容制作成 ppt。选取所给文章的一部分,朗读时间控制在 10 分钟内。

3. 交流感想

朗读完成后,写一篇读后感。收集学生的读后感,并结合学生的朗诵情况,给予成绩。部分优秀作业在课堂上与同学分享交流,并进行点评。

4. 过程控制

整个活动进行中,施行过程控制:每周提醒教学周次,以及需要做的事情;进程抽查,了解学生的作业进展。

三、活动的主要成效

1. 突出"以学生为本"的教学理念

现代教育观点认为:谁获取知识谁就是课堂的主体。"以学生为本"就是学生是课堂学习的主人,学生是教学的最基本资源。教师在课堂上的作用是唤醒学生的智慧,点燃学生的心灯,全面发展学生,让学生快乐阅读。每次朗读结束,教师会就学生朗诵的内容跟学生进行一些交流。将教学从单纯注重知识的传授,转向对学生认知、情感和能力、行为并重的培养,将思想政治教育从知行分离转向知行统一,学以致用。尊重学生发展及其个性需求,切实促进学生个体的和谐发展。

2. 加强学生对课程内容的理解和认同

通过诵读经典活动,引导学生朗读一些跟概论课有关的经典文章;通过阅读了解历史事件的原貌,理解了毛泽东和邓小平的伟大,提升了其思想理论水平;通过诵读,使学生理解了课程中的一些理论,了解共产主义理论、新民主主义革命理论和改革开放理论的历史发展和伟大实践,对中国新民主主义革命的胜利和中国特色社会主义的建设产生理论认同;通过经典诵读,学生理解中国道路选择的历史必然性,进而增强对中国共产党的政策选择的情感认同。

3. 扩大了知识面

学生在诵读经典的过程中,不但提高文学修养,而且开阔了视野,知识面不断扩大。还有很多同学反映,如果不是有这样的活动,自己一辈子都不会去读这些文章,读过后,才知道《共产党宣言》是什么内容,才真正理解了毛泽东和邓小平的伟大,才理解了课程中那些决策选择的原因。

4. 促使学生读书和思考

著名教育家陶行知先生曾经说过:"我以为好的先生不是教书,不是教学生,乃是教学生学。"通过课上的朗诵,促使同学们主动去看书,并通过这种方式相互交流一些好书;谈感想又促使同学们去思考。智慧源于读书与思考,思考是读书的深化,是认知的必然。督促阅读,除了能够拓展知识面,更能进一步理解理论的社会基础。

5. 锻炼了表达能力

学习用阅读分享的形式行使话语权,尝试通过别人的文字、别人的故事来理解自己的生活,深刻感知社会。从同学们最开始的羞涩腼腆到后来的积极主动,老师看到了同学们的变化,也在同学们的读后感中得到证实。很多同学反映,这是他们第一次上台,在这么多人面前朗读,有紧张、有不好意思,通过练习收获了勇气。朗诵活动提高了学生的课堂参与度,分组也让同学们锻炼了团结协作能力。

四、经验反思

大部分同学能认真阅读,并能较好地介绍文本内容,并能联系专题,佐证课程知识点,增强理论学习的学习效果。还有一些学生在活动中会读错字或者不流畅,说明课下练习还不到位。这是读经典活动中出现的问题。

另外,朗读的文本范围不够宽泛,要鼓励学生自选与课程内容相关的经典文章作为朗读文本,更大地调动学生参与的热情。

(执笔:陈飞)

雅言传承文明　经典浸润人生

长宁区教育学院

一、课程亮点

区教育主管部门充分发挥主导作用,依托教育学院组建经典诵读教学研究室,加强宏观规划与组织指导,区域推动中华经典诵读课程的实施,目标明确具体,教材课时有保障,培训指导扎实到位;基层学校充分发挥主动性,结合实际制定具体实施方案,形成了多样化的课程特色。

二、实施背景与目的

为了深入贯彻落实《国家中长期教育改革和发展规划纲要(2010—2020)》中"加强中华民族优秀文化传统教育和革命传统教育"的要求,落实《长宁区精神文明建设"十二五"规划》,上海市长宁区教育党工委、教育局出台了《关于开展长宁区中小幼"中华经典诵读"活动实施方案(试行)》,在全区中小学幼儿园实施中华经典诵读课程,以弘扬祖国优秀传统文化,提高师生道德文化素养为宗旨,在近几年经典诵读的基础上,充分利用基础型课程、拓展型课程和研究型课程的资源,积极开展中华经典诵读活动,将其开发成有品质、有特色的校本课程。

课程实施目的明确,认识统一。

1. 传承中华文化

通过经典诵读,让师生与书为友,与大师对话,感受民族文化的源远流长,儒家思想的博大精深,从经典中汲取民族精神的源头活水。

2. 提升文化素养

通过诵读熟背经典,扩大阅读量,增强语感,汲取精华,增加经典储备,打下厚实的文化功底。

3. 陶冶性情品德

阅读经典,与圣贤相伴,与经典同行,美心美文,嘉德懿行。培养仁义敦厚的性情,自信自强的人格,感恩图报的品质,勇于担当的胸襟。

4. 推进素质教育

进一步构建书香校园、精神家园、和谐乐园,引导学生从经典中汲取精神营养,启迪心智,在道德、文化、智能等方面得到全面提高。

三、课程目标

(一)总体目标

(1)培养爱国主义情感和民族精神,提高道德、文化修养,形成积极的人生观、价值观和独立的人格意识。

(2)认识中华文化的博大精深,吸收民族文化的智慧,对祖国优秀文化传统抱有诚挚的敬意和持久的学习热情。

(3)能用普通话朗读和背诵一定数量的经典诗文,理解和领会其中蕴含的道理;注重积累与内化,能对作品的价值发表自己的意见或评论,能根据需要进行专题研究。

(二)学段目标

1. 小学学段目标

(1)能用普通话朗读浅近的经典诗文,大致了解和领会作品内容。

(2)背诵优秀诗文150篇或段(含课内语文教材背诵篇目)。

(3)尝试运用多种媒体表达自己的学习感受、体会,主动与他人交流。

(4)热心参加班级、学校、社区组织的经典诵读活动。

2. 初中学段目标

(1)能用普通话正确、流利、有感情地朗读经典诗文。

(2)能借助注释、工具书和有关资料理解作品内容,具有初步的质疑、鉴别和评价能力。

(3)背诵优秀诗文100篇或段(含课内语文教材背诵篇目)。

(4)能自觉运用现代信息技术获取信息、探讨问题和交流思想。

(5)能合作策划简单的班级、学校和社区的经典诵读活动。

3. 高中学段目标

(1)能用普通话正确、流利、有感情地朗读经典诗文。

（2）能借助注释、工具书和有关资料理解作品内容，自主梳理所获语言与文化知识。

（3）背诵优秀诗文1万字（含课内语文教材背诵篇目）。

（4）能鉴赏、评价作品的思想与艺术价值，并联系实际进行专题研究。

（5）能运用网络平台查找资料、研究问题，进行人际交流。

（6）能策划和组织校园及社会活动，能根据需要独立发表意见，进行即兴演讲或辩论。

四、课程实施

（一）机制建设

为了保障经典诵读的长效实施，长宁区教育学院成立了"中华经典诵读"教学研究室。各中小学、幼儿园成立以校长为组长的"中华经典诵读"行动领导小组，制定"中华经典诵读"方案，明确部门职能。活动的组织推动，绝大多数学校是由语文组承担，个别单位由综合组承担。

（二）课程保障

长宁区颁布"中华经典诵读"课程指导意见，各校调整课程设置，小学每周开设一节中华经典诵读拓展课，安排在周三下午快乐拓展课时段；初中融入"阅读领航"及文化、艺术、德育类课程中；幼儿园将其融入幼儿一日活动中；其他学校，也充分发挥课堂的教学主渠道作用，将经典诵读活动与三类课程有机结合。

（三）教材编写

长宁区教育局领导、试点学校校长、中华经典诵读教学研究室成员及一线教师，积极参与编写《中华经典诵读》读本。此读本共4册，小学学段两本，按敬德修业、含英咀华两个单元主题，分别选录诸子、史传经典和唐宋文学作品，并加注汉语拼音和大意。初中一本、高中一本，选录经、史、子、集经典作品，按单元主题和学段特点进行编排。为了便于课堂教学，教材中附加了题解、注释、导读和思考提示。

（四）教师培训

区经典诵读教学研究室多渠道组织教师诵读、教学培训，提高教师思想认识，增强诵读指导能力，形成一支素质较高，能力适应的师资队伍。一年来，已组织近30位老师参加上海市经典诵读培训，其中20余位老师取得了朗诵等级证书。适存小学的张文蔚老师参加了上海市首批经典诵读研修班。区里还邀请魏新磊老师、朱震国老师为全体语文老师举办"走进经典""演绎经典"讲座,邀请唐婷婷老师为小学语文学科组长、中心组成员进行区编读本《中华经典诵读》篇目诵读专题辅导讲座。

(五) 教学研讨

2012年3月,为落实长宁区经典诵读目标,13所中小学、幼儿园作为试点推进诵读活动,9月份全区中小学全面铺开。各校积极行动,围绕"中华经典诵读"制定教学方案,开展教学探索。传统的古诗文教学往往局限于"会解释词义""能用自己的话说出全文的意思"等,老师教得也比较机械,学生学得被动、枯燥,没兴趣。如今,小学经典诗文诵读字、词、句讲解到什么程度?中学是以诵为主还是以讲解为主?针对这些问题,长宁区中华经典诵读研究室、教育学院语文教研组及时组织开展教学研讨活动,帮助老师明确教学要求,探索总结有效教学策略,激发学生诵读古诗文的兴趣,不断提高诵读教学质量。表1是部分教学研讨活动日程安排。

表1

活动内容	活动时间	地点	参加对象
王维《渭城曲》 执教:陈剑鸣老师	3月22日	适存小学	市教委语管处、市教卫工作党委宣传处,长宁区教育局、语委办、小学语文教研员、中小幼推普老师
苏轼《定风波》 执教:唐淑凤老师	10月18日	仙霞高级中学	经典诵读研究室成员、高中语文教研员、全区高中语文老师
辛弃疾《摸鱼儿》 执教:黄音老师 荀子《士君子之勇》 执教:汪静华老师	11月15日	复旦高中	经典诵读研究室成员、高中语文教研员、全区高中语文老师
苏轼《赠刘景文》 执教:王余强老师	11月22日	愚一小学	经典诵读研究室部分成员、小学语文教研员2位、小学一学区语文老师
王昌龄《出塞》 执教:陈剑鸣老师	11月22日	适存小学	经典诵读研究室部分成员、小学语文教研员2位、小学二学区语文老师

(续表)

活动内容	活动时间	地点	参加对象
苏轼《浣溪沙》 执教：陈玮凤老师 李白《行路难》 执教：余代宏老师	12月13日	开元学校	经典诵读研究室成员、初中语文教研员、全区初中语文老师
北二小学"古韵新雨"经典诵读校本课程建设研讨活动	12月25日	北二小学	上师大专家、区教育局领导、全体小学语文教研员、部分科研员、长宁区各小学教学分管领导、语文大组长及备课组长等

通过一系列教学实践活动，区"中华经典诵读"教学一改以往古诗文教学过分重"义"的教学模式，积极探索多种教学策略，激发学生学习古诗文的兴趣，体味、感悟古诗文的深刻内涵。

1. 多种形式的诵读，营造浓浓的氛围

陈剑鸣老师执教《渭城曲》，特别重视诵读指导，第一步要求读正确、读通顺、读流利；第二步要求读出自己的理解，读出自己感受到的送别之情；第三步要求读出古诗的音韵之美："渭城｜朝雨｜浥轻尘，客舍｜青青｜柳色新。劝君｜更尽｜一杯酒，西出｜阳关｜无故人。"第四步教会学生吟唱，老师先示范，然后让学生跟练，最后让学生摇头晃脑吟诵。一节课下来，学生不再觉得学古诗很枯燥，反而感到乐趣无穷。

2. 恰到好处的补充，提高学习的兴趣

王余强老师指导诵读苏轼的《赠刘景文》，利用各种生动形象的教学手段，把静态内容动态化，把抽象内容形象化，把文本转化为情境，把简单传递转化为相互对话。最后，还将自己创作的诗《赠吾生》献给学生："自古经典若星河，佳句名篇几悲歌。吾生学诗当谨记，勤加吟诵必有得。"令学生对老师顿增敬佩之情。

3. 着重整体的把握，体味作者的心境

唐淑凤老师在执教《定风波》时，以"诵读——走进智者"为主题，通过设疑激趣、诵读感知、品读探究，引导学生通过反复诵读词作，联系苏轼其他作品，体会苏轼正视挫折、淡化苦痛的平和心境和洒脱达观的人生态度。整节课老师能引导学生自学、进行朗读指导、组织问题讨论，展现"中华经典诵读"自主、合作、探究的模式魅力。

（六）活动推进

（1）在校母语节、汉字节等各类校园文化节日活动中，融入中华经典元素，让文化节日成为承载传统文化的载体。

（2）利用清明、端午、中秋、春节等中华民族传统节日，挖掘其文化内涵，开展丰富多彩的诵读活动。

（3）举办全区师生"中华经典诵读"大赛。本年度共有近千名师生参加了比赛，有几百名学生参加了"古诗文创作大赛"。

（4）各校还通过广播站、电视台、校园网、板报等校园媒体传播中华经典；在校园文化建设中突出中华经典特色，让每一面墙，每一个角落都散发出浓郁的经典文化气息。

五、实施成效

1. 丰厚了师生的文化底蕴

开设中华经典诵读课程，有利于推动"书香校园"建设，丰富校园文化建设内涵，促进师生共同成长。一年的教学实践中，老师和学生一起收获着成长的快乐。校园环境和师生言行悄悄地发生了改变，师生的文学修养也得到了的提高。学生会背、会诵、会吟的诗文大大增加了，对诗文"幕前幕后的故事""文坛轶事"了解更多了，不少学生还能把学到的经典语句用到作文之中，大大提高了语言表达的品位。同时，教师通过诵读指导、教学研讨，也提高了自身的文化素养，转变了教学观念，改进了教学方法，提高了教学指导能力。

2. 陶冶了师生的性情品德

经典诗文不仅语言精练优美，而且意蕴深刻，是古代圣贤思想智慧的结晶，是民族文化的瑰宝。师生诵读经典，不仅可以修养身心，开启智慧，还可以提高认识美、领略美、欣赏美的能力，提升人生精神追求和道德情操。曾有专家说："道德、品性、气质等重要价值素养，很难教成，靠的是陶冶、潜移默化培养出来。"开设中华经典诵读课程，让师生"与圣贤为友，与经典同行"，恰好具备这样的功效。

3. 提升了学校的办学品位

把中华传统文化的思想智慧与学校教育、管理相结合，有助于创新管理思维，提升办学品位。如：开元学校依托"阅读领航""城市少年宫"活动、结合语文教学渗透中华经典诵读，感受韵律辞章之美，提高了语文课程的品位；复旦初中立足课程高度，构建"中华经典诗文诵读"博雅课程，行成学科核心的综合课程；市三女子初级中学将经典诵读课程化、常态化，倡导"智圆行方，秀外慧中"的女生气质，培养学贯中西、博古通今的未来女性人才；长宁中学以贯彻校训"奉教化而长宁"为目标，以"诵读中华经典，传承民族文化"为主题，努力引领长宁师生回归传统文化、净化精神家园，于国粹兮徜徉，与圣贤兮结友，逐步形成了奋发、高尚的精神风貌；适存小学立足书香课程建设，将经典融入校园文化，组织系列活动，让经典滋养学生心灵；愚一小学开展经典诵读活动做到"3个确保"，即确保针对不同年级有不同的内容设计和要求，确保每周有一节诵读活动课，确保学生每天在校和在家10分钟诵读经典；实施"4个结合"，即经典诵读与环境布置结合，与学科教学结合，与创建学习型家庭结合，与综合实践活动结合；长宁实验幼儿园开展了以"亲近经典、润泽童心"为主题的中华经典诵读活动，通过"诵诵做做、吟吟画画、唱唱玩玩"，增进幼儿对中华传统文化的了解，涵养性情，启迪心智；建青实验学校发挥15年一贯制实验学校办学优势，结合不同学段学生的认知特点，将中华经典诵读与当代优秀诗文诵读有机结合，融入幼儿一日活动及中小学文化、艺术、德育类课程中，通过耳濡目染的方式令"经典"抵达孩子们的内心，构建了3~18岁青少年儿童的"文化大课"。

中华经典诵读课程，揭开了长宁区教育发展的崭新一页。

（执笔：郁洁）

颂君子之德　歌窈窕之章

嘉定区第一中学

嘉定素来享有"教化嘉定"的美誉。坐落于这方历史文化沃土上的嘉定一中学子，具有得天独厚的优势。多年来，学校积极探索实践，寻找有效载体，让"诗教"回归，让经典传承，开展切合民族传统、切合地域特点、切合学生实际且颇受学生欢迎的经典诵读活动。

经典传承文明，雅言浸润人生。嘉定一中历来着眼于每一个学生的终身发展，致力于学生健康快乐地成长，坚持把体育、科技、文化艺术等活动的开展作为推进素质教育的有力抓手，以此提升学校的文化品位，进一步打造校园特色文化品牌。而在这些特色文化品牌中，"经典诗文吟诵"活动，为学校的人文特色品牌注入了丰富的内涵，并取得卓著成效。

经典诗文吟诵作为学校人文领域一门重要的拓展型课程，自然担负着传承昌盛文脉，培养当代"君子"的重任。老师们在课堂内外带领学生诵读经典诗文，以净化学生的语言，提升学生的境界，丰富学生的内涵，开阔学生的胸襟。

嘉定一中《四君子颂》参加"社会主义核心价值观进校园"活动展演

2014—2018年间,学校季候风吟诵社在以往丰厚积淀的基础上,积极尝试师生原创吟诵剧本,合力演绎窈窕篇章,硕果累累,势头喜人。以数次登上区级、市级大型舞台的吟诵类节目《四君子颂》为例,该吟诵节目已成为嘉定一中的经典原创古诗文诵读范例,也成为在嘉定区备受瞩目的中华经典诵读师生同创舞台的一大亮点。

一、雅言传承文明,经典浸润人生——《四君子颂》活动构思

嘉定一中自编经典《古诗文诵读》和《感悟 认同 践行——民族精神教育古诗文读本》,明确古诗文经典诵读拓展课程的目的、意义、诵读内容与要求等。教师在拓展课教学过程中,要引领学生着重把握古诗文诵读的中华文化内涵,形成古诗文诵读的备稿思维方式和声音创作能力。《感悟 认同 践行——民族精神教育古诗文读本》共分3册,第一分册的教学内容为民族精神释义之"花草树木中的人格志趣"和"亭台楼阁中的文化底蕴";第二分册的教学内容为民族精神释义之"山水园林中的情感哲思"和"中华传统美德";第三分册的教学内容为民族精神释义之"家园亲情与故土情怀"和"浩然正气与艺术情趣"。每一主题下都选编了若干相对应的传统经典诗文篇章。

在一次吟诵社团课上,老师和同学们正好翻到《感悟 认同 践行——民族精神教育古诗文读本》第一分册。社团指导文老师把那节社团课的主题定为"吟诵类剧本的创作",引导并鼓励学生在欣赏了学校往届优秀吟诵节目《颂德篇》的基础上,仿写一篇新的吟诵剧本。仿写吟诵剧本的方法途径可以有以下3条供同学们参考。

（1）原典呈现式。在古代文学经典作品中选择原文,可以保留原文一字不差地呈现,如诵读张若虚的《春江花月夜》。亦可摘取某一主题下的经典语句进行重组形成剧本,如《颂德篇》就是摘取《论语》中关于君子德行的语句进行组合的,其中还穿插了同学的吟唱。"新瓶装老酒",兴味盎然,余韵悠长。

（2）文白穿插式。在某一主题剧本创作过程中,同学们可以在经典诗句中串联旁白,形成文白的交错辉映,也有不错的效果。而旁白要有传统诗词的音韵美,内涵美,要与整个剧本的风格相融合,浑然一体。如此前老师编写的《山水有清音》。

（3）文言原创式。具备文言文写作较高功夫的同学,可以直接用文言创作一篇剧本。作品要遵守古汉语的用语规则和语法特征,形成自己的剧本层

次和主题思想。同时有陈述、有感叹、有抒情、有描摹,可选择多种表达方式,达到让人眼前一亮、耳目一新的效果。如季候风吟诵社钱舒怡同学创作的《人无信不立》,高雨遥同学创作的《云天游》等。

嘉定一中同学们颂扬君子之德,展现翩翩风骨

在老师具体指导下,同学们自由组合成了几个小组,展开对剧本的探讨和草拟。在第二次的吟诵社团课上,由社长钟同学牵头的小组选择了"花草树木中的人格志趣"作为吟诵剧本的创作主题,率先编写出了《梅兰竹菊》吟诵节目剧本。主要内容是选择了和"花中四君子"——梅兰竹菊相关的古典诗歌和散文,用文白穿插的方式串联起来,使文本有了古典气息和艺术之美。但是还缺乏一个醒目的标题和合适的导入、过渡语段,文老师为同学们的这个剧本命名为《四君子颂》,并提供了导入段的文字信息。鼓励同学们在师生同创的基础上,对剧本进行润色、修改、推敲、探索。果然在那堂课上,对古典诗文颇有见解和个人积淀的蔡宇君等同学,就提出了对剧本部分细节的修改意见。

此次吟诵篇目的创作就是在《感悟 认同 践行——民族精神教育古诗文读本》第一分册教学主题"花草树木中的人格志趣"下,由教材延伸到自主编写剧本的积极尝试。期望通过对《四君子颂》的切磋打磨、精诵演绎,达到训练学生备稿思维方式、强化学生诵读表现技巧的效果,使其拥有对齐诵和独诵的不同形式进行鉴别、处理、领悟的能力。

以《四君子颂》的诵读为例,教师希望学生不仅学会备稿的思维方式和诵读的表达技巧,更能将此文作为自己的积淀,作为人生阅历中的宝藏,去探索由此展开的经典诵读的广袤世界。学生也在诵读中培养了一双慧眼和一颗明心,尝试对古诗文进行个性化的声音创作和评价,区分鉴别同类型素材诗文之间的共通与差别。

二、演绎自创剧本,博采众家之长——《四君子颂》特色介绍

嘉定一中"季候风吟诵社",社名典出《庄子·逍遥游》,也见苏轼《前赤壁赋》,寓意为御风而行的青春社团。这里,汇集了一群低吟浅唱、追古思今、胸有丘壑、挥斥方遒的有志青年,他们用语言感知先哲、以经典浸润人生。

梅、兰、竹、菊被称为"花中四君子",千百年来,成了中国人借物喻志的象征。季候风吟诵社的同学们演绎的节目《四君子颂》,正是从梅、兰、竹、菊的品格入手,通过抑扬顿挫、动人心扉的吟咏,表达中国古代传统文人对盛衰荣辱、时间秩序和生命意义的深刻领悟。

从诵读时的音韵上看,《四君子颂》音韵和谐、文白兼具、骈散结合,将赞誉梅兰竹菊的诗歌和片段流畅自然地穿插起来,使整个吟诵节目的呈现不仅有清晰的脉络,且具有恢宏的气度。

从吟诵节目的舞台展示上看,《四君子颂》调动了季候风吟诵社全体同学,带动学校人文班有吟诵特长的同学,人员配备充足,舞台大气磅礴。独诵和齐诵结合,语气、声音反复打磨,师生吟诵默契配合,也从不同的角度展现了吟诵社师生的风采。在服装搭配、舞美(肢体语言动作设计)、背景动态设计、背景音乐搭配、走台站位等方面聘请外校专家指点,使整个舞台浑然一体、挥洒自如。

三、扩大辐射效力,增进交流切磋——《四君子颂》效果反响

多年来,学校语言文字工作的开展和诵读活动的组织紧密相连。两者既互相区别又互相促进,在嘉定区、上海市乃至长三角地区的范围内逐步奠定了"古诗文经典吟诵特色学校"的基础。作为国家级语言文字规范化示范学校,经典诗文吟诵不仅是全校师生积极参与的一项活动,而且是学校设置的固定课程的"明星社团课",在每周一下午的最后两节课时间定时开班上课。经典诵读,已经和每个"一中人"的校园生活融为一体;经典诵读,也是让每个"一中师生"引以为荣的学校特色品牌。

学校经典诗文吟诵社几乎每年都面向全社会展示成果，交流体会：在"嘉定·宝山读书月开幕式"上《颂德篇》惊艳亮相；新疆班学生在"上海市教育系统培育和践行社会主义核心价值观现场推进会"上献上激昂的《正气歌》；校长领衔，全体语文组教师参与的重点课题《在经典诗文诵读中深化民族精神教育的实践研究》，以市级或区级公开课、邀请长三角及全市范围内的兄弟学校观摩的吟诵节目展演、民族精神主题校本教材编写和出版等形式，留下了一步一步踏实前行、光辉灿烂的足迹！

2016年5月31日，由共青团嘉定区委员会、嘉定区教育局、嘉定区文化广播影视管理局、少先队嘉定区工作委员会主办的2016年嘉定区少年儿童庆祝"六一"主题集会暨嘉定区第二届学生艺术嘉年华在上海保利大剧院隆重举行。学校季候风吟诵社带来的吟诵类节目《四君子颂》，得到了校长和全校多个部门的大力支持，在保利大剧院舞台上大放异彩，博得全场好评！《四君子颂》在上海市第七届"精锐教育杯"语言文字应用能力系列赛嘉定区集体诵读选拔赛中荣获中学组一等奖。2017年12月，《四君子颂》作为特邀节目参加了"少年中国梦"励志讲堂暨嘉定区青少年优秀经典吟诵展演活动。同年，《四君子颂》再次登上保利大剧院节目展演的舞台。

四、形成诵读样板，激发新作活力——《四君子颂》经验反思

《四君子颂》作为诵读课程和诵读节目的优秀样板，让我们深刻地认识到拓展型课程的实施要创新教学模式。因此在《四君子颂》的吟诵活动中，倡导收敛与开放相结合；在教学过程中，倡导灵活性与多样性相结合。教师组织并引导学生活动，通过点拨引导、进程驾驭、媒介运用、交流互动、质疑思辨等环节安排，让学生动脑、动口、动笔。同时，依托教学内容，让学生开展既有共性又有个性的审美和声音创作活动，展开生命体验教育，打动其心灵。在教学评价中，倡导终结性评价与发展性评价相结合。经典诗文诵读属于自主拓展型课程，是对语文基础型课程的补充和延伸，可以使学生进一步获得实践性学习经验和传统文化的审美体验。

从《四君子颂》原创剧本编写的过程中可以看到，拓展型课程要充分尊重学生起点，充分关注学生认知的局限性和片面性，根据学生的认知特点，通过精巧的预设问题和随机的跟踪提问，激发和引导学生思维的深化和拓展，使古诗文诵读拓展型课程成为学生能力发展和思维创新的阵地。

此外，保障课堂上充分而有效的学生活动，关注学生经历，捕捉学生思维亮点，启迪学生智慧，开拓学生视野，引导学生在积极主动地参与的过程中体验与感悟，实现语言建构与运用、思维发展与提升、审美鉴赏与创造、文化传承与理解的核心素养培养——也是不可多得的经验和收获。

吟诵活动中，上一次成功的实践和历练，可以为下一次精彩动人的呈现奠基铺路。在《四君子颂》获奖并展演后一年多的时间里，季候风吟诵社的同学们先后参与了上海市教育系统"社会主义核心价值观"进校园现场会活动；获上海市"亲情中华·魅力汉语"青少年诵读活动区级一等奖；获嘉定区中小学生戏剧节"吟诵专场"区级一等奖；参加2017上海市诗歌创作优秀作品展示主题活动《我和我的祖国》的展演；参加市《2017"少年中国梦"励志讲堂暨嘉定区青少年优秀经典吟诵展演活动》的展演。2018年9月，师生合作的集体节目《梦游天姥吟留别》在2018年嘉定区第九届"亲情中华·魅力汉语"普通话朗诵集体赛中荣获一等奖。2018年9月，甘昕瑶同学在2018年嘉定区第九届"亲情中华·魅力汉语"普通话朗诵个人赛中荣获中学组优胜奖。

路漫漫其修远兮，吾将上下而求索。与文字呈现相比，古诗文诵读也是创作和创新，是一份交流与打动。而经典诗文诵读对高中生而言，是一种古典文化和传统经典魅力的熏陶——审美角度；是中国传统文化的积淀——素养角度（内化为气质，外化为谈吐）。青年学生今天的生活，非常需要古典文化的滋养。在当代文化的包围中，同学们用诵读创设走进经典的场景和意境，静下来、慢下来，叩问自己的灵魂和内心。从古人的感喟和哲思中，得到人生的启迪和眼界的开拓。为今天人生中的一些迷惘找到答案。经典诗文诵读，还能让学生在现实生活的喧嚣中，找到和他人共处、和社会交融、和自然宇宙对话的最佳维度激发智慧。有君子之德，行仁义之事，歌窈窕之章。

70岁的教师和17岁的中学生、27岁的青年教师同台，诵读同一首诗歌，会有截然不同的感受。"少年听雨歌楼上。红烛昏罗帐。壮年听雨客舟中。江阔云低、断雁叫西风。而今听雨僧庐下。鬓已星星也……"让学生珍惜韶光，珍惜这经典相伴、梦想同行的青葱岁月里的古诗文诵读，让这份经历伴随他们走过青春人生的美好岁月，直到人生每一个他想要回到古典诗文怀抱里的时光——这就是古诗文诵读最深刻的意义和最悠远的魅力。

（执笔：文秋婵）

读中行　行中吟　经典永流传

闵行区莘庄镇小学

一、活动构思

努力建设书香校园，让学生在吟诵古诗中，感受祖国优秀文化的精髓。学校利用每天中午10分钟时间"化零为整"，开展"经典永流传"古诗诵读活动。

学校根据中国经典古诗词中适合小学生吟诵的内容，选择古诗词，组织全校学生集体学习。结合各部门学生教育教学的主题、传统节日，以及学生情况的基础，每月制定一个学习主题，选择一二首古诗进行学习和吟诵。学生在读中行，在行中读，在诵读中体味成功与喜悦，在诵读中感受美的熏陶与经典的力量。比如江南3月，万物复苏，生机勃勃。通过吟诵以"踏青"为主题的诗，让学生对比诗歌在对春天描写上的不同手法的同时，激发小朋友对春光的向往，到大自然中去发现、去学习；4月，正是学校读书节开展的时候，以"读书"为主题，通过吟诵《观书》，勉励学生趁年少之大好时光，好读书，读好书；5月，以"缅怀"为主题，结合贯彻落实《中华人民共和国英雄烈士保护法》，指导学生缅怀先烈，感受诗人的英雄主义，弘扬爱国主义精神；6月，正处于学期末，要复习迎接考试，通过吟诵《明日歌》，希望学生能以此勉励自己，抓住时光；9月，开学初，通过吟诵播下希望的种子，寻找生命的价值，努力绽放自己；10月，是伟大祖国生日之际，吟诵红色经典，珍惜当下来之不易的幸福生活。11月，通过吟诵表达深厚情谊的经典，配合"感恩节"，让学生拥有一颗感恩的心，懂得"滴水之恩，当涌泉相报"。步入12月，学期末，诵读名篇，劝诫学生惜时奋进，奋发努力。

二、特色介绍

午会课前10分钟，以全校广播的形式开展古诗吟诵活动。由学校课程部制作 PPT，用集体广播的形式，根据学校活动安排，每周 3 次（中午 12：20—12：30），组织全校师生吟诵古诗文经典。班主任教师负责在各班管理，学校各楼层负责人巡视检查。

指导学生了解经典诗歌的历史背景、作者生平、作品的大致含义及诗歌所表达的感情，让学生在熟知古诗词的基础上，配合相关的音频吟诵作品，进行诵读及传唱。如，在学习《长歌行》这首诗时，第一周，让学生了解《长歌行》这首诗歌的创作背景，并对"歌行"这种诗歌体裁进行初步了解，指导学生朗读好这首诗；第二周，引导学生了解这首诗的诗意，在理解诗意的基础上诵读好这首诗；第三周，带领学生在理解的基础上背一背这首诗，了解并体会诗歌所表达的感情，并以此勉励学生要惜时奋进。结合学生当时当下的情况，即学期步入 12 月，学习生活又进入到一个紧张的阶段，通过吟诵《长歌行》，让学生明白"少壮不努力，老大徒伤悲"的人生哲理，抓紧时间，奋发努力。

活动评比：采取次次查、周周评和月月比相结合的评比形式。

1. 次次查

中午"经典永流传"吟诵古诗时间，学校安排每个楼层一位大队委员进行检查，大队委员向负责教师做情况反馈。

2. 周周评

学校根据每周检查情况，评选出优秀班级，颁发"经典永流传"流动红旗。评比结果每周公布。

3. 月月比

以月为单位，由教研组长担任评委，前往各班级对学生吟诵古诗及歌唱以古诗内容为主题的歌曲整体情况进行评审。评价标准从仪表形象、朗诵效果、姿势神情、吟唱效果和个性创意五个方面实行定量计分（评审表见附件 2、评比量规见附件 3）。其中，吟诵古诗为各班必选项目，歌唱以古诗内容为主题的歌曲为自选项目。

评委根据评审要求，评选出最优秀的班级，学校颁发奖状。评比结果每月公布。

三、效果反响

通过"经典永流传"古诗吟诵活动的开展，学生会背诵的古诗大大增多，"吟诵经典"在不知不觉中已成为师生学习生活中的一份乐趣。学生们时常不经意间就会哼唱"经典永流传"活动中学习的诗歌,一些学生平时会搜集同类的古诗进行积累。琅琅书声,日有所诵,潜移默化,学生的语言文字表达能力提高了,很多同学也能够把学到的古诗运用到自己的作文中,提高了学生的写作水平。同时,也陶冶了学生的情操,增强了学生热爱祖国优秀文化遗产的情感。通过歌颂祖国大好河山和美丽风光的古诗,学生充分感受到我们祖国江山如画,秋游中面对飞流而下的瀑布,他们会不自觉的吟出"飞流直下三千尺,疑是银河落九天"这样的诗句。

"经典永流传"古诗吟诵活动的开展,也使老师们赞叹不已。学校语文老师每次都积极组织班级学生认真学习,指导学生的古诗吟诵。同时,开展经典诵读活动,学校教师也主动参与,广泛融入,和学生一起学习、讨论、背诵,探讨经典的人多了,查阅资料的人多了,吟诵的人多了,运用经典诗词的人多了,学校广大教师在活动中极大地丰富了自身的文化底蕴。

古诗吟诵活动的开展,丰富了学校的德育内涵,推动了学校未成年人思想道德建设和德育工作的发展。师生的精神面貌得到较大的改观。良好的校风、学风、班风逐步形成,有效地促进了学生养成教育的全面实施。这是学校文化建设和人文教育重要组成部分,是传承优秀民族文化的亮点。

四、经验反思

传统经典文化是中华文明传承数千年的重要载体,是爱国主义教育的不朽教材,是中华民族悠久文化的瑰宝。深入开展古诗经典诵读活动,逐步形成了学校自己的教育特色,积累了一些宝贵的经验。

1. 加强领导,统一思想

自从开展中华经典诵读活动以来,学校各级领导都十分关心并予以指导,坚定不移地抓好这项工作。领导在思想上重视,率先垂范,利用教师例会、教研会、升旗仪式向全体教师和学生宣传实施经典诵读的必要性、紧迫性和可行性,教师利用班会、阅览课向学生明确"不学诗,无以言",小学生需要以传统文化涂亮人生底色,滋养心灵等经典诵读益处。班主任、语文老师充分认识开展经典诵读活动的重要意义,认真按照制定的实施方案,组织指导本班学生的经典诵读活动,积极编排动作,配以吟唱古诗。

2. 营造氛围,注重过程

突出以"经典诗文诵读"为特色的校园文化建设和布置,突出传统文化气息。利用橱窗、走廊、墙壁等空间和角落，或用印制的精美诗文图画，或用学生亲笔书画的名言佳句，或用孩子们充满灵性的"诗配画"加以装饰。在班级黑板报上，刊出一些经典诗文，并提供历史背景材料和诗词析义，供学生阅读、赏析、评比。教室环境布置要求体现班级特色，除了诗画、诗文，每个班级都可以开辟诗园，内容或是学生阅读古诗文的活动成果；或是古诗书法展、读后感；或手抄报，等等。

加强过程管理，建立经典诵读培训原始过程材料档案。为了认真扎实地落实学生的诵读情况，平时注重督促，各班班主任在诵读期间指导学生认真诵读，学校每次组织大队长进行诵读检查，教研组长进行月月评比，以保证古诗吟诵活动的有效落实。

3. 丰富内涵，深化实践

"经典永流传"古诗诵读活动的开展，一方面，与学校各部门学生的教育教学活动、与中国的传统节日相结合，倡导学生在读中行，在行中读，把经典诵读作为学生民族精神教育的重要途径和抓手，作为提高学生道德情操、文明习惯的重要工程，在实践中深化教育的内涵；另一方面，与学生当时当下的生活相结合，注重学生的心理特点和生活经验，着眼"熏陶"，注重"感悟"，激发兴趣、内化行为、陶冶情操，进一步丰富和拓展教育内涵，加强校园文化建设。

学校虽然做了很多工作，取得了一些成绩，积累了经验。但在活动的过程中也感觉到学生的诵读还需要进一步加强指导，丰富活动的形式，科学优化古诗的选择，并使之系统化。全校师生将继续努力，把吟诵经典诗文活动推向深入，让诗心永驻，让童心飞扬！

班级自编动作，吟唱古诗

每周一评，获"经典永流传"流动红旗

（执笔：傅炜　刘佳）

经典伴随　诗意人生

"青春为祖国歌唱"诗文朗诵会

东华大学

一、活动构思

（一）活动背景

100年前，一群意气风发的青年，用热血和生命，谱写了一曲最壮丽的生命之歌，绘就了一幅最宏伟的青春图画。70年前，一位伟人在天安门城楼上用掷地有声的话语宣告了一段黑暗的结束，宣告了一个新中国的开启。70年来，我们的祖国有了翻天覆地的变化，朝着实现中华民族伟大复兴的中国梦一步步前进。进入了新时代，五四精神也被赋予新的定义。东华朗诵团的全体成员追随先辈的脚步，以朗诵的方式纪念五四、歌颂青春，致敬祖国华诞，纪念那一段历史，纪念那一段属于青年人的辉煌。

2019年恰逢五四100周年和建国70周年，同时在这两个重要的时间节点，东华大学朗诵团的朋友们以此为契机，以"青春为祖国歌唱"做题，为东华的学子呈现一台诗文朗诵会。

（二）活动目的

经典诵读活动旨在丰富学生的校园文化生活，给全校师生带来一场诗文盛宴。同时，作为东华大学朗诵团，以朗诵的形式对祖国表达自己的敬意。

（三）活动流程

2019年4月19日，东华大学兰笋厅，东华大学朗诵团全体成员及东华大学诗词爱好者们，欢聚一堂。唱响"青春为祖国歌唱"。

诗文朗诵会共由连同串场歌曲在内的12个节目组成，表演者涵盖东华大学朗诵团全体成员。所有成员通过分小组的形式，采取自主编排，统一审核，集体呈现的方式组合而成了这个诗文朗诵会。

晚六点半，东华大学朗诵团在兰笋厅举行了诗文朗诵会，场面热闹，朗诵团每位同学的积极配合和排练让这次诗文朗诵会取得圆满成功。

二、诗文朗诵,青春歌唱

"青春为祖国歌唱"诗文朗诵会由 12 个朗诵节目组成。

首先登场的是由东华朗诵团全体成员为纪念改革开放 40 周年、中华人民共和国成立 70 周年倾情创作的作品——乘风破浪再出发。青年学子的拳拳爱国心,浓浓中华情在其中表现得淋漓尽致。

第二个节目《蚁族》,讲述了在快节奏的生活下一个小镇青年异乡追梦的故事。故事传递了不屈不挠、坚毅无比的追梦精神。十九大报告指出,中华民族伟大复兴的中国梦,将在一代代青年人的接力中成为现实,作为新时代青年的我们,更要用这种不屈不挠的精神,为中国梦的实现贡献出自己的一分力量。

第三个节目《商鞅之死》,蒋天泽同

学声情并茂地讲述了战国时期改革家商鞅生前身后的传奇事迹。起初带着毅然的斗志,中段激昂而坚定,之后又充满悲壮,似是义无反顾的诀别,引人入胜。

第四个节目《西去列车的窗口》,讲述上海支边青年与负责接应的老战士相遇,共赴祖国边疆的故事。故事表现了青年一代屯垦戍边的决心和老一代对青年一代的殷切期望。

第五个节目《大梦敦煌》,随着梦境展开,听众与表演者一路向西,饱览神秘敦煌的美丽风景和悠久历史。让人心驰神往,让人沉醉难忘。

第六个节目《假如没有李白》。通过"如果没有李白"这一大胆的假设,说出了所有唐诗爱好者的心声。中国文学历经 3000 多年不曾中断,是世界上历史最悠久的文学之一,是中国文化中最重要、最璀璨的部分,其中,因为诗仙李白,中国文学更增光辉。

第七个节目中,吴佳尧和鞠鹏两位同学以他们独特的嗓音演唱了一曲《声声慢》,演绎不一样的境界,带给了听众一种不一样的听觉享受。

第八个节目《我的墓碑》讲述了抗战时期老槐村男女老少可歌可泣的英雄故事,"看到老槐树,就算回家了""一梳梳到头,二梳白发齐眉,三梳子孙满堂"一字字,一句句,不禁让人潸然泪下。

第九个节目《青春之歌》,青春,让大学生相信爱情,让大学生激流勇进,让大学生淡然处世,青年人坚信,青春必将永驻。

第十个节目《秋瑾》，让听众感受到了秋瑾作为一位母亲，抛开牵挂，追求信仰，以常人所难以想象的勇气，淡然和从容，在风雨飘摇中，演绎壮丽人生。

压轴节目《梦里花开知多少》，"世界上最遥远的距离，不是我就站在你面前，你却不知道我爱你，而是

明知彼此相爱，却不能在一起"。相爱之人，最终确难逃命运捉弄，这是何其可惜的事。两位同学依据以往的两则故事改写，还紫霞、至尊宝，许仙、白娘子一个圆满的结局。

《以青春的名义宣誓》作为压台节目。表演的是3位青年或成为乡村教师，或选择自主创业，他们有一个共同点，即他们都"以青春的名义庄严宣誓，要让生命的花朵，盛开在祖国最需要的地方"。

临近结束时，陆晨婕、李泽、郭雨晴3任团长及楼逸昊学长也各自即兴进

行了一段朗诵表演,并就朗诵团发表了一些感想,提出了一些新的要求,同时,也希望朗诵团能够越办越好。

由于朗诵团全体成员的精心准备,每一个朗诵节目都展现了青春的风采与极强的正能量,获得了师生的一致好评。"青春,为祖国歌唱"诗文朗诵会获得圆满成功。

三、效果反响

诗文朗诵会以纪念五四运动100周年、纪念建国70周年为契机,以"青春为祖国歌唱"为主题,通过诵读经典诗篇及歌颂祖国、歌颂青春的相关文章,引发全校师生的诵读经典热潮;引发全校师生表达对100年前五四青年人的敬佩及对祖国母亲70周年华诞的致敬。

诗文朗诵会得到校教务处和图书馆的高度重视。诗文朗诵会结束后,校图书馆联合学生会,以及相关部门共同举办了"东华朗读者——寻找最动听的东华好声音"活动。截至目前,该活动已吸引来自12个学院、逾60位同学参加。诵读的篇目紧紧围绕"最祖国""最江南""最松江""最少年"4个话题,歌颂祖国,歌颂青春。诵读的篇目中,既有婉约派词人温庭筠的《梦江南》,也有忧国忧民、为祖国前景堪忧的怒吼《满江红》;既有戴望舒《雨巷》,也有食指写下的《相信未来》,更有歌颂红色经典的《祖国颂》《红旗颂》,带领师生回到那个红色的年代,那个虽然风雨飘摇但依然充满信仰的年代。

四、经验反思

东华朗诵团作为本次诗文朗诵会的承办者,在校团委的大力支持下,通过校级层面的广泛宣传,最终呈现出了一场精彩的诗文朗诵。在实际工作中,仍有一些问题需要在实践中解决与完善。

第一，朗诵会的节目问题。因为没有充分的准备时间，朗诵会的节目没有进行系统化、模块化，整个朗诵会没有一条明确的主线，只是节目的堆砌。

第二，观众人数的问题。因为前期宣传的不到位，当天活动的观众人数没有达到理想中的数量。因为观众的缺少，可能会使朗诵会的整个氛围与理想的效果有距离。

第三，设施条件保障问题。诗文朗诵是声音魅力的体现，需要舞台、灯光、话筒等配合。此次活动是在一食三楼兰笋厅举行，场地对节目的呈现效果上有一定的局限性。

为此反思，尝试如下改进措施。第一，活动需要更好的构思，并要给出充分的准备时间及精力，才能使活动更加精彩。第二，加大宣传力度。在校级层面，通过公众号、横幅、海报等线上线下多种形式推广，努力做到不让每一位朗诵爱好者错过精彩的活动。第三，通过校内各部门的沟通衔接，保证活动所用场地，为大学生实践活动创造条件，为学生兴趣的培养营造氛围。

诵读经典　海大之声

上海海事大学

一、活动构思

为了营造积极向上的校园文化氛围,弘扬传统文化与美德,宣扬社会主义核心价值观,引领在校学生培养正确的人生观、价值观,上海海事大学从2017年起,由交通运输学院团委推出了"海大正在说"、图书馆主办的"海大朗读者"系列活动,活动分为线上"朗读者"视频推文活动与线下"朗读者"沙龙、诵读大赛活动。

在为期两年的活动时间内,"海大正在说"共推出了10期线上推文、线下沙龙共计20期的系列朗读活动。"海大朗读者"已举办了两届大赛。活动覆盖面广、形式创意新颖、主题内涵深刻,旨在进一步弘扬社会主义先进文化、传承中华优秀传统文化、铭记红色革命文化、挖掘优秀特色校本文化,受到学生的广泛推崇、积极参与。很好地引领学子对传统文化经典的热爱。

线上推文		线下沙龙	
序号	活动主题	序号	活动主题
1	吃,也是一种文化	1	品读诗词经典,感悟自强精神
2	修身齐家,勿负使命	2	文学的价值,自强的力量
3	我与信仰	3	以家国情怀养正学生人格
4	生命不休,运动不止	4	大学的价值
5	以青春之我	5	读书与自强
6	结缘交通、踏浪海江	6	国强与自强
7	青春朗读十九大	7	文学中的励志精神
8	目标·少年自有凌云志	8	苦难中的成长
9	改革·以科技力量促进时代发展	9	贾平凹与他的小说
10	思辨·脱离人云亦云	10	如何欣赏唐诗

二、特色介绍

1. 活动覆盖面广

"海大正在说""海大朗读者"系列朗读活动,在参与嘉宾、受众同学与参与形式上都体现出了覆盖面广的特点。参与朗读活动的嘉宾,有校园中的"风云人物"(被大家称为"海大何以琛"的法学院学生会主席陈淼、校礼仪队队长戴靖文),有大家平时身边的榜样楷模(已成功考上中南大学研究生的上海海事大学学生会主席彭洋),也有受同学爱戴尊敬的领导老师(交通运输学院院长葛颖恩老师、交通运输学院优秀辅导员申芷伊老师),更有毕业50年回校的赖定荣校友、退休多年的老教师吴旭光老师。特别在"朗读者"沙龙活动中,请到了交通运输学院赵睿老师、法学院陈刚老师,还有幸请到了复旦大学文学博士杨鉴生老师、华东师范大学赵厚均副教授,上海社会科学院文学研究所副研究员袁红涛、上海师范大学对外汉语学院副教授王小平、复旦大学中文系教授杨明、上海师范大学中文系教授李定广。话题横跨古今,有经典著作,也有日常生活。通过他们结合自身经历的朗读和讲解,赋予书本、文章中的文字以全新的生命与诠释,深深打动台下的听众。

"海大朗读者"颁奖仪式

2. 形式创意新颖

"海大正在说""海大朗读者"系列朗读活动,形式新颖,并且在原定计划上有了独特的创新与突破。与传统的朗读活动相比较,"海大正在说"系列朗读活动,将朗读嘉宾从台上请到了台下,将朗读嘉宾的人选从荧幕上的明星换成了学生的身边人。让活动本身更贴近于生活,更能迎合广大学子的兴趣,也更能增大传颂度,由此,活动更好地起到思想引领作用。在完成原计划线上活动的同时,开展了线下"朗读者"沙龙活动,重点覆盖贫困生同学,通过线下交流的形式进一步拉近分享者与听众的距离。请来的嘉宾有校内外优秀的知名老师、教授,从诗词经典、文学力量讲到大学的价值、读书与国家强盛;将古今著作中的经典,辅以朗读人独特的见解,"零距离"与听众分享。活动旨在帮助参与同学汲取文学养分,燃起对中华传统文学与当今文学作品的兴趣。通过结合朗读人自身经历的动人讲述,帮助学生培养顽强拼搏、在"苦难"中成长的励志精神。同时,在推文时效性上大胆创新。结合校运会开幕之际,邀请校领导为广大学子朗读胡适先生的作品《我对于运动会的感想》,结合胡适先生对于现代化教育与文学活动的重要贡献,鼓励广大同学"能够从宿舍,能够从图书馆里走出来,到赛场上、到阳光下去感受自然的力量。"教导海大学子将体育运动看作是学习教育、个人素质全面提升的重要部分,而不只是简单的课余放松娱乐活动。推出期末特别专题,邀请彭洋同学与大家一起,分享他在考研路上的心得体会。正是这种贴近大学生生活的主题,受到了同学们的广泛关注与欢迎。

3. 主题内涵深刻

"海大正在说"系列朗读活动,是一个对学生的思想引领起着很大作用的活动。在推文与沙龙讲座主题的选择上尤其考究。在话题的选择上,角度多样。有《大学》《离骚》《典论·论文》这样的中华传统文学名作,也有如"生命不休,运动不止"这样的现代化、生活化气息十足的主题。在主题发展上,由浅及深,如第一期"朗读者"以"吃,也是一种文化"为题,从最简单的日食三餐说起,落脚于中华民族传统文化不只是浮华辞藻的堆砌,更是蕴含在生活中的点点滴滴,培养学生对于自身民族文化的自信。在主题设定上,更切合生活时事,在时值"十九大"圆满召开之际,请暑期社会实践团队的优秀同学,分享他们在学习"十九大"报告中的独特见解,以亲身经历告诉广大同学,青年人要投身于建设伟大祖国的神圣使命。在文化方面,有涵盖了论述儒家"修身齐家治国平天下"思想的巨著《大学》,有发出"哀民生之多艰"之叹的大诗人屈原的文学作品《离骚》,还有清末思想家、政治家、教育家,中国近代维新派、新法家代表人物梁启超先生的散文《中国少年说》等古代和今天的著作,文化涉及面不可谓不广;在思想方面,通过朗读朱国平先生的散文《智慧与信仰》,教导学生要有自己的信仰,并为之付诸努力;朗读《平易近人:习近平的语言力量》节选,教会学生要做"值得信赖,能担当重任"的当代中国青年;朗读"十九大"报告原文选段,引领广大学子践行报告中"青年一代有理想,有本领,有担当"的使命,在思想上的引导不可谓不深刻。在学习方面,引导学生能够品读中华传统文化,点燃自身对于传承传统文化的兴趣。在观赏、学习的过程中感悟自强不息的精神。在大学生活中,实现个人自身价值,做到有理想、有本领、有担当,将个人成长进步与推动国家发展、民族振兴的时代潮流紧密联系在一起。

"海大正在说"沙龙活动

"海大朗读者"面向师生,引领广大师生在诵读中交流,在诵读中体会,丰富校园文化,传承弘扬中华优秀传统文化、革命文化和社会主义先进文化,营造了浓郁的诵读中华经典校园文化氛围。

三、效果反响

上海海事大学"海大正在说""海大朗读者"活动充分调动了学生的听觉、视觉和感觉,叩击学生的心弦,升华学生的思想,在当下快节奏快餐式的生活规律下,使学生们在娱乐至死的浮华泡沫中摆脱出来,沉下心,感受意境、语言、细节、节奏和韵律,以及人生的真正的美。同样,在朗读传统经典和红色经典的过程中,学习贯彻落实了习近平新时代中国特色社会主义思想和十九大重要精神,传播了社会主义先进文化;弘扬和传习中华民族优秀传统文化,提升师生的优秀民族文化素养,增强师生文化自信,激发师生民族自信和爱国情怀;挖掘和弘扬中华民族红色革命文化,不忘历史,奋勇向前,培养国防安全意识,激发爱国精神,培育学生家国情怀,凝聚时代的新生力量。本活动开展至今,通过线上制作推送、海报,上传视频推文,线下宣讲、宣传,受众同学涵盖全校各个学院、各个年级,据数据不完全统计,线上推文累计阅读量达9 000多人次,线下沙龙活动共有300多位学生参与,效果反响良好。

四、经验反思

"海大正在说""海大朗读者"活动从身边的良师益友中寻找素材,拉近与收听者的距离,使其更具有代入感和体验感,培养学生的思辨与感知美的能力。在开展活动的过程中,发现在朗读选稿、视频拍摄、素材剪辑、推送制作等多方面存在的问题和失误,但这些问题都将化为该活动成为一个更具有海大特色的人文经典活动的推进力。在解决这些问题的过程中,"海大正在说"活动选稿题材更符合十九大精神和人文古典优良传统,推送制作更为贴近人心地气,囊括性更高,覆盖性更广。"海大朗读者"将广大师生拉到台前幕后,互相交流,推陈出新。

"海大正在说""海大朗读者"活动已成为海事大学诵读经典的品牌,在师生中反响很好,不仅加强了线上与线下听众的互动,而且使听者与朗读者互相交流经验与体悟,促成联动发展。从古代现代文学作品、演讲演说、主题文稿中提炼学习贯彻落实习近平新时代中国特色社会主义思想和十九大重要精神,推动校内德育教育。同时,将经典贴合时事,紧跟时代潮流,更具现实的针对性和实践性。

"清吟雅诵一刻"

嘉定区安亭小学

安亭小学是上海市语言文字规范化示范学校。多年来,学校依托校本资料《诗韵声声润童心》和《小学生经典阅读课程》,积极开展中华经典诵读活动。自2017年4月起,创新校园经典诵读的活动形式,开展"清吟雅诵一刻"活动,它以中华经典为诵读内容,以一刻钟时间为活动时长,题名"清吟雅诵一刻"。至今已举办32次系列活动,成为学校文化建设的一道亮丽风景线。

一、"清吟雅诵一刻"活动的构思特色

1. 活动宗旨——享受经典,享受教育生活

"清吟雅诵一刻"活动是安亭小学开展经典诵读活动的一个创新项目,旨在积聚学校各部门人员的凝聚力,以分工协作的方式落实中华经典诵读行动。以"慧雅阅读""幸福课程"等项目为依托,以"传统吟诵启蒙教育研究"课题为抓手,秉承"响应儿童需要,享受教育生活"的办学理念,创设经典诵读的校园氛围,让学生在经典诵读活动中轻松愉悦地享受教育生活,提高诵读经典的技能,增强鉴赏经典的能力,积淀中华优秀文化。

2. 活动组织——各个部门参与

"清吟雅诵一刻"活动是一项由多部门、群成员、全方位共同举办的系列性、综合性校园文化活动。一般每半月举行1次,每次固定在星期四中午,活动由校长室策划,进行宏观指导,由1名或数名语文教师轮流主持、具体承办,由语言文字工作组、"慧雅阅读""幸福课程"项目组、爱弥儿少年宫、美术组、图书馆等多部门协作参与,共同完成的。

3. 活动方案——齐心协力策划

"清吟雅诵一刻"活动每学期有相对固定的两个内容主题,围绕内容主题

设计若干期活动,每一期的活动方案包括 5 个方面的内容:活动文案由主持活动的语文教师撰写;诵读作品由主持活动的语文教师准备;活动入场券封面由美术老师指导学生根据方案内容设计;活动海报由项目组长审核后,交广告公司印刷活动海报和入场券;活动公众号由学校图书管理员操作管理,上传活动照片、活动通讯稿等过程性材料,供师生查阅情况。

二、"清吟雅诵一刻"活动的开展流程

每一期的"清吟雅诵一刻"活动分准备阶段、实施阶段、后续阶段。现以第 26 期活动"祖国,祖国,我爱你"为例,具体说明如下。

嘉定安亭小学·第 26 期"清吟雅诵一刻"活动入场券正反面

1. 准备阶段

(1)制定活动方案。由本期活动的策划人准备文案,即制定活动方案。每一期的活动方案包含诵读活动的主题、目的、时间、地点、朗读者、参与者、作品内容、背景音乐、服饰要求、主持词、活动程序等内容。

(2)设计入场券和海报。设计活动入场券和活动海报。入场券的设计由学校美术老师指导学生完成,既体现了美术设计与清吟雅诵之间不同艺术的

相互交融，也体现了不同组学科教师的相互合作。活动海报的内容包括时间、地点、主题、朗读者、朗读作品、参加者、查阅方式（公众号）等；活动海报的设计由相应的广告公司承担，并完成印刷工作。

（3）活动相关准备。活动前还须完成相关的准备工作，包括张贴活动海报，分发活动入场券，统计参加人员，准备舞台道具、演出服装，制作活动时播放的 PPT，调式灯光、电子屏幕和扩音设备等工作。

2. 实施阶段（以第 26 期"祖国，祖国，我爱你""清吟雅诵一刻"活动为例）

整个实施阶段为达到预期效果，精心设计诵读路径。

（1）主持人吴老师宣布活动开始。

（2）五(6)班部分学生朗诵现代诗人光未然的名作《黄河颂》。

（3）五(1)班部分学生朗诵现代诗歌《榜样》。

（4）陶文雅领诵现代诗歌《我深深爱恋的祖国》，在场学生一起参与朗诵。

（5）主持人吴老师总结活动情况，宣布活动结束。

3. 后续阶段

（1）参与现场活动的学生回到各自的班级后，在午会课上进行诵读表演。

（2）参与现场活动的学生带领全班学生一起诵读《黄河颂》；现代诗歌《榜样》《我深深爱恋的祖国》等红色经典作品。

（3）班级学生采用星级制评价学生的朗读水平，并评出"朗诵之星"。

（4）所有学生可登录活动公众号查阅本次活动的新闻稿、活动照片等资料。

三、"清吟雅诵一刻"活动的实施效果

1. 提高学生诵读经典的兴趣

"清吟雅诵一刻"活动的开展，在一定程度上丰富了学生的校园文化生活，提高了学生诵读经典的兴趣。每一期的诵读活动，老师们精心准备诵读材料，利用阅读长廊、海报张贴、公众号扫描等方式，积极营造诵读经典的文化氛围，努力探索中华经典的诵读方法，使中华优秀文化的学习与音乐、美术、舞蹈、写作、表演等艺术形式相结合，通过读、诵、唱、演、写等多种鉴赏方式，体会中华经典精美的语言艺术和丰富的文化内涵，提高学生的审美意识，激发学生乐意参与、主动参与的积极性。例如第 4 期的"中国式读书法：传统吟诵"活动结束后，许多学生陶醉其中，久久不愿离场，围着主持老师问这问那，在朴实无华而又韵味醇厚的吟诵声中尽情享受经典诵读带来的愉悦。

2. 推动特色校本教材的建设

"清吟雅诵一刻"活动的开展,推动了学校特色校本教材的建设。在最初的校本读本《诗韵声声润童心》的基础上,借助"小学生经典阅读课程的开发与实施研究"等课题的研究,经历了教学次序、教学内容的两次调整和简易版、完整版、手掌版3个版本印刷,开发了一套5年一贯的、具有校本特色的小学生经典诵读系列课程《小学生经典阅读校本读本》。上海市乡村名师须强老师带领部分语文教师完成了市语委"十二五"立项课题"基于经典诵读的传统吟诵启蒙教育研究"的研究工作,出版了一套适合小学生诵读的传统吟诵启蒙教材《用声音传承经典:传统吟诵启蒙教育研究》。校本教材的编写反过来也推动了"清吟雅诵一刻"活动的更好开展,活动中诵读的作品常常来自于这两套特色校本教材。清吟雅诵活动的开展和特色校本教材的开发,两者相辅相成,相得益彰。

3. 完善诵读会演机制的构建

作为上海市语言文字规范化示范校,学校较早形成了经典诵读的会演机制,至今已有15年的历史。但以前的活动,教师组织的成分多,学生的参与程度还不够。而"清吟雅诵一刻"活动的开展,在一定程度上完善了学校经典诵读会演机制的构建,使学生参与活动的面更广,参与活动的积极性更高。每一次经典诵读活动的开展,就是学生主动参与的学习过程。每次会演前,师生利用课余时间创造性地排演节目,这个过程本身就是经典阅读教学活动的一条途径。活动时,舞台上,学生载歌载舞、声情并茂地表演着,尽情诠释精炼含蓄的中华经典所蕴含的深刻道理;舞台下,教师、学生、家长、社区工作者、媒体记者仔细聆听,用心品味。通过交流会演,进一步激发学生吟诵经典的兴趣,扩大了经典诵读的社会影响力。学校借此成立了"亭之韵"吟诵团,学生经历了慢读、快读、熟读、诵读、吟诵的历程,先后在嘉定区、上海市乃至全国的各类经典诵读活动中频频获奖。由于经典诵读成绩的突出,学校的"古诗文吟诵"项目还被嘉定区教育局立项为嘉定区首批"青少年民族文化传承项目"。

四、"清吟雅诵一刻"活动的经验反思

1. 丰富经典的诵读内容

在人们的印象中,一提到经典诵读,似乎只想起古诗文诵读。而"清吟雅诵一刻"活动的诵读内容是丰富多样的,除了中华传统经典,也有现代和当代

的先进文化经典。如第26期活动中诵读的都是现当代经典作品。每一期的活动都是围绕某一主题而寻找诵读内容的。如"歌颂母亲"的作品,有古诗《游子吟》,也有冰心的《纸船——寄母亲》;"歌颂祖国"的作品,有当代诗人王怀让的《我骄傲,我是中国人》,也有清末学人梁启超的《少年中国说》;"中国人过中国结"的作品,有古代王安石的《元日》,也有当代作家冯骥才的《年味》。努力拓宽、丰富经典的诵读内容,让学生感受中华经典的魅力。

2. 调动师生的参与热情

从教师角度讲,"清吟雅诵一刻"活动需要各部门教师的分工合作,共同参与,同时也展现了教师个人的素养和才能,调动了教师的工作热情。从学生方面讲,星期四的诵读活动是一道文化大餐,也是一种精神享受:活动前,学生通过微信抢得精美制作的入场券,喜气洋洋;活动中,学生积极参加现场朗诵,一展风采,乐此不疲;活动后,学生通过公众号查阅自己的活动身影、影像资料,笑逐颜开。以主人翁精神参与活动,享受教育生活,调动了师生的活动热情。

3. 凸显经典的育人功能

经典诵读的最终目的是育人,这也是学校"清吟雅诵一刻"活动的举办宗旨。通过不同的系列主题设计,引导学生感受不同的人文教育,凸显经典的育人功能。例如,"春之圆舞曲"系列在文字中领略大自然的美景;"儿歌童谣"系列感受童年、童真、童趣;"科学环保"系列培育学生的探究意识、科学精神;"学会感恩"系列教育学生懂得感恩、学会回报……再如,第26期活动中诵读的《黄河颂》《榜样》《我深深爱恋的祖国》这些诗作,都属于"红色经典"系列中脍炙人口的作品。引导学生诵读这类作品,是赞美祖国、讴歌祖国的爱国主义教育,是响应习总书记的号召,为实现伟大的中国梦而努力奋斗的具体体现。

4. 提升学生的审美能力

"清吟雅诵一刻"活动的重要功能之一是帮助学生提升审美能力。一方面,学校邀请田奇蕊教授、特级教师彭世强等专业人员,指导学生诵读的技巧;另一方面,学校开设一些颇有特色的活动内容,指导学生鉴赏艺术作品的内涵意蕴。例如,第4期的"中国式读书法:传统吟诵"这一活动,擅长传统吟诵的须强老师引领在场学生吟诵《春晓》《登鹳雀楼》《回乡偶书》《春望》《独坐敬亭山》等古典诗文。把经典诵读与传统吟诵紧密地结合在一起,不但增强了学生的学习兴趣,提高了学生的鉴赏水平,而且使传统吟诵这一非物质文化遗产得到传承和发展。

"清吟雅诵一刻"无疑是学校积极践行"中华经典诵读活动"的有益尝试,取得了较好的成效。当然,由于此项诵读活动开展的时间只有短短两年,在活动方案的顶层设计、活动辐射的信息宣传等方面还有很多继续需要改进、完善的地方。愿借"中华经典诵读活动"的东风,深入开展此项活动,争取更大的成绩。

(执笔:须强 刘丹)

诵读经典　践行文明　照亮人生

崇明区东门小学

一、活动构思

近年来，崇明区东门小学以诵读经典为突破口，沿着"认识—理解—认同—内化—践行"的实施路径，切实增强学生的人文素养，开启学生的心智，陶冶学生的性情，培育学生的气质，滋养学生的人生。

二、特色介绍

经典诗文作为中华民族智慧与精神的载体，是人类文明最宝贵的精神财富，是我们中华民族的魂与根。优秀经典诗文蕴含的丰富哲理，可以成为儿童一生的思想和文化资产。东门小学始终以"经典引路、德馨满园"为主旨，书香育人，浸润人生。

崇明东门小学班级经典诵读展演

(一) 形成共识,全员参与

作为上海市艺术教育特色学校,近几年,学校在市级比赛中成绩突出,涌现出一批以全国故事大王周浩然同学为代表的优秀学生。经典诵读让校园焕发出蓬勃生机。学校组建了以校长为首的"中华经典诵读行动"领导小组,制定切实有效的实施方案,在教师队伍中形成了集体共识,突出全员参与。

(二) 整合资源,营造氛围

1. 努力营造传统文化为特色的校园文化氛围

利用校园小广播和多媒体教学平台。每天课前几分钟,学生跟着广播诵读经典诗文,琅琅声响彻校园;每周精心编播一期"诗文赏析"广播节目,从文学、艺术的角度引领学生亲近经典,更深层次地了解中华传统文化。

2. 整体落实诵读时间

每次午会前5分钟,作为常规性"经典天天诵"。推进1~5年级快乐拓展课,开展《走近中华经典》课程,教学指导阅读,每周六、日诵读给父母听。学校在校本课程中开设了语言阅读类指导课,每周一节。在课程设置中,师生经常开展读书交流沙龙活动,确保读书有时间,交流有平台。师生共同参与,教学相长,校本读物成了诵读的助学宝典。

学校图书室充实经典诗文书籍,定期进行经典诗文书籍的推荐和指导借阅工作;各班建立亲子阅读联系反馈制度,倡导亲子共读,共享中华文化大餐,提升整个家庭的文化素养。

(三) 诵读内容,精挑细选

为了便于老师系统地安排诗文诵读内容,学校为全校师生订阅了《中华传统文化精选读本》《弟子规》等书籍,每个年级组语文老师根据各年级段学生的生活积淀、审美情趣的差异,本着"循序渐进"和有益有趣的原则,选择适合不同年龄特点和认知规律的作品推荐给学生。

2019年度,学校推荐给学生的杂志书籍有:

一、二年级

1. 推荐杂志:

《小溪流(作文画刊)》《儿童故事画报》《少年号角》《智力大王》。

2. 推荐书籍:

《你看起来好像很好吃》《逃家小兔》《小猪稀里呼噜》《豆蔻镇的居民和强

盗》《笨笨猪》《鼠小弟的小背心》《大个子老鼠小个子猫》《爱心树》。

三、四年级

1. 推荐杂志：

《小溪流（故事作文）》《世界儿童童话版》《自然探秘·动植物海洋版》《我爱写作文》《小学生阅读》。

2. 推荐书籍：

《长袜子皮皮》《窗边的小豆豆》《鼹鼠的月亮河》《帅狗杜明尼克》《我要做个好孩子》《爱的教育》《我的妈妈是精灵》《西游记》。

五年级

1. 推荐杂志：

《课堂内外》《少年电脑世界》《发现号·趣味百科》《故事宝库》《快乐读写》《小读者》。

2. 推荐书籍：

《草房子》《青铜葵花》《乌丢丢的奇遇记》《夏洛的网》《马燕日记》《最后一头战象》《水浒传》《假如给我三天光明》。

（四）完善机制，持续推进

学校创新活动机制，以班级为点，以年级为线，以学校为面；以个人为根，以集体学习为干，以校园活动为叶。坚持校内交流每学期一次，纳入教研活动计划之中；同时指派教师外出学习交流；在与同行交流的同时，建立与家长、与社会各界的交流机制，改进古诗文诵读活动的方式。

学校多元评价激励，坚持灵活多样的评价方式，"我给自己发奖状""我给他人发奖状""书香班级"特色创建等，树立典型，引导学生赶学标兵；还以文艺表演和演讲等方式，给表现出色的学生以展示的舞台，唤起学生心中热情，保证古诗文诵读热情持续高涨。

（五）丰富形式，学以致用

1. 坚持以中华经典教育作为办学特色，探索学科整合的途径

坚持以中华经典教育作为办学特色，经典诗文配画或为画配上诗文的版画教学，已成为美术教学中探索学科整合的一条途径；品社、班会课等，结合传统节日开展感恩教育、爱国教育、礼仪教育等诵读主题活动；语文学科举行经典诵读我能行、古诗文综合知识竞赛、经典伴我成长征文比赛等主题活动，汲取民族文化智慧，培养爱国主义情感。

2. 组织读经典修身主题实践

学校积极组织读经典修身主题实践活动。学生来到上海儿童出版社,参观少儿出版社毕昇馆、编辑部,开展"我与名编辑面对面授课互动";学生"走进儿童家具城,拓展自主学习力",开展实践探究活动。活动前期,学生自主组建学习小组,自主选择探究小课题,自主查阅相关资料,自主设计探究方案。在进入红星美凯龙2050未来生活体验馆后,学生就"儿童家具的材质""儿童家具制作工艺""家具中甲醛对儿童的危害""电商销售模式下家具城发展的趋势"等小课题展开调查、问询和探讨,形成了既具有科学性又富有童趣的研究成果。

3. 作家进校园经典推荐

开展作家进校园经典推荐活动。学校相继邀请儿童文学作家秦文君、翟英琴、庞婕蕾等来校,和学生面对面,开展聆听讲座,互动研讨,签名售书等活动,丰富多彩,很好地激发了学生的诵读热情。

(六)课题研究,乘势而为

学校还与区级德育科研特色项目"传唱优秀童谣 润泽七彩童年"有机结合,进行规范化管理。结合学习"小学生新守则"、校园生活、文明礼仪、人身安全等专题内容,唱编童谣、培养美德、引导行为。学校美术教师在实践中,探索美育与德育的有机融合,着手开展《童诗童谣伴成长》童谣绘本、童谣配画、童诗童谣系列课程的研究,推进学校传统文化与德育的融通。

三、效果反响

开展经典诵读活动以来,学校取得了显著成绩,在学生身上也发现了一些令人惊喜的变化:

(一)开发了一套校本读物

学校组织美术骨干教师、语文组骨干教师精心选文,逐步完善了版画+版画作文为内容的经典诵读套餐。读本图文并茂,生动有趣,符合小学生的审美情趣,现正在各年级使用。

(二)奠定了一定古诗文功底

通过夕会诵读、课前诵读、家庭诵读、读写结合、互背互查、小组比赛等形式,让经典在学生中入脑入心,日长时久,不断积累,学生奠定了一定的古诗文功底,心中播下了中华传统经典文化的种子,在历年的上海古诗文创作大赛中曾荣获一二三等奖。

（三）培养了一批学生的君子气质

通过实施经典诵读活动，校园内逐渐形成了一种读经典、诵经典的文化氛围。校本教材中的经典文化，师生各类书画作品，比比皆是；校园广播台每周播放的中外经典音乐响遍校园，浓浓的书香文化气息浸润弥漫着校园的每个角落。学生置身于民族文化与现代意识的交融中，学会了懂礼仪、讲文明，学生的气质也悄然发生着改变。

（四）造就了一群教师的传统文化学习意识

通过经典诵读实践，师生全员参与，老师们看到了学生无论在记忆力、学习习惯，还是语言表达、行为气质上，都有可圈可点的成效，学生学习兴趣得到了激发，道德修养得到了完善，学生的语感，以及朗读能力、阅读能力、表达能力等语文素养提高了。与学生同诵读、同讲解，共同沐浴经典文化的洗礼，老师们也日有所悟，由开始的陌生、被动变得亲近和主动。学校借此出现了一支积极致力于传统文化的学习者、传播者、实践者。

（五）获得了各级各类的经典诵读成果

东小的经典诵读逐步走向深入，正引发学校由内而外的变化：2014—2017年连续3年学校参加上海市古诗词综合展演获市级一等奖；2014年参与上海市行为规范礼仪展示；2016年11月参与上海市传统文化展示活动；2016年4月获得上海市德育协会组织的中华经典诵读市级特等奖，同时被评为"上海市中华经典诵读示范学校"。2016年被上海市语委推荐为"上海市书香校园基地学校"。2017年在区级"寻找最美诵读好声音"活动中囊括集体、个人、亲子、小组项目4个一等奖。2018年在上海教育音像出版社《学生诗词日历2019》画作征集活动中，4名学生入选，为学校争得了荣誉。

四、经验反思

开展诵读活动的目的不仅仅是让学生记住名篇佳作，更重要的是寻民族精神之根，寻现代文明之根。在让国学经典走进校园的实践中感觉到："经典诵读"与当前的语文教学和考试评价机制结合程度不够。经典诵读活动怎样和目前繁重的课业负担巧妙结合，如何使课程真正收到实效而不加重学生负担，古诗文阅读指导的形式如何切实有效，课堂教学怎样指导，与各个学科如何有效结合与渗透等，这些都是亟待研究的问题。"经典诵读"对不同年龄段的学生特点和认知水平关注不够,在班级模式化诵读活动中如何凸显孩子的个性发展,也值得关注。

"积淀、传承、浸润、滋养"是诵读经典的核心词,期待通过学校的努力,积蓄力量,让经典的价值随着其人生经验的成长而吐出芬芳,绽放光芒!让"经典诵读"项目打造成为崇明东小的一张靓丽名片!

(执笔:沈东娟)

经典传唱　和谐社区

创新活动形式　共建展示平台
——浦东新区"内心城市"最美声音经典诵读比赛

浦东新区语言文字工作委员会办公室

一、活动背景

浦东新区语委办每年都将经典诵读活动纳入新区年度语言文字工作计划,坚持活动引领。通过开展经典诵读实践活动,加强经典诵读课程开发、经典诵读师资力量的培训,以及经典诵读展示平台的搭建。不断总结经验,探索经典诵读活动的推广途径和策略,力求成为品牌,形成长效机制。

线下选拔活动(老年大学)

二、活动构思

(一) 活动目标

2017 年 9 月,结合第 20 届全国推普周工作活动,浦东新区举办了"内心城市"——最美声音经典诵读比赛。活动旨在鼓励市民通过经典诵读,提高阅读和艺术鉴赏能力,陶冶性情,传承中华优秀传统文化。同时,让大家在步履匆忙的日子里，稍作停留。用诵读的方式，呈现内心最想表达的情愫；用经典和发自内心的最美声音，唤醒自己内心的那座城市。

（二）参与对象

为扩大经典诵读活动的辐射面，活动参与的对象包括新区各委办局、街镇的工作人员、浦东图书馆读者、社区居民和学校师生。

（三）活动内容

1. 比赛阶段

活动主要分为比赛和展示两个部分。在比赛阶段，线下和线上活动同时进行。线下，新区语委办分别在白领、残疾人、老年人群中开展了多场推广选拔活动；线上，选手可以通过"喜马拉雅"APP进入比赛报名页面，填写报名信息，录制比赛音频。音频内容要求为中华经典作品，健康向上，体现正能量；诵读声音要求清晰、适度，感情抒发正确，时间为3～4分钟。比赛本着"公平、公正、公开"的原则，以专家评审结合大众投票结果评选获奖作品。大众投票可通过登录喜马拉雅APP"内心城市"——最美声音经典诵读比赛活动专区，对投票人认为最美的声音作品进行点赞。比赛评选特等奖、一二三等奖、优秀奖、最佳人气奖及优秀组织奖若干，颁发荣誉证书。获奖者将在颁奖典礼上表演获奖作品，参赛选手还有机会加入喜马拉雅爱心主播团队，参加无障碍电影解说，做声音公益者。

2. 展示活动

通过专家评审和网络投票的方式，最终评选出了各个奖项。1名选手获特等奖，3名选手获一等奖，5名选手获二等奖，8名选手获三等奖，10名选手获优秀奖，10名选手获最佳人气奖。新区语委办吴慧老师为参与展示活动的获奖选手进行经典诵读培训，各位获奖选手间进行了交流切磋，进一步提高了选手的诵读能力和舞台表现能力。2018年1月，在塘桥社区文化中心举办了"内心城市"——最美声音经典诵读比赛颁奖典礼暨展示活动，部分获奖选手代表为大家倾情朗诵经典诗文。现场观众充分领略了语言艺术的魅力，与会领导和嘉宾为获奖代表及优秀组织单位颁发荣誉证书。

三、特色介绍

1. 整合资源，多方联动

活动由浦东新区语委办、浦东图书馆、经济日报出版社、大众书局共同主办,喜马拉雅FM协办,塘桥街道办事处承办,浦东新区广播电视台、浦东时报给予媒体支持。多年来,新区在经典诵读活动中得到了社会各方面的参与和支持,如街镇、学校、图书馆、媒体等,有利于调动社会各方面的积极性,整合多方资源,提高社会公众参与度,扩大影响力,共同促进各类经典诵读活动的开展。

2. 创新形式,发挥"互联网+"作用

结合时代特点,此次活动在传统比赛形式的基础上做了新的尝试,采取线上线下相结合的方式。线下,分别在白领、残疾人、老年人群中开展了多场推广选拔活动;线上,充分发挥"互联网+"的作用,在喜马拉雅音频分享平台上进行了音频作品的征集,并在互联网平台上进行了作品展示和网络投票,共征集到了216个音频作品。同时,发挥浦东新区语言文字微信公众号"浦东语言文字"的交流、宣传和服务作用,及时在微信公众号上发布比赛获奖名单和活动内容,并向市语委办、市语言文字水平测试中心等部门报送相关信息,提升语言文字信息化建设水平,扩大语言文字工作的影响力与辐射面。

线下选拔活动(盲人协会)

四、效果反响

本次活动历时5个多月。在互联网分享平台上,参赛作品播放次数达到了100 687次,71 152人参与了网络投票,取得了良好的社会效应。获奖选手中,有来自新区委办局、街镇的公务员;有医院的工作人员;有媒体从业人员;有学校老师及退休人员;活动还吸引了许多外省市的诵读爱好者参与,形成了良好的诵读氛围。

五、经验反思

中华经典承载着丰富、厚重的人文内涵,是中国优秀文化的重要组成部分,也是中华民族宝贵的文化遗产。多年来,浦东新区语委办在组织各类中华经典诵读活动中积累了一定的经验。

1. 整合社会资源,形成长效机制

浦东新区在推进经典诵读活动过程中,得到了社会各方面的参与和支持。在活动中调动了社会各方面力量,努力发挥机关的引领作用、学校的基础作用、媒体的示范作用、社区的普及作用,广泛动员和吸引企业等社会组织积极参与,多方联动,共同促进。近年来,新区语委办与浦东图书馆、街镇及教育集团等各界力量共同搭建诵读展示平台,举办了如"内心城市"——最美声音经典诵读比赛、"最美童声"——浦东新区少年儿童经典诵读诗歌朗诵大赛、成语故事讲演大赛、"好书大家读·最美书声"朗读比赛等活动,形成了长效机制,提高了师生和市民品读经典的兴趣和能力。

2. 坚持活动引领,营造诵读氛围

新区语委办指导新区各机关、行业、社区等不同领域,结合各自实际开展不同主题的中华经典诵读活动,并将其有机融入单位、社区文化建设和精神文明创建之中;每年及时传达各级各类经典诵、写、讲比赛信息,组织学校师生和市民参加比赛,不断提升师生和市民的语言文字应用能力和人文素养;结合时代特点,创新活动形式,充分发挥"互联网+"的作用,利用互联网平台,拓展参与渠道,吸引更多市民参与经典诵读活动,营造"亲近经典、承续传统"的良好氛围。

3. 加强师资培训,提高诵读能力

为培养经典诵读骨干教师队伍,进一步提升教师经典诵读教学实践能力,组织教师参加各级各类经典诵读师资培训,参与经典诵读讲座、研讨会、朗诵会等活动,提高了师资力量,提升了教学一线教师对经典作品的感悟能力和诵读水平。

4. 培育特色学校，加强辐射引领

坚持"以学校为主阵地，以课堂教学和学校活动为主渠道，为学生从小打下中国文化底色"，将经典诵读的开展情况纳入区级语言文字规范化示范校的评估内容。新区各校根据实际情况，开展形式多样的经典诵读活动，充分依托已有课程，将经典诵读活动与课程改革、课程文化建设紧密结合，加强校本课程的开发与建设。目前，新区已有浦南幼儿园、惠南小学、建平实验中学、洋泾中学东校等多所"经典诵读特色学校"，金童幼儿园、临沂二村小学、高桥中学等24所学校的校本课程还被评为新区"经典诵读行动·优秀校本课程"。这些学校在经典诵读活动的开展、课程的开发与建设，以及经典诵读师资力量的培养等方面都积累了宝贵的经验，在全区起到辐射、引领作用。

一个赛事启动的经典朗诵之旅
——以社区为基地辐射全市的"长征杯"市民经典朗诵大赛

普陀区长征镇人民政府

上海市"长征杯"市民经典朗诵大赛是由长征镇人民政府发起、普陀区文化局、普陀区语委参与主办、长征社区文化活动中心承办的一项面向全市的朗诵赛事。该赛事运营4年以来,已经成了长征镇的一个文化品牌,成为每年市民翘首以盼的文化活动之一,更成为撬动一个社区经典阅读的一根杠杆。凭借着高人气和好口碑,该赛事获得了"2013—2017年度上海市民文化节有影响力的品牌"称号。

一、活动构思

朗诵是一门再创作的语言艺术,依赖于文学艺术,坚持将赛事面向市民,是因为初心在于用经典文学作品引领市民文化生活。长征社区文化活动中心成立之初就成立了"心声"朗诵艺术工作室。该工作室与上海市演讲与口语传播研究会合作,邀请华东师范大学博士生导师王群教授担任工作室领衔人。来自不同地区、不同职业、不同年龄的朗诵爱好者积聚一起,开展丰富多彩的朗诵活动。随着工作室的发展壮大,如何以中华经典诗文为桥梁和纽带、将经典文化和居民的精神生活相连接、为社区居民搭建好的展示平台成为长征文化工作者思考的一个问题。上海市"长征杯"市民经典朗诵大赛因此应运而生。

二、特色介绍

1. 参赛方式简洁高效

区别于传统的比赛海选方式,"长征杯"朗诵大赛启用"线上+线下"双通道报名方式。线下报名通道方便年长人群参赛,线上报名方式吸引年轻人群、在职人群参赛。稚嫩的独白、深情的对话、激扬的畅想……以经典为马,以声音为翼,表达对传统文化的理解,对积极人生的追寻与思考,从"我喜欢朗诵"到"我想要参加朗诵比赛",经历了观众到选手的身份转变。参与比赛的市民逐年增加,有第一次参加比赛的新选手,也有每年都来参赛的老选手。便利的参赛方式,降低了参赛门槛,吸引了各个年龄段、不同人群参加比赛。

2016年"朗诵吧,长征路上"主题活动

2. 赛事主题与时俱进

2015年首次举办比赛,在传播核心价值观的同时扩大赛事社会影响力,大赛选取了最经典的主题——中华经典诗文。小社区的大舞台,承载着市民对中华经典文化的热爱,也无声地影响着社区文化发展的走向。2016年,恰逢中国共产党建党95周年,红军长征胜利80周年,为了怀念那段红色岁月,重温红色记忆,更是为了传承我们民族在这段历史时期打造的红色精神,主办方将大赛主题定为"红色经典朗诵大赛";2017年,为贯彻落实习近平总书记提出"让文明家庭成为梦想启航的地方"的重要讲话精神,大赛主题定为"市民亲情朗诵大赛",希望通过亲人同台,歌颂亲情,体验真情,激发市民爱的情感,弘扬人类最朴素、本质的情感,从而推动社会美德的建设;2018年,以庆祝改革开放40周年为契机,增强"幸福生活是奋斗出来的"共同信念,大赛主题定为"奋斗中的幸福——致敬40年"。不同的主题,给朗诵者灵感与创意。不仅可以参与比赛,还可以亲自参与创作,让朗诵者与诗歌擦出不同的火花。

3. 启动形式丰富多彩

每年"长征杯"朗诵大赛的启动都夺人眼球。身着汉服,吟诵诗词的"穿越者"们在商场楼宇中进行朗诵快闪;城市定向越野与大型群众性朗诵艺术活动相结合,行进在长征的大地上;月朦胧,鸟朦胧,诗意朦胧,音乐与诗歌水乳交融,乐声与人声相互映衬的草坪音乐诗会;在繁华盛开的4月,春风携着书香,音乐伴着灯光的屋顶花园朗诵会等,别开生面的形式,耳熟能详的诗文,不仅吸引了居民的眼球,也吸引了媒体的关注,从而进一步提升了赛事的热度。

4. 评价机制客观公正

每年的总决赛均由6位专家组成评审团与30名朗诵爱好者组成的大众评审团共同参与,确保大赛公正公平,确保大赛冠军的含金量。参与赛事的市民还能收获专家评委的中肯评价,在赛事中收获更多成长。

5. 选手水平水涨船高

4年来,亲眼看见市民朗诵水平的逐年上升。来自上海各区的选手,带着1年潜心的学习登上舞台,绽放他们的艺术才华。这一赛事,使得长征镇的居民开始沉醉于朗诵艺术,他们自发组团学习排练,在去年的比赛中,一支完全由长征社区居民组成的团队从众多的选手中脱颖而出,夺得冠军。

6. 比赛选手情意相续

"长征杯"朗诵大赛不仅仅是一场让各领域朗诵爱好者在舞台上绽放耀眼光芒的市级朗诵赛事,更是朗诵者们用他们独特的声音魅力诠释诗歌朗诵的丰富内涵,为观众们带去的一场听觉与视觉的盛宴。除了比赛外,主办方在赛后还会不断为获奖选手提供朗诵的平台,让他们在长征的舞台上不断发挥他们的能量,以点带面,成为可以带动全市"读经典、诵经典"的星星之火。

三、效果反响

"长征杯"朗诵大赛的影响范围越来越广泛。从地域影响来说,朗诵大赛2015年以普陀区长征镇为主、涵盖上海市内12个区县,东方网、搜狐网、文汇报、新民网、凤凰网等一大批主流媒体的跟进报道让更多的上海市民及上海周边地区的居民了解,参与到比赛中来。到2018年不仅覆盖上海全市11个区,还影响周边浙江、安徽等地;从影响人群来说,大赛吸引了一大批不同年龄、不同职业的朗诵爱好者,白领、大中小学生、社区居民,因为热爱朗诵艺术,相会在这个舞台上,有英雄相惜的喜悦,也有相见恨晚的感慨。不同年龄、不同身份朗诵爱好者的踊跃参与拉近了人们与朗诵艺术的距离,不但放大了大赛的效应,也扩大了此项赛事的社会影响。

1. 赛事影响力逐年上升

"长征杯"朗诵大赛活动动员人数越来越多。2015年"长征杯"朗诵大赛首次成功举办,以普陀区长征镇为主、涵盖上海市内12个区县,共吸引了62位选手报名参与初赛,决赛现场近200人观看;主流媒体的宣传报道,朗诵选手的热情参与,2016年参与比赛的人群范围不断扩大,覆盖上海13个区以及浙江、安徽等地,线上线下近200名选手报名参与,决赛现场观众近200人,近千人关注活动;2017年延续上一年大赛的盛况,朗诵大赛开始成为长征文化品牌活动形象,来自全市16个区县的181组家庭的500多位选手参与比赛,决赛现场观众超过300人,近千人关注活动;2018年大赛辐射全上海市,共收到选手、团队的500多个参赛作品。作为大赛策划者,从需要依靠媒体和微信公众号的不断宣传到朗诵选手主动致电报名;从原来的朗诵赛事或朗诵会需要组织观众前来观看,目前赛事和活动的影响力渐渐扩大,不需要组织,市民自发领票前来观看,选手、观众的人数逐年递增,反映出"长征杯"朗诵大赛的影响力越来越大,激励着组织者在举办活动的过程中不断成长、进步,把此项比赛持续办好。

2017年朗诵大赛启动仪式:草坪音乐诗会

2. 赛事初具社区辐射效应

"长征杯"朗诵大赛不仅在赛程中对居民产生了巨大的影响,而且在赛后带来了连锁反应——大到整个上海市,小到周边社区,参与朗诵的市民越来越多。从大赛中走出的优秀选手,也在其他的朗诵赛事中有十分精彩的表现:有已经可以独立完成一场演出的热爱朗诵的老年团队;有去年在沪港澳台4地朗诵大赛中过五关斩六将的少年"金莲花"奖得主——穆慧茹;还有利用空闲时间学习朗诵,成为市民文化节"百强朗诵达人"的白领。"长征杯"朗诵大赛不知不觉中推动了长征社区的经典阅读之旅,读经典、诵经典在长征这片热土上已经蔚然成风。

四、经验反思

经验一:政府重视。"长征杯"朗诵大赛的成功举办,是长征镇人民政府重视文化和经典传承的生动体现。习总书记在党的十八大提出要夯实文化软实力。近几年来,朗诵类的比赛风起云涌,层出不穷。长征镇多年来致力于开展形式新颖、具有深度的文化活动,注重用传统文化引领社区文化建设,"长征杯"朗诵大赛用"朗诵+比赛"的方式,弘扬传统文化,提升公民素养,承载社会主义核心价值观。通过培训、比赛等形式,让更多的人走近朗诵艺术。"长征杯"朗诵大赛举办至今,已经成了长征文化品牌活动形象,成为每年"中环艺术风尚周"的最大亮点之一。

经验二:团队给力。"长征杯"朗诵大赛成功举办的背后有一支团结协作、热情洋溢、坚持不懈的运作团队。在宣传方面,以诗文朗诵快闪,草坪音乐诗会、朗诵吧,在长征路上、屋顶花园,朗诵会等新颖有趣的活动作为线下宣传载体;以往年精彩视频集锦和微信推送宣传等丰富生动的文字信息作为线上宣传载体;以中华经典的诗文为主题和内容,以朗诵大赛为平台,让更多的朗诵爱好者参与比赛,让更多的普通市民走近经典诗文,并且通过赛事传播、扩大核心价值观的影响力。随着选手人数的不断增加,作为大赛策划举办者,感受到了居民对朗诵艺术的热爱,追求着自己的"诗和远方"。活动每年动员近千人参与、观看比赛,卓有成效、反响巨大。

反思一:如何更好地整合资源。随着赛事的不断升华和推进,主办者面临的最大的问题,就是要有更多的朗诵爱好者、专业人士参与这个活动,通过整合其他的社会资源来提升赛事平台,比如与中环百联、近铁城市广场等现代化商场合作等,不但可以满足市民的参赛需求,也可以吸纳更多、更优秀的选手参与比赛,同时为了解决复赛、决赛的场地限制,通过录像、直播、微信公众号文章发布的方式,为线上和线下近千观众献上精彩的朗诵艺术晚会。

反思二:如何更好地设计载体。长征居民的经典诵读之旅已经开启了,不但要注重对朗诵比赛中选手的培养,比赛后续对居民的朗诵培训和赛事以外的朗诵活动的有效开展对主办方亦是一种挑战。根据不同人群,举办不同层面的朗诵比赛,例如在2018年年末,成功举办了为少年儿童朗诵爱好者开展的朗诵专场晚会,受到居民、家长的一致好评。

每一届朗诵大赛,组织者不断在进步。尽管还需要不断完善,但是每一年的比赛都全力以赴,力求交出一份满意的答卷。4年间,从量变到质变,由小到大,尽管是一个漫长成长的过程,但如今,"长征杯"朗诵大赛成了长征文化的重要组成部分,组织者在举办活动的过程中不断成长、进步、壮大,突破自己的地域,作为一个社区面向全市的群众性文化赛事,愿尽绵薄之力将朗诵艺术的种子播撒到更广阔的土壤中,提升市民的精神文化生活,让朗诵这门艺术普及、深入社会的各个层次,在社会上开花结果,丰富长征、普陀甚至整个上海居民的文化生活。

经典朗诵,长征一直在路上。

"贤文化"引领传统文化新风尚
——奉贤区"爱奉贤·贤文化"经典诵读活动

奉贤区语言文字工作委员会办公室

一、活动背景

地处上海南部的奉贤,相传因春秋时期孔子的72贤弟子之一的言子(名偃,字子游)在奉贤的青溪(今青村镇)结坛讲文,境内文风因而大盛,并孕育出"敬奉贤人,见贤思齐"的"贤文化"和崇文重教尚贤的优良传统。进入新世纪,奉贤"贤文化"逐渐成为彰显区域文化软实力的象征,成为奉贤的一张亮丽名片,更是奉贤青少年学习成长的丰厚的"土壤"和重要的教育资源。

为更好地推进"贤文化"建设,发挥"贤文化"教化育人的功能,奉贤区委区政府提出修编再版奉贤区"贤文化"教育读本,并将此重任交给奉贤区教育局。

2017年10月,《爱奉贤·贤文化》教育读本(以下简称"读本")应运而生,"读本"按学段分为幼儿园、小学、初中和高中4个版本,由相应学段的4所学校承担具体编写工作,"读本"力求将社会主义核心价值观与"贤文化"丰富内涵融为一体,编撰体例以"贤文化"主题教育+国学(幼儿园、小学和初中为经典诗文吟诵,高中为中国文化概论)为主,将"贤文化"教学内容横向贯通,各学段之间纵向衔接,达到内容形式适应幼儿园、小学、初中和高中主题教育要求的目的。"读本"中关于吟诵的经典诗文大部分来自国家审定的语文教材,关于中国文化概论的内容源于专家的编写。

二、活动构思

为进一步发挥《爱奉贤·贤文化》读本的教育功能,引导全区青少年在学习中感悟,以传承创新为主线,全面深化中华优秀传统文化教育,推进"贤文化"教育与学校教育教学、校园文化有机融合,引领学生深入理解、感受中国文化经典的艺术魅力,通过诵读将"读本"内容入口、入脑、入心,奉贤区语委办联合教育局德育活动科、区文学影视院推出"爱奉贤·贤文化"经典诵读活动。

"爱奉贤·贤文化"经典诵读赛(2018年4月24日幼儿园组)

1. 实现中小幼一体化育人模式

"读本"每个版本均分上、下篇。上篇为"贤文化"主题教育,分别为8个单元16个主题。"读本"精选诸多既能代表奉贤特色又融入中华优秀传统文化的人文自然素材,如"好吃的土特产""地道古朴的语言""奉贤名人堂"等,把奉贤美丽的水乡风光、淳朴的乡村节庆、光荣的革命历史、杰出的名士贤达等呈现给学生。"读本"的下篇为国学经典,幼儿园、小学、初中版本以经典诗文吟诵为主。此外,"读本"还收录了一些我国著名作曲家原创的古诗文歌曲,歌曲风格多样,旋律优美,易学易唱。高中版本则为中国文化概论。

课程在小学三年级、初中预备年级、高中一年级实施,根据学前教育的实际情况,幼儿园在中大班实施。除了主题班会课、晨会课等校内课程,节庆活动、实践考察、课题研究等都是延伸学习的途径。可以说"读本"的出现,进一步探索并实现了以"贤文化"为底色的中小幼一体化育人模式。

2. 发挥诵读"润物细无声"的教育功能

学校结合"读本"开展"知贤、敬贤、学贤、践贤"等系列"贤文化"学习实践,使学生熟知具有典型意义的"贤人""贤事""文化遗产",让学生对"贤文化"有初步的感悟。为了让"贤文化"更自然、更容易地走近学生,沁入学生的心田,每年举行的区学生活动节专设"爱奉贤·贤文化"经典诵读活动。

全区中小学幼儿园选择"读本"中古诗文歌曲或其他相关内容,结合学生特点,加入适切的艺术表现形式,用诵读表演的方式进行展示评比。通过"诵、唱、演"等形式,理解其所蕴含的"贤"品质,把握"贤文化"丰富内涵,内化于心,外化于行,促进对家乡"贤文化"的热爱和认同情感,激发学做"贤人"、争当"贤人"的热情,以良好的行为习惯为建设文明城区,发挥"小贤人"的积极作用。

三、效果反响

《爱奉贤·贤文化》教育读本的出台是以"深度推进'贤文化'建设,发挥'贤文化'教化育人的功能"为目标的,全区上下都给予高度关注与重视。在"读本"教育的基础上,区语委办与文学影视院以"诵读"为切入口,进一步加强"贤文化"教育,取得了积极的成效。

"爱奉贤·贤文化"经典诵读赛(2018年4月24日幼儿园组)

1. 构建良好宣传氛围

全区中小学幼儿园相应年级的全体成员对"读本"进行系统学习、选择性诵读,并选择内容进行创新性诵读编排表演,起到了良好的普及宣传作用。

2018年4月,来自80所中小学幼儿园的1 200多名学生参加了奉贤区第四届学生活动节——"爱奉贤·贤文化"经典诵读幼儿组、小学组、初中组、高中组的比赛,出现了《李家阁》《节令童谣》《元日》《贤孝少年》《过零丁洋》《贤人闲桥》等优秀诵读作品，优秀节目在学生活动节闭幕式上向与会嘉宾和学校代表进行展示。

2. 打造奉贤亮丽名片

"敬奉贤人，见贤思齐"，将"贤文化"与诵读结合，无疑为这座城市注入新的风尚。很多优秀作品先后在不同场合、媒体进行展示宣传，成为奉贤对外宣传的亮丽名片。如南桥小学的《咏鹅》参加奉贤区美育修身展示活动，思言小学的《二十四节气之歌》亮相"奋进新时代修身新风尚"上海市民修身展示暨表彰活动，获中华优秀传统传播行动——"寻找诵读好声音"活动二等奖等。上海电视台、上海教育电视台、奉贤电视台、《新民晚报》《青年报》《上海教育时报》《奉贤报》等媒体对相关学校的传统文化教育和经典诵读活动进行专题报道与宣传。

"爱奉贤·贤文化"经典诵读赛（2018年4月28日小学组）

四、经验反思

教育部、国家语委《关于印发〈中华经典诵读工程实施方案〉的通知》（教语用〔2018〕3号）在2025年工作目标中提到：学校和社会中华经典诵读活动广泛开展，成为品牌，形成长效机制；贯穿大中小幼的中华经典教育体系基本完善，中华优秀传统文化蕴含的思想观念、人文精神、道德规范得到进一步挖掘诠释，展现出永久魅力和时代风采。这为区"贤文化"经典诵读提供了深入开展的依据，区语委办也将进一步整合资源，提升活动质效。

1. 基础建设与创新发展并重

加强中华经典诵读的教材建设,结合地域特点不断丰富《爱奉贤·贤文化》读本内容,指导广大少年儿童认真品读"读本"内容。在研读的基础上,创新性开展诵读活动,不断丰富经典诵读的内容和宣传传播方式。

2. 学校教育与社会参与并重

以学校为主阵地开展经典诵读活动,同时通过家委会、社区基地等平台宣传,充分整合各类资源,开展经典诵读欣赏、指导、展示等,为活动提供专业的指导和保障。

3. 传承普及与传播交流并重

结合传统文化教材的学习,引导青少年熟悉家乡、祖国历史文化及诗词歌赋,传承中华人文精神。同时,将经典诵读融入各种交流活动中,如奉贤区德育品牌活动"重走红色之路""开启世界之窗——研学活动"等,在对外的展示交流中,将传统文化加以宣传,让世界更加了解中国,喜欢中国传统文化。

4. 活动展示与师资建设并重

开展经典诵读(表演)、诗词吟诵等活动,通过活动营造"亲近经典"的良好氛围,打造优秀诵读作品,同时引导学校通过丰富多彩的活动,建立校园诵读特色与品牌,并形成机制。依托上海市语言文字水平测试中心等资源,开展中小学和幼儿园教师经典诵读专项培训,提高业务能力,培养造就了一批学生和社会喜欢的诵读指导优秀师资队伍。

将"贤文化"融入传统文化教育体验中,通过诵读激发全社会对中华优秀文化和祖国语言文字的学习和热爱,增强民族自豪感和文化自信心。区语委将进一步挖掘地方特色,不断探索与实践,为传统文化教育注入新的活力。

(执笔:朱华丽)

高歌民族魂　漫溢九州乐
菁莪雅韵千秋传
——徐汇区上师大学区雏燕新声吟诵活动

上海市中国中学

2018年12月，寒梅欲放，"高歌民族魂，漫溢九州乐，菁莪雅韵千秋传"上师大学区首届雏燕新声吟诵展示会在中国中学举行。来自徐汇区上师大学区的中小学校的师生们齐聚一堂，用心品味诗词古韵。

一、活动构思

上师大学区古诗文吟诵项目已经扎扎实实开展了3年。学区内有完中、初中、九年一贯制学校、小学，还有一所辅读学校，各校语文教师在古诗文吟诵名家、上海市语文特级教师彭世强老师的指导下，在基础课、拓展课上开展古诗文吟诵教学实践，教师们也正在努力形成具有适应各校学生特点的古诗文吟诵的校本教材。此次展示正是建立在前一阶段努力的基础上。

徐汇区第九届"田林杯"诗歌创作、朗诵比赛现场

《诗经》是我国现实主义诗歌的源头，有着深邃的人文和思想内涵。305

篇诗歌原来都有曲谱，都可以吟诵，其音韵流转、声律和谐，宜于吟诵而广泛流传于后世。起伏的文思，跌宕的情致，婉转的音律，非吟诵难以解其味。本次展示会择取各校基于古诗文吟诵课堂教学实践的《诗经》和部分诗词篇目，分"人间真情""世事沧桑""涵咏风雅"三个篇章，由各校学生通过"诵读"和"吟唱（咏）"两种方式深情演绎，带领观众一起走进教材中一篇又一篇经典的诗词故事。

《饮湖上初晴后雨》《黍离》《梦幻江南》《江城子·密州出猎》《满江红》《鹿鸣》……来自上师大学区8所中小学校的学生在老师的带领下，用课堂里习得的好声音将一份热爱中国文学、诗词吟诵的赤子之心展现得淋漓尽致，现场观众也被中华传统文化的魅力深深打动。本场展示会古诗文吟诵的调子主要采用唐文治老先生传授给萧善芗先生的"唐调"，以及吟诵名家彭世强老师的修复调及他自己的文人自创调。

二、特色介绍

母语的魅力是什么？大而言之，是一个民族的魂，是民族的根。根与魂的关系共同缔造了母语的魅力。小而言之，母语中的音韵之美、意象之美、意境之美……，使语文课堂绚丽缤纷、余音绕梁，美不胜收。

"吟诵体现着中国文化尤其是儒家文化的精神。吟诵是诗乐传统的典型体现。吟诵是培养个性、培养创造力的教育方法。""能让学生接触真正的中国传统音乐精神，聆听纯净、美好的声音，感受母语文化的魅力。"（徐健顺，中华吟诵网）

吟诵，无疑是养成直感与联想能力的好方式。"这种联想和直感的能力就能与其生命之成长密切地结合在一起，得到终生受用不尽的好处，这对以后无论从事于文学或科学之研究的人都是有益的。"（叶嘉莹在温哥华兰加拉学院系列讲座《中国古典诗歌的美感特质》，2012年6月）

吟诵是一种传统的读书方法，吟诵必须以"读"为本，即阅读理解文本，从文字出发，发琅琅之声以表达文本的意蕴和情感。

语文学科教学，尤其是古诗文教学，吟诵是体味汉语之优雅的重要手段。引导学生充分重视古诗文学习中吟诵这一环节，形成古诗文吟诵习惯，在学习中着力培养学生古诗文吟诵的兴趣和能力，努力丰富课堂元素、活跃课堂氛围、深化教学内容和探索培养学生民族文化认同感教育的策略研究，必将会使越来越多的学生热爱自己的母语和民族的经典文化。

当代中国学生终身发展的必备品格和关键能力的九大素养中,国家认同和文化自信是其中的重要方面。为了落实上海市徐汇区上师大学区培养具有"中国心、世界眼、未来梦"的适应未来社会发展有用人才和合格公民的建设目标,从2015年开始,中国中学结合学校办学传统、办学目标和育人目标,规划和实施了以"菁莪雅韵、文化中国"为主题的"中华优秀传统文化特色项目"校园特色文化建设,古诗文吟诵项目是其中的特色项目之一,并且作为优秀资源向上师大学区各校推广。

学区聘请了古诗文吟诵名家、上海市语文特级教师彭世强老师作为专家指导,中国中学语文组教研组长朱侃老师主持,保证古诗文吟诵项目的有效推进。

徐汇区教职工红色家书诵读比赛现场

主题为"高歌民族魂,漫溢九州乐,菁莪雅韵千秋传"的上师大学区首届雏燕新声吟诵展示会是教师们前期课堂教学实践的阶段性总结。

三、效果反响

面对语文教学改革中古诗文篇目大量增加的特点,诗文吟诵的学习方式将成为一个有力的突破口,它既有助于学生语文学习,使语文课堂生动活泼,也有利于学生浸润文学、接受熏陶,更是继承优秀文化传统、培育民族灵魂的有益实践。随着上师大学区首届雏燕新声吟诵展示活动的成功举行,朗诵、吟唱之声也将在上师大学区内外开花、结果。

上师大学区各校近年来积极开展的古诗文吟诵项目,对广大师生继承和弘扬中华优秀传统文化,彰显中华语言与文化魅力,培育文化自觉、文化自信和文化自强精神,在学区内营造浓郁的诵读中华经典文化氛围,提高师生语言文字规范意识和应用能力,作用积极,效果良好。

1. 创新教师培训和各年段古诗文吟诵校本项目的编选和资料的整理

2015年5月,中国中学第十一届读书节活动开始启动,朱老师作了"吟诵中华经典 营造书香校园"的主题发言,为全体班主任做了吟诵讲座的辅导,自此吟诵活动与校园读书节同步开启;8月,上师大学区中、小学的古诗文吟诵活动蓬勃开展;10月,组织了徐汇区海燕吟诵社沙龙活动。

朱老师编写了《课堂里的好声音——吟诵与古诗文教学》教程,供学区内教师共享;邀请古诗文吟诵专家彭世强老师在中国中学开展了学区内多次教师培训;学区特别拨专款给每所学校购买了多套小学和初中版的吟诵书籍,帮助老师们学习吟诵学理,自编古诗文吟诵资料,更好地开展吟诵活动。

(1) 知人论世,编写校本教材。朱老师带领教研组编写校本教材,采用合理整合教材的做法,将新教材中六年级至九年级的苏轼、李白、李清照的诗词罗列出来,并涉猎小学语文、中学H版教材中出现的苏轼、李白、李清照诗词,再补充苏轼、李白、李清照作品中特别有影响力的篇章,然后知人论世。其编排组合的核心是诗中所表现的苏轼、李白不同阶段的人生经历。这与以往教学内容单一的增删方式有所不同,与零星、孤立地介绍作家作品有着天壤之别。其实质还是教材并不脱离教学大纲。从上课的效果而言,尽管这些诗有的是学生所熟识的,但这并不妨碍学生二次学习的兴趣。遇到新的篇章,学生自然更感兴趣。

(2) 依据教师专长,编写校本学习资料。朱老师编写了《菁莪雅韵 诗经吟诵》的拓展课校本学习资料。希望通过吟诵诗经,让学子们能够呼吸来自我们民族古老文化源头的清新空气,品尝丝丝民族文化源头活水的纯净与甘甜,在对博大精深的传统文化的学习中,使自己成为一个真正的文化人。

(3) 依据吟诵音频资料,编写校本学习资料。语文教研组编写校本教材的另一种做法是根据吟诵音频资料,合理整合教材,将新教材中六年级至九年级,并涉猎小学语文、中学H版教材中吟诵音频资料中部分篇目,编写成校本教材。

(4) 依据学校特点,编写校本学习资料。编写校本学习资料的第三种做法是根据学区内学校的特点,自行合理编排教材,比如学区内有一所辅读学校,教师就挑选语句相对简单,易于理解且学生容易学会吟诵的篇目,编写成校本教材。

2. 指导各校通过语文基础课或拓展类课程创新实施古诗文吟诵项目

朱老师携手康宁科技实验小学马老师,运用吟诵加品析的方法,分别执教《渡荆门送别》和《饮湖上初晴后雨》的吟诵教学实践课,同时,又携手市四中学刘老师为初一年级学生带来了别开生面的《陋室铭》公开课。两位老师以吟诵为主,配以讲解的形式,带领孩子们领略古代名诗文情景,领略字词句的音韵美,体悟作者寄予在文字背后的心声。朱老师携手本校青年教师卞老师执教《梦游天姥吟留别》。卞老师借助吟诵教学法赏析诗歌的艺术特色,促进对诗歌主旨的理解,激发学生疑问和兴趣,探索"依字行腔、倚声染情、声情索意"的吟诵教学方法。课堂上,卞老师带领学生体悟诗的壮美、奇幻、洒脱,师生共同感受李白诗歌的奇特想象、对自由的向往和对权贵的蔑视。

"古诗文有声阅读'有声化、有情化、有趣化'的教学探讨"活动激发了学生放声吟诵的兴趣,乘着音韵的翅膀,以心切入,也带动了徐汇—枫林学区吟诵教学活动的开展。

3. 学区定期组织的志愿者服务、展演和竞赛活动,在学区内形成喜爱古诗文吟诵的良好氛围

中国中学青年教师定期带领自己任教班级的学生,前往学区内的紫薇实验幼儿园,给大、中班的幼儿辅导诗词吟诵,培养幼儿学习诗词的兴趣。

在某一个阶段、一个班级或年级,为准备展示吟诵成果而进行的教学,教学前一定要有明确的教学目标:在固定的某时段进行吟诵展示。这种形式,将吟诵的教学,从课堂延伸至课外,让学生从被动学习状态,转至主动学习状态,学习动力十足。采用此种方式,进行学区教师的吟诵拓展课,将书面考试,改为口头展示考试。全班师生用联欢的方式,互相展示,教师打分。这一项目目前已在上师大学区内所有学校推行,参与的教师近百人,惠及从小学到初中8个年级的数千名学生。

其中,中国中学学生参加制作的古诗文吟诵节目,参加了上海市委宣传部组织的节目录像,得到高度肯定。

学区目前还将吟诵和中华传统武术项目结合,以"文诵武演"的形式,名为"中华魂 文武颂"的主题活动,参加了2016年4月29日上海市民运动会的展演,让上师大学区乃至徐汇区所有的孩子们都能通过高歌轻吟古诗文雅韵,充分感受祖国母语文化的美好。

2017年1月18日,"传承文化,拾珍非遗——徐汇区非遗进校园规模性传承成果展示"大型互动体验活动在中国中学初中部德恕楼举行,笔墨雅韵轩里,吟诵名家彭世强老师给前来体验的孩子们上古诗词吟诵课"春溢江南"。

12月4日,应上海市离退休高级专家协会的热情邀约,彭世强老师开设吟诵教学展示课"梦幻江南",开启上师大学区新一轮吟诵教学实践的研究。2018年1月28日,徐汇区教育系统"杏坛春秋"师德讲坛2018第一讲,在上师大学区师生悠扬顿挫的古诗词吟诵声中拉开帷幕,同时,会场外,来自上师大学区的数百位师生共同参与了"春之雅韵——与传统文化的一场邂逅"主题活动。古诗文吟诵是中国传统文化的一部分,同学们兴趣盎然参与其中,感受中国传统文化的独特魅力。

4. 学区定期举行吟诵教学中心组暨教研课题组会议,在学区内教师间形成喜爱古诗文吟诵教学研讨的良好氛围

上师大学区定期举行吟诵教学中心组暨教研课题组会议,参加教科研论文撰写指导讲座,希望教师们在吟诵教学方面有更深入的思考。

项目组教师们撰写的课程被评为徐汇区教师培训优质课程;撰写的论文多次荣获全国及长三角语文教育论坛大奖。

古诗文吟诵项目带动学区内外教师创造性地重拾吟诵学习活动,不仅帮助学生重拾汉语的音韵之美,重拾母语语感的养成方法,更是重拾中华先人静心修身之道。在今天,语文教师应和学生们一起沉下心来,做一回古人,持一卷诗文,吟诵一曲,让课堂里的好声音扬一番中华母语文化的精气神!

(执笔:朱倪)

吟诗诵词传文化　　自强自信承精神

松江区第七中学

一、活动构思

为深入理解与传承中华古典诗词的优秀文化内涵,在浸润中培养学生的文化自觉、文化自信和文化自强精神,松江七中积极响应时代号召,结合学校工作实际,依托语文教研组,合力打造走近唐诗宋词300首项目,从组织机构、课程化推进、师资培训、活动促进、课题引领等方面,形成了完善的经典诵读推进模式,引导师生共同爱古诗、学古诗、诵古诗,学校、家庭、社区三位一体辐射推广。

初一5班改编苏轼诗词,以《文章妙天下　忠义贯日月——苏轼词二首》为吟诵题目参加松江区第九届"亲情中华　魅力汉语"朗诵比赛,荣获区级二等奖

二、特色介绍

1. 机制健全,设计规划

为保障项目的顺利开展,学校首先建立了语言文字示范项目开发小组,由教导处牵头,专家引领,语文教研组全面参与,组内成员职责明确,合作共生,从机制建设到组织实施,对诗词诵读教育进行系统设计和规划,为走近唐诗宋词300首项目的开发提供机制保障。

2. 自编读本,课程化推进

学校依托语文组编写《走近唐诗宋词300首》校本读本,并在基础型、研究性、拓展型三类课程中分层实施,多样化推进。预初、初一两个年级,依托语文组落实"走进唐诗宋词300"的基础课程,利用自修课,组织学生学习、诵读古典诗词。"东皋薄暮望,徒倚欲何依""西路蝉声唱,南冠客思深""此地别燕丹,壮士发冲冠"……校园的清晨,到处都是朗朗的读书声,学生在诵读声中走近诗人笔下的山野秋景,探访诗人骆宾王所在的监狱一睹树上的鸣蝉,又与诗人共赴易水,领略荆轲刺秦王前的悲壮之气……学生的视野随着日积月累的诵读拓宽,学生走进了更广阔的文学领域;同时,作为基础型课程的补充,学校在此基础上相继开设了诗词吟诵、古典诗词赏析等拓展型课程,以主题形式,深入挖掘古典诗词中爱国、自由、诚信、友善等文化精神,丰富不同层次学生的需求。并在此基础上鼓励学生以诗人、词人为对象,读作品、传记,开展研究性课程的学习,撰写研究小报告,从而推动文化内涵的深入挖掘与创新。

3. 师资培训,提升教育软实力

在教育教学层面,学校开展古典诗词教学研讨活动,深入挖掘古典诗词中蕴含的富强之乐、文明之举、和谐之美、平等之经、公正之则、爱国之志、敬业之心、诚信之规、友善之情等社会主义核心价值观。以丰富的教学实践,进一步推进项目,加强古典诗词对学生的影响力,以及深化教师中国传统文化的传播意识。教导处结合教师"三笔字"大赛,以古典诗词为书写内容,进一步树立全校教师语言文字书写的规范意识。同时,为了加强师资队伍建设,提升教师的教学软实力,语文组熊建军老师代表学校参加上海市经典诵读师资培训班,学成归来,在学校层面开设相关辅导讲座,力求让每一位语文教师熟练掌握语言的应用能力,更好地开展古诗词教学。

4. 活动促进,形成家校共育模式

以丰富多彩的活动作为推进,在校语文学科节中,相继开展了走进唐诗宋词 300 首师生吟诵比赛、亲子吟诵比赛等系列活动,在多年实践过程中逐渐形成了学校语言文字工作的特色活动。

"读经典 诵美德"亲子吟诵比赛,父与子、母与子,大家一起诵经典

唐诗宋词搭起师生关系和谐的桥梁。学校每年语文学科节举办唐诗宋词师生吟诵比赛,班级学生自行组团,确定节目,邀请教师共同参与,在一次次彩排,共同磨炼中,和谐师生关系也在无形中孕育。

唐诗宋词架起家庭亲子沟通的桥梁。伴随着读本进入学生的家庭生活,有些家长也跟着孩子一起读了起来。有时候,孩子读不明白的时候,问家长,于是乎一场家庭大讨论开始了,别有一番热闹的景致;有的家庭挥毫泼墨,一首首古诗在他们的笔下幻化成一幅幅书画作品,这是文学与书法的有机融合;有的家长读了张籍的《秋思》,竟带着一家老小去松江大仓桥、石湖荡四腮鲈鱼园寻寻觅觅了一番,颇具文化寻根之味。众所周知,初中阶段的孩子由于年龄因素与同龄人的交流越来越多,和父母之间的交流日趋减少。亲子阅读拉近了孩子与父母之间的距离,为他们提供了沟通的桥梁。长幼其乐融融,是最美好的画面。

唐诗宋词筑起家校沟通的桥梁。浓厚的家庭氛围建立,学校为此举办了古诗文亲子吟诵比赛。亲子古诗文诵读比赛以亲子搭档为参赛形式,家长参与孩子的学习,大力融合多媒体新技术;师生吟诵,在教师和学生的默契合作下，通过吟、诵、唱、舞等活泼新颖、特色鲜明、不拘一格的表演形式，诠释了《将进酒》《望岳》《水调歌头》《蝶恋花》等诸多古典诗词的文化内涵。优美的古诗词，精彩的诵读表演，紧密联系了家校，发挥了家校携手共育的功能，切实有效地增加了学生古典诗词素养，充分调动了全校师生学习古典诗词的兴趣，在区域内引起了良好的社会反响。

在传统的基础上，学校鼓励创新。在基本诗词创作理论学习的基础上，改写、自创古典诗词，校园里冒出了一位位小诗人、小词人；有些学生将流行音乐结合传统诗词，自编自唱；也有些学生结合舞蹈、道具、服装，再现舞台艺术与古典诗词结合的魅力，形式多样、内容丰富，深受学生喜欢与传唱。

5. 课题引领，总结教育教学模式

学校在多年的项目实施推进过程中，积累了丰富的经验与特色活动项目，在此基础上，2018 学年教导处潘春燕老师申报了《基于核心素养的学科课外活动实践研究——以语文学科为例》课题。该课题从核心素养、语文学科核心素养这两个基本概念展开，总结近年来松江七中在核心素养理念下开展古诗词吟诵等课外活动的实践探索，深入分析当前存在的主要问题及原因，总结了优秀经验，探索了教育教学的校本化模式。

三、效果反响

《走近唐诗宋词 300 首》项目开设至今，成效显著。在不同层面开展了多形式的活动，对学校语言文字工作起到了有力的促进作用。学生自觉讲普通话、写规范字，热爱古典诗词。语文老师将古诗词教学扎扎实实在课堂上推进，教学过程中有意识地培养学生的文化传承意识，为学生的发展起到了良好的引导作用。

在常抓不懈中，学校近几年在古典诗词方面取得了良好的成绩。2016 年 1 月，王宇欣荣获第十四届中学生古诗文阅读大赛松江赛区一等奖；2017 年 10 月，李问渠荣获第九届上海市中小学生古典诗词创作活动个人初中组市级一等奖；2017 年 10 月，黄张和荣获第九届上海市中小学生古典诗词创作活动个人初中组市级三等奖；沈嘉玲、袁泽颖、顾秋诗、范可枫、许浏燕、封殊伊 6 位学生分别荣获第九届上海市中小学生古典诗词创作活动个人初中组一、二、三等奖；2017 年 12 月，赵修毅荣获《我爱中华诗词美——上海市中小学生创新学习展示活动》"今天谁来读古诗"初中组优胜奖。2018 年，初一 5 班《文章妙天下,忠义贯日月——苏轼爱国词二首》荣获松江区普通话朗诵比赛集体一等奖;2018年,松江七中荣获松江区语言文字规范化示范校称号。

四、经验反思

习总书记说:"不忘历史才能开辟未来,善于继承才能善于创新。"《走近唐诗宋词300首》项目的开发与推进,正是秉承了这种理念。引导学生传唱诗词,理解古典诗词中蕴含的社会主义核心价值观,营造浓厚的书香校园氛围。在学校层面,健全的组织机构、课程化推进、师资培训、活动促进、课题引领,松江七中形成了经典诵读的教育教学模式与课程开发模式;在教师层面,古诗词教学的深入推进与师资队伍培训,提升了教师古典诗词教学的能力与人文素养积淀,为更好地服务学生打下了扎实的基础;在学生层面,孩子古典诗词学习的日积月累,丰厚了他们的知识,提升了他们的文化自觉、文化自信和文化自强精神。

在实施过程中,也遇到了评价体系的建立与实施难以确立、创新能力的培养等问题,学校管理部门坚信问题总比办法多,相信在家校的共同努力下,项目推进将更加适应时代的要求。2019年,学校将继续扩大范围,整合社区资源,带着七中的诗词吟诵项目,开展公益活动,为社会多做贡献。

(执笔:李燕)

"诵经典，品书香"
亲子吟诵共成长

青浦区实验小学

一、活动背景

国学经典是中华民族优秀传统文化的精彩浓缩，是培育小学生传承民族文化和民族精神不可或缺的资源。"坚守中华文化立场、传承中华文化基因"，弘扬民族优良传统，传承国学经典文化，是学校教育的重要内容。

泱泱中华，素有诗国之称。先秦以来累积的古诗词可谓浩如烟海，几千年来一直浸润着中华民族的心灵和精神，具有不可估量的文化影响。让这些文学经典得以广泛传承，诵读是一种最佳方式。通过诵读，为经典插上声音的翅膀，让自己也让更多的人能够充分感受、领略古诗词中所蕴含的意境、情感和韵味。

然而，从目前学校实际来看，大部分学生由于缺乏专门训练，诵读古诗词时普遍存在一些问题，如声音响不起来，情感动不起来；或者"有口无心"，诵读时不过脑子，不走心；或者没掌握声音语言技巧，缺乏韵律和美感，不能打动人。

学校有着深厚的读书活动基础，教师中也有一批对吟诵经典有着浓厚兴趣并有一定专业指导能力的教师。从以往学校读书节开展各类经典阅读、亲子吟诵经典活动的情况来看，许多家长也乐于参与这样的活动，认同吟诵经典活动能提升学生对经典的理解，亲子活动更能增进亲子关系，构建良好的家庭学习氛围。

学校以"诵经典，品书香"为主题，面向全体师生、学生家庭开展系列经典吟诵活动。通过各类经典吟诵，培养向真、向美、向上的校园文化特质，将学校建设成一所具有深厚校园文化底蕴的书香校园。

二、亮点扫描

晚上7点刚过,王小明爸爸的手机就悄悄震动起来。爸爸和妈妈两个人为了不影响小明做功课,眼神交流了一下,并没有打开手机。小明做完功课,立刻到客厅找爸爸妈妈,连声问:"怎么样,怎么样,今天哪几个同学的爸爸妈妈已经把朗诵的音频发上去了,给我听听,给我听听……"爸爸点开群里的一段音频,优美动听的古诗吟诵伴随着古典音乐缓缓响起,3个人一起认真地听了几段,然后商量了一下,各自打了个分数,随后在群里报了个平均分……

这就是实验小学正在举行的"诵经典,品书香"亲子吟诵活动。为了传承中华优秀文化,提升学生及其家庭对中华经典读物的兴趣和阅读量,学校面向全体学生及其家长开展分年级的系列经典吟诵活动,如一二年级是亲子古诗词经典吟诵;三年级是亲子经典寓言、传说故事展演;四五年级是"我是非遗传承人"演讲专场。

1. 海选:"PK吧"晋级——各显神通

为了发动更多学生与家长参与吟诵活动,第一轮是海选PK。每一个学生及其父母都可以参加亲子经典吟诵活动。学生家庭以原有小队为单位,组建首轮吟诵活动海选"PK吧",即以小队为单位组建一个家长微信群,通过微信群组织开展首轮的吟诵比赛。家长和孩子们既是参与者,又是小组的评委。

如,一二年级的孩子和爸爸妈妈一起,自定主题,以主题为线索选择2~3首古诗,选择配乐,随后在家中训练,也可以邀请老师作为辅导员指导朗诵。

"组团阅读",孩子们共读一本经典书籍,激发阅读兴趣

随后在指定的日期,在"PK吧"里上传录好的音频。由每一个群内的家庭聆听、打分。之后推选出第一名,进入班级比赛;再从班级比赛中推选出最优秀的3组家庭参加学校的擂台赛。

二2班的小佳同学,最喜欢吟诵古诗。每次中央电视台播放经典诗文的吟诵大赛,她总是眼睛一眨不眨地看完整场比赛。在红领巾广播里听到学校大队部发起了经典亲子吟诵比赛的倡议,她立刻向爸爸妈妈提出要参加比赛。于是,小佳的爸爸妈妈和其他小队成员的爸爸妈妈们建立了二2班第一个"PK吧"。

因为妈妈特别喜欢莲花,小佳就以莲花为主题选了3首古诗词——《爱莲说》《江南》《晓出净慈寺送林子方》。为了"响应"小佳的"号召",擅长网络信息技术的爸爸又从网上下载了《江南》的古曲吟唱,并剪辑成背景音乐。小佳纯净清亮的诵读加上妈妈委婉柔和的陪读,再掺入爸爸略低沉的声音也就显得很和谐。当一段《爱莲说》上传到群里,3个人都很紧张地看着手机屏幕。几分钟后,第一个分数上来了:9.5分!这一次,连爸爸妈妈都和小佳一起欢呼跳跃了。

2. 擂台:"赢"诵经典——精益求进

擂台赛以年级组为单位,分项目可以打擂。学校邀请专业教师担任评委,每周一次擂台赛。每一次比赛由4组家庭一起参加,胜出家庭作为擂主需要迎接下一组家长的挑战,并且第二轮守擂需要展示不同的比赛内容。每周出一个周冠军,每月出一个月冠军,直到出现学期总冠军。

小组选派代表分享经典书籍,感受中华优秀传统文化的博大精深

四4班小陆同学的爸爸从小就爱给小陆讲睡前故事,其中有许多寓言故事。这次他们首轮选择的是《农夫与蛇》,凭着爸爸的旁白和小陆精彩的演技,他们进入了擂台赛。擂台赛的时候,他们选择了《滥竽充数》。为了成为擂主,父子俩绞尽脑汁,千方百计去设计,如何很好地展示滥竽充数的场景。后来小陆灵机一动,请爸爸到网上下载了滥竽充数的动画片,剪辑了几个片段,作为故事的背景。在爸爸的配合下,他终于守擂成功。

3. 代言:实小朗读者——风采展示

在擂台赛中胜出的月冠军、总冠军,作为"实小朗读者"和"家长好声音"接受了学校红领巾电视的专访,在红领巾电视中介绍和展示他们参赛的过程、经历和感受。学校还在红领巾广播中专门成立了《实小朗读者》专栏,由几位小小朗读者每周一次,负责推荐自己喜爱的经典作品。

小晨同学就是新出炉的朗读者。她梦想成为学校红领巾广播站播音员已经很久了。这次,终于通过吟诵比赛,成了月冠军,实现了自己的梦想。这一次轮到她为大家推荐,正好是父亲节前后。所以,她给全校同学推荐的经典作品是就是朱自清先生的《背影》。之前,小晨的妈妈为了让小晨的第一次朗读播音亮相完美无瑕,每天花一个多小时陪练。从音乐的选择,剪辑,到每一句的吟诵、表达,有时候还会发给语文老师张老师请求指导。终于,当校园响起小晨的诵读声音时,美文加上美好的声音,让校园立刻安静下来。全校师生一起用心倾听《背影》,感受朱自清先生表达的子女对父亲的感恩之情。

三、成效与反思

一个学期下来,实验小学的经典吟诵活动从学校走进了家庭;从孩子走到了成人身边,从课堂走向了生活。孩子们通过吟诵经典,对文本的理解更透彻了,对经典的表达更自然流畅了。在活动过程中,因为活动的目标一致,过程中相互合作,亲子关系也更紧密了。

许多学生家长更加关注对学生经典阅读的指导。很多爸爸在活动之后,

孩子们参加经典吟诵获奖

会经常带孩子去书店购买一些经典读物,并不时与孩子一起分享读书心得,甚至与家人一起举行一次"家庭朗读者",展示各自对经典的理解。

在吟诵活动中,一些孩子性格变得更加开朗了。因为爸爸妈妈的支持,他们敢于上台,敢于展示,并在活动过程中体验到了成功的快乐,感受到了被关注的喜悦,也更加自信。

经典吟诵活动带给孩子及其家庭乃至学校教育积极的影响,其活动效应直接促进了孩子、家长的精神成长。经典吟诵的形式和途径,还有许多未开发的领域。究竟哪一种活动的方式既能让儿童喜爱,又能让家长认可,同时又能对学校教育产生双赢的效应,这些将是学校下阶段不断思考和实践的方向。

(执笔:池凤仙)

经典诵读　诗词修身

诵经典　营造健康高雅校园
——"上海大学朗读者"系列活动

上海大学

一、活动构思

经典诵读，立德树人为根本任务，以传承中华优秀文化为核心内容。"上海大学朗读者"系列活动，彰显语言魅力，营造诵读氛围，提高应用能力，培养文化自信。

朗读属于每一个人，在阅读中获取文字的灵魂，在朗读中汲取成长的力量。为了营造书声琅琅、书香四溢的校园文化氛围，让广大师生员工感受中华传统经典文化的独特魅力，实现文化感染人、鼓舞人、教育人的传导作用，上海大学语委联合校党委宣传部、校工会、图书馆等单位，创意举办了"上海大学朗读者"系列活动。借助上海大学演讲协会的平台，以诵读提升师生教学品质、语言能力，对接一流本科教育和高水平大学的建设。

二、特色介绍

"上海大学朗读者"是经典诵读爱好者的乐园。校语委、党委宣传部、校工会强强联手，通过组织专业讲座培训、经验交流分享会，举办会演、参与相关展示活动等形式，以语言传递正能量，以文化凝聚众人心，激发广大师生员工积极参与朗诵、品读类活动的兴趣和热情，不断提高大家的语言表达能力和文化艺术素养，营造健康、高雅的校园文化环境。

不设门槛大众化，系列活动常态化，教学相长互动性，惠及"二代"普惠性，是"上海大学朗读者"活动的4大特色亮点。自2017年10月启动至今，已成功举办两季20余期，深受大家的喜爱和追捧，在册会员与日俱增，从初期的20余人直接飙升至现如今的近200人。

为了保证活动规模，取得良好的学习效果，"上海大学朗读者"除了尽可能地将活动时间安排在中午休闲时段,还对学员进行考勤奖励管理:凡单季参加3期、5期及以上的学员,均可免费获得课余学习资料馈赠——央视著名主持人、《朗读者》节目制作人董卿主编的《朗读者》单行本和套书等。

三、效果反响

"上海大学朗读者"第一季共10期,邀请相关领域专业教师、朗诵艺术家、嗓音训练师等担任主讲嘉宾,每周一期,每期一小时左右;通过不同题材诗文的朗读培训,教学发声方法,传授朗读技巧,提升语音魅力;并举办中期展演、迎新晚会,巩固成果、展示风采。广大师生员工反响热烈,总计参与活动人数超过600人次,就此掀起了上海大学经典朗读热。

"上海大学朗读者"第二季共10期,在总结第一季经验基础上,在培训内容、授课团队、管理方式等方面,均做了新的尝试和调整。主讲嘉宾在原有播音主持专业、数码学院吴笑老师分篇讲授的同时,特邀电影学院孙逊、文学院丁迪蒙、姚蓉老师加盟,以"项链式"分类讲解的形式进行更为全面系统的相关专业知识的介绍,从朗诵、表演、上海话与普通话、文本分析的角度,帮助大家掌握诵读技法,提升语言层次;感受文化内涵、体会美学意蕴;领悟人生哲理,激发奋斗意志。

中期会演和迎春展演是上大朗读者汇报学习、展示自我的舞台。

"中期会演"在上海大学第二届教职工文体协会嘉年华平台上如期展开。节目有大家耳熟能详的《再别康桥》《相信未来》，有毛泽东同志气势雄浑的《沁园春·雪》《人民解放军占领南京》，更有歌颂伟大母爱的作品《母亲是一种岁月》……都吸引了众多观众驻足聆听。践行着讲堂所学，享受着进步的喜悦。大家给予"朗读者"这样的评价：既亲切自然接地气，也不乏艺术熏陶与享受，还结识了众多志同道合的同事、同学……我们的努力得到了丰硕的回报，"朗读者"活动在全校师生员工心目中生根、开花、结果。

"迎春展演"整台演出融会了"朗读者"优秀学员，校内外、国内外众多朗读爱好者齐聚一堂，为全校师生呈现了一台精彩、难忘的晚会。大家诵读着《祖国啊，我亲爱的祖国》《致橡树》《相信未来》等20余篇经典作品，感受文字隽永美丽，语言温度魅力的同时，深深为作品的思想意境感染、打动，潜移默化为爱党、爱祖国、爱上大的实际行动——兢兢业业于本职工作，为上大建设高水平大学贡献自己的一分力量。

第二届长三角地区大学生经典诵读邀请赛上海赛区比赛，作为"朗读者"

活动的校外延伸,不论从培训成果展示还是观摩学习提高的角度来说,都是一次极好的体验。学校入选参赛的两个节目,从诵读篇目选定、舞台背景制作、诵读技巧提升等各方面,均由"朗读者"特聘专业教师进行了课内外多次一对一的指导,使参赛学生加深了对作品的理解,提高了角色把握的精准度;当日,比赛还得到了"朗读者"十几位老师的积极响应和踊跃参与。大家放弃假日休息时间,前往决赛现场为我校选手加油助威,在接受中华传统文化熏陶的同时,体现了上大人良好的集体主义精神风貌。

举办"诵读夏令营",惠及上大教职工子女。3～12岁是语言发展的关键期,夏令营以生动活泼的儿歌、绕口令等孩子们喜闻乐见的活动样式进行诵读教学、语音训练,带领孩子们插上语言的翅膀,孩子们不仅学会了用语言诵读、交流,更能大胆表演,自信展示自我。家长们纷纷表示,短短7天的夏令营诵读生活,意义非凡、收获满满。

四、经验反思

"上海大学朗读者"积极开展校内活动的同时,还踊跃参加校外赛事。校语委从平时活动的积累中,不断培养、发现诵读表演的好苗子,再经过专业老师的悉心指导和艺术重塑,近两年,取得了不错的成绩:

2017年上海教师影视配音大赛二等奖;

上海市财务之声诗歌朗诵比赛三等奖;

全国第五届大学生艺术展演活动上海市二等奖;

上海市2017年留学生中国诗文诵读大会一等奖;

"新时代·中国梦·我的故事"主题演讲展示活动2个一等奖、1个三等奖;

第二届长三角地区大学生经典诵读邀请赛上海赛区三等奖。

如何继续扩大活动受益面,使经典诵读真正成为大众习惯而绝非仅仅爱好者的自娱自乐;如何有效激励参赛选手,在竞技比赛中不断进取,百尺竿头更进一步……除活动已有特色优势外,更要精心策划组织,培训内容应更充盈丰实,有条件的可以考虑分级分班,使诵读水平在不同层级上的参与者都能获得适合自己的专属教程;参赛激励机制更应逐步健全,使参赛者能获得集体荣誉和个人发展的双赢,这是我们反思并要努力实践的。相信经过不懈努力,一定能换来"朗读者"活动的日臻成熟与完善,随着其不断的普及与推广,诵读将成为一种社会风尚,中华优秀经典文化将在潜移默化中得以传承和光大!

一代才女一生情

金山区干巷学校

诵读祖国优秀的传统文化经典,可以让学生在诵读过程中获得古诗文的道德熏陶和修养,接受中国传统美德潜移默化的影响和教育,提高学生的文化和道德素质,增强民族自信心和自豪感。

学校组织全校师生开展了轰轰烈烈的经典诵读活动。各年级的学生在老师的指导下,直面经典,诵读经典,感受经典,在诵读中感悟中华经典魅力,培养文化自觉、文化自信和文化自强精神,在全校范围营造出良好的经典诵读氛围。

一、活动构思

中华文化源远流长,值得品鉴的作品着实很多。在如此浩瀚的文学长河中拾取其中的一枚珍珠作为诵读的抓手,确实困难。经过语文组老师提议,决定选取语文教材中学生熟知的某一位人物,在诵读经典作品的同时体会他一生的传奇。

《满江红》中的爱国情怀由学生用自己的方式展现

最终，根据学生的兴趣及教师对于人物的筛选，学校确定以宋代才女李清照为抓手，定下"一代才女一生情"的诵读主题，选择最能代表她一生的4首作品——代表活泼可爱、热情洋溢的少女时代的《如梦令》；寄托相思之苦，婉转缠绵的《一剪梅》；抒发豪情、忧国忧民的《夏日绝句》；饱含国破家亡凄婉哀怨之意的《声声慢》。根据年龄特点以及学生的理解能力将这4首作品分派至4个年级，作为此次经典诵读活动的核心重点篇目，由各个年级的语文老师利用阅读课时间带领学生进行品析演绎。

"一代才女一生情"的诵读活动，以李清照的4首作品为抓手展开，但并不局限于这4首作品。教师利用这4首作品，教授学生诵读诗词的技巧和方法，带领学生通过演绎来表现作品。学生基于学习基础，可以自己筛选表现同样情感的诗、词、曲，进行演绎及展示。

在活动中还将穿插相应的古诗词诵读比赛，以及在收尾之时师生队伍还将共同演绎"一代才女一生情"。

语文教研组老师诵读经典篇目

学生的汇报展示

二、特色介绍

1. 氛围创造

充分利用教室的空间和角落，用诗文、诗画的名言佳句装点教室墙壁。教育环境体现班级特色，重在展示学生阅读经典的活动成果，包括《论语》读后感、手抄报等。这样别具匠心的布置，让学生一走进校园就会被浓郁的经典气氛包围，全校师生也会在不自觉的情况下沉浸到诵读的气氛之中。

2. 师生互长

以往的诵读活动都是以"教师教，学生学；学生演，教师评"的模式。在这样的模式下,学生固然可以学习到诵读技巧,这样的诵读活动对学生而言只是一件有点特别的学习活动而已,有趣是有趣,可是会有任务意识。但此次诵读活动,为了激发学生的诵读积极性,教师打破以往的诵读模式,改为师生共同参与。

在活动中,不仅仅是学生要对此次的诵读活动进行汇报展示,老师同样也需要。得知这一消息,学生们兴奋不已,个个都摩拳擦掌,自发地开展诵读训练,一心要与老师一较高下。浓浓的诵读气氛,师生对这项活动都充满了干劲。

3. 服饰生情

为了让学生更好地了解李清照跌宕起伏的一生,在阅读课上组织学生观看系列动画《中华勤学故事》中的《李清照少女填词》、纪录片《宋之韵·李清照》等。以视觉感受唤起学生对李清照一生变迁的感慨,并将这种感慨化为声音融入诵读之中。

除此之外,学校还购买了一批贴近人物的传统服饰与道具。学生们看到这些兴奋不已。着一袭长衫,执一柄折扇,诉一生风流。服饰在身,道具在手,学生们活脱脱一个个小才子、小才女,吟诵起来更多了几分古典韵味。加之音乐老师、美术老师的艺术支持,舞台布景耳目一新。一站到台上,李清照的一生就这样历历在目。诵读小队参与汇报表演的一位学生下台后,脸上满是兴奋地说:"站在台上的那一刻,我觉得我好像就是李清照。"

与原作者发生共鸣,对于培养孩子诵读有不可思议的作用。让学生沉浸到作者的情感中,一首诗词,足以让情感跨越千年生动展现。

三、效果反响

经过这次诵读活动的展开,全校师生对于经典诵读的兴趣明显上升。在学校的银杏景观园中,随处可见执书漫步诵读的学子。文杏亭内观鱼连句,普陀水天旁潺潺水声与琅琅书声相互应和,宗师风采中,随处可见吟诵诗歌、品评人物的身影。

这次活动在学生心中深深扎根,也让学生对于古诗文产生浓厚的兴趣。近几年来,学生在古诗文大赛中屡创佳绩。或许也与这次诵读活动有着莫大的关联。

"随风潜入夜,润物细无声。"这大概就是中华经典诗文的最大魅力吧。它温婉无声,它不会大声宣告自己的存在,却能不自觉地打动每一个与它接触过的人。

四、经验反思

通过此次"一代才女一生情"的诵读活动,学校在中华经典诵读尤其是中华经典古诗文诵读方面积累了一定的经验,让教育者再一次深刻意识到,兴趣是学习最好的老师。对于有兴趣的东西,孩子们总是有莫大的热情。建设兼具开放性、自主性、共生性的"三性课堂"有助于保持学生对于学习的兴趣。

另外,在此次活动中,教师也意识到,固有的学习模式会带来审美疲劳,也会降低学生的学习积极性。因此,对于一些原本就相对而言较为开放的活动,将尝试探索更多组织形式,让学生时刻保持对于事物的期待。"新鲜劲"对于孩子来说还是较有吸引力的。

学生将民乐与《琵琶行》结合演绎琵琶女的一生

在活动中,可以尝试将教师与学生放在平等的位置上,让学生觉得这是一个师生共同完成的项目,而非自上而下的任务,打破任务意识,教师将会看到学生独特的光芒。

(执笔:唐丽娟)

晨诵迎朝阳　　雅韵伴成长

普陀区武宁路小学

当东方升起一缕朝阳，
　　时钟指向早晨8点，
　　　　校园里萦绕着悠扬的古筝曲；
当孩子陆续走进教室，
　　拿出《古诗文吟诵读本》，
　　　　校园里回荡着琅琅的诵读声……

这里就是武宁路小学，自2008年起，开展经典诵读活动至今已经十年有余。众所周知，人文经典中蕴含着历史上智者对于社会和生活的明晰洞察，宛若历史长河中所淘选的粒粒真金，也仿佛是闪烁在夜空中斑斓的星辰。诵读经典，就如同与一批历史上最杰出的中国人对话，无形中在气质上、人格上都受到感染。

多年来，学校以"让每一个孩子怀着希望进校，带着自信回家；让每一个教师怀着自信进校，抱着师与生的成功回家"为办学理念，精心培育"活泼健康、善于学习、精神富有"的武宁学子；积极打造"开心、开放、开创"的校园文化。学校坚持全方位实施素质教育，坚持学生个性化发展，认真贯彻落实语言文字规范化的有关方针政策。以素质教育为载体，将传播经典文化要求纳入培养目标；纳入教育教学和学生技能训练的基本内容；纳入学校工作日程和常规管理，渗透到德、智、体、美和社会实践等教育教学活动之中。通过丰富的课程、精彩的活动，让诗意、经典、墨香萦绕在校园的每一处。

一、活动设想与亮点

（一）把雅韵变成课程

文化经典是一个民族的精神家园和力量源泉。在今天，"经典阅读"这一理念被赋予了更多的人性与人文的色彩。学校以"开架教育"总课题为引领，朝着建设开放而有活力的"武彩课程"这一方向,构建了"将雅韵变成课程"的学校课程体系,即基础型课程推进创新古诗教学,落实古诗文吟诵(三至五年级);探究型课程增设经典诗文积累环节;拓展型课程创设快乐活动日的选修科目。

新蕾戏剧社——学员与导师展风采,演绎寓言故事

通过3类课程体系的架设,将经典诵读作为推进学科综合化的基础工程,使学生在博大圆融的文化背景中,在语言海洋的遨游中,焕发语言学习的主动性,从而提升语文素养和人格魅力。

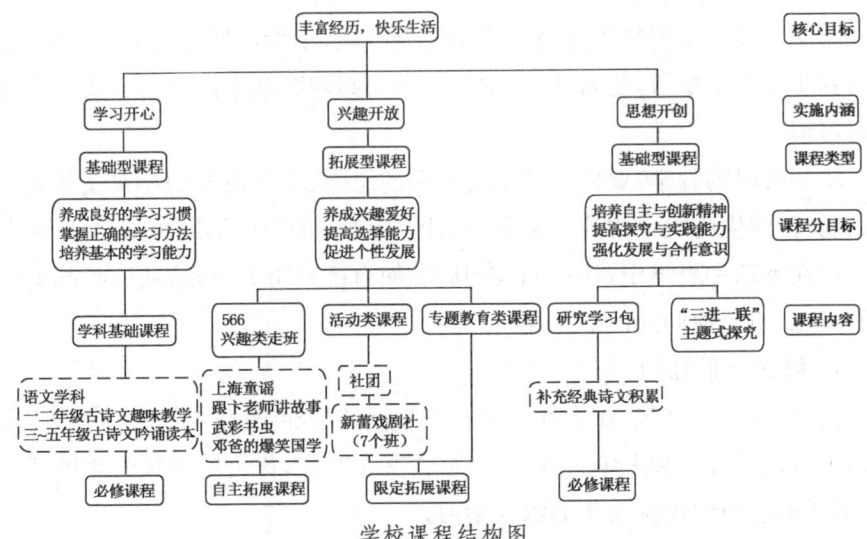

学校课程结构图
(注:虚线框架列举与经典诵读活动相关课程)

2014年11月,市教卫工作党委宣传处、市教委德育处联合开展了"我爱中华诗词美——上海中小学创新学习展示活动"。全校师生踊跃参与,语文教

师结合多年古诗文教学经验,设计各年段的学习方案;学生们依据课内外诗文积累,结合音乐、书法、绘画、舞蹈、体育等其他各类艺术形式,通过文字、图片、视频等多种表现手段,把自己喜欢的古诗词制作成"微网页"。通过层层筛选,最终一年级团队以《登鹳雀楼》一诗为例,摸索开启了"诵之情·唱之韵·言之趣·画之悟"古诗教学新模式,作品"诵唱言画,方得诗韵"与37个学生作品各具特色,成功提交组委会指定网络平台。

更令人惊喜与自豪的是,校级作品"诵唱言画,方得诗韵"与9个学生作品从上千个参赛作品中脱颖而出,被组委会的公微"我爱诗词美"特别推送。最终,被评为上海市十佳"精彩一课"。

2015年12月5日,全国校园影视教育培训研讨会暨第十二届中国中小学优秀校园影视颁奖活动中,"诵唱言画,方得诗韵"喜获一等奖,并从57个一等奖作品中脱颖而出,成为金犊奖5部提名作品之一。经过评审初评,网上投票及当日与会者现场投票,最终获得金犊奖——最佳教学片提名奖,捧回了一座高含"金"量的"小银牛"。

奖状、奖杯,见证着武宁教师在传播经典道路上的探索,指引着武宁教师在传播经典道路上的新程。

(二)让阅读成为习惯

小学阶段的学习是人终身学习的起始阶段,小学生学习水平的高低,在于是否初步学会了学习,是否获得"浓厚的学习兴趣""基本的学习方法""良好的学习习惯"。

小学阶段的教学,要做的就是把大量的思想、文字俱佳的经典文章放在学生面前,让学生的眼睛关注在铅字中;让耳朵"浸泡"在书声中;让大脑和心灵"震荡"在感动和思维中;让他们找到能够使自己兴奋的元素,从而唤起他们阅读的灵感,唤起他们阅读的志趣。

1. 赠送一份礼物

自2008年9月起,在上师大吴忠豪教授的指导下,学校印制了《古诗文吟诵读本》,包括五绝和七绝共计120首,古文120段,作为三年级学生的开学礼物,不断推进中国传统文化的深入学习。

当时间的脚步迈入2014年的12月初,一本崭新的《古诗文读本》送到了学校2~5年级的学生手中。它是校方整合多方资源、耗时4个多月编写的校本教材。作为送给每一位孩子的新年礼物,它兼具了印刷精美、图文并茂、诗文结合、便于阅读。因此,当新书下发后,孩子们爱不释手,迫不及待地翻页欣赏,有的甚至情不自禁地先读为快。

2. 巧设诵读作息

常言道:一日之计在于晨。为了保障古诗文吟诵课程的有效实施,学校在每天8:00—8:15学生陆续进校的这段零星时间,播放古韵浓郁的乐曲,引导学生有节奏、有感情地吟诵经典古诗文,开启一天的学习活动。

午间的闲暇时光,保障学生灵活自由的读书时间,可以去学校图书馆"武星书屋"借阅,可以在班级图书架边品读。

放学后的课余时间,开设墨香书画社斋,让学生换一种方法演绎经典。

"晨诵、午读、暮写"一份武宁学子的特别作息,期待以一种润物无声的方法,用诗风词韵陶冶孩子的性情。

3. 营造阅读氛围

(1) 丰富时尚的"武星"书屋。武星图书馆集藏、借、阅、网等功能于一体,为孩子们创设轻松愉悦的阅读氛围。它的设计别具一格,英文字母"READING"藏书架、几何形的阅览区、五颜六色的小方凳、信息化的电子阅览室,带给孩子们无限的遐思,点缀其间的绿树红叶,让孩子们沉浸在童话般的环境中,徜徉在书的海洋里。

(2) 灵活"漂流"的班级书架。倘若学校的"武星"书屋是仓库,那么班级书柜则是"中转站"。全校35间教室,就有35种个性化书柜,每间教室都成了阅览室。

班级书柜的图书来自学校藏书室、学生家庭,一个月更换一次。其中部分书籍由专业老师站在儿童的视角拟定,以班级为单位每月"漂流"一次(1班读完,给2班;2班读完,给3班……)。漂流期间,由语文老师统一组织学生阅读、交流。日积月累,孩子们可以与书为友,品读书之趣,悟读书之法。

(3) 推陈出新的公微专栏。在武宁路小学"武彩阅读"微信平台上,"新书推介"一栏重点推荐各种新书、好书、优秀的文学作品;"书墨飘香"栏目重点宣传"书香班级""书香学生",以及师生读书心得、优秀习作。"好书共享"有效发挥学校、班级、个人藏书的作用,共同分享图书资源,扩大图书馆的功能。让每个学生都能多读书、读好书,传承和弘扬中华文化传统。

(三) 将吟诵化为传统

1. 年度文化节

每学年的第一学期开办语文节,第二学期开办阅读节。一学期一次的主题活动,精心设计的校级+年级层面相结合的活动项目,已经成为一项文化传统。其中,对经典作品的吟诵(演绎),是重要的组成部分。

3年来相关活动设计有:我是小小汉字王;我是小小故事王;趣味古诗卡拉OK;我是阅读小达人;我是吟诵小达人;成语故事讲演;喜迎十九大,我把赞歌颂;诗歌朗诵;古诗挑战赛;美在阅读中;最美小读者;最美的情怀——诗歌创作;最美的声音——经典诵读;武小啄木鸟,在行动;古诗文"桂冠少年"网络初选活动。

一方面,在校园悬挂宣传版面,布置宣传口号,营造浓浓的活动氛围,激发学生的参与热情;另一方面,利用信息化手段,依托"公微"的平台,对活动进行动态报告,使学生、家长均能了解活动的进程,知晓竞赛的结果,分享活动的乐趣。

班班秀活动——学生与家长齐登台,吟诵唐代古诗

一系列多姿多彩的活动接连不断,学生们忙碌着,充实着,潜移默化中又增长了文化自信。无论是哪个活动或是比赛,无论赢者还是暂时失利者,所有人的脸上都洋溢着一种满足和快乐。

2. 主题班班秀

每学期10月,学校结合"国庆"主题,如"喜迎十九大,我把赞歌唱""百变班班秀,祖国我来赞"等,策划整班参与、全员参加的主题诵读活动。全校上下齐出动、全校全员共高歌。

大"秀"期间,教师、学生,甚至家长,一同选择精彩诗歌,选配媒体,制作道具。大"秀"当天,台上孩子们用稚嫩的童声真情演绎,用高昂的诗歌真心赞美,用激情的颂词尽情高歌,师生与家长共同以诗抒怀、以诵寄情,真是一场视听盛宴;线上,学校安排同步直播,将精彩的活动与所有人分享。

3. 新蕾戏剧社

众所周知,拥有良好的语言能力,顺利而高效地利用语言描述事件、表达思想、与人沟通,这些对每个孩子至关重要。为了让更多的孩子受到更专业的语言指导,2015 年,学校创办了"新蕾戏剧社"。

戏剧社利用学生放学时间,聘请戏剧学院的专业师生担任教师。依据学生表演等级进行分层授课。初级班:力争通过朗诵、台词、扮演、肢体等戏剧表演技能的训练,帮助孩子纠正口语中常出现的逻辑和表达混乱,使孩子的表达更具准确性;中级班:帮助孩子运用肢体语言融入交流;高级班:指导孩子的表达、表演更具感染性。

每学期期末,学校租借场地,精心组织一场汇报演出,为学生搭建展示的平台。在唯美的舞台上,在亮丽的灯光下,学生通过诵读、吟诵、演绎等形式,体验和感悟那些文字优美、思想隽永的典范作品。

至今为止,学校共组织 3 场汇报演出,共计 350 多学生(人次)登台亮相,为大家带来了如"滥竽充数""青鸟""我骄傲我是中国人"等弘扬中华传统文学,增强民族自信的作品。学生树立自信的同时,又能求善向美,学习做人的道理,更能深刻理解传统文化,增强文化自信。

二、活动经验与成效

(一) "武宁人"在成长

1. 学生:富有智慧人贤达

经典诵读提高了学生文化素养,形成了良好的学风。每一个孩子,吟诗为乐,以诗润情,一批适合孩子诵读的文化典籍熏陶着他们的思想道德情操,健全了良好的人格。诵读经典的活动在激活人文精神,滋润孩子心田的同时,也无形之中对他们世界观和人生观的形成产生了潜移默化的正确影响,使之不断成长为"激情与理性兼容,活泼与儒雅相融,经典与现代共生,规范与个性并存"的武小人。

近三年里,曾子浩等 70 多位学生在市、区级朗诵比赛中获得银话筒等各类等第奖;66 名学生积极报名参加朗诵等级考,并获得 6 级等相应证书。

2. 教师:腹有诗书气自华

十年多的吟诵课程,深化了教师的文化底蕴,教师在和学生一起学习、诵读、积累经典的同时,也不自觉地养成自己的气质,正所谓"腹有诗书气自华",树立了为人师表的良好形象。在诵读的过程中,教师和学生的距离感拉近了,教师乐教,学生乐学。

2011年,刘震老师获市"中华颂·经典诵读大赛"教师组三等奖;2015年,古诗创新教学片《诵唱言画,方得诗韵》获第十二届中国中小学优秀校园教学影视评比一等奖;2015年,刘震老师获区"读懂中国,传承经典"诵读活动教师组一等奖;2016年,王海綮老师荣获区演讲比赛三等奖。王宁华、彭洁、王丽萍等老师获市、区经典诵读(主题演讲)优秀指导奖。

(二)"武宁魂"在升华

1. 班级:别具一格树班风

班级文化在师生朝着班级既定目标共同努力的过程中逐渐形成。在一次次诵读比赛的开展中,班级的凝聚力得到加强。孩子们在教室的文化布置和业余生活中的话题都是谈论经典诵读。

一年级组获区经典诗词吟诵比赛一等奖;五(6)中队获区经典诗词接龙比赛三等奖;四(3)中队获区"美在阅读中"诗歌朗诵一等奖;二(6)中队获区"少年诵梦"经典名篇朗诵比赛二等奖。

每一个学生个体风貌的改善,凝聚成一种积极、蓬勃、向善的精气神,促动班级风气的悄然改变,有力地推动了校园的文化建设。

2. 校园:最是书香能致远

在大力推进课程改革的今天,学校一如既往重视经典文化的传播,学校在丰富的文化传承中积淀,在积极的实践创新中发展。校园内每一层楼、每一面墙都在叙说与经典文化有关的人文历史;每一个人在富有经典文化的氛围中受到感染、得到熏陶。

正所谓十年磨一剑,学校形成了良好的文化氛围,处处洋溢着人文气息,充满着蓬勃朝气,形成了"古音缭绕,诗声琅琅"的校园文化氛围。学校先后获得了国家级"规范汉字书写教育特色学校""普陀区语言文字规范化示范校"等荣誉称号。

篇篇经典丰富了武宁小学的文化生活,为传承祖国传统文化照亮了行程;声声诵读洗礼了师生的心灵家园,在师生心中建立起了一座精神花园。亲近母语、亲近经典,用经典浸润心灵,让雅韵伴随成长。

(执笔:彭洁)

经典照亮成长路

奉贤区思言小学

一、活动构思

一个民族的经典是这个民族的印记,是构建民族精神的基本元素。经典诵读以诗词歌赋等形式将中华文明用精粹简练的语言娓娓道出,引导一代又一代华夏子孙从博大精深的中国传统文化中汲取丰富的营养。在一定程度上,国学经典已经成为中华民族的象征和标志。

经典诵读的目的,就是让孩子在中华5 000年悠久历史所积淀的精美华章的滋养中,建立道德行为规范,提高文明素质,形成正确的价值观、人生观,用传统文化之光,照亮学生成长成熟的人生路途。

思言小学诞生在具有浓厚"贤文化"气息的大地上,创办之初就将中华优秀民族文化精髓作为学校内涵建设特定的文化基因,同时设立"言子小书苑",把打造书香校园作为学校的办学目标之一,让儿童在精神发展期,培养良好阅读的素养。

言子学堂,书声琅琅,读经诵诗育美德

（一）目标定位

在思索怎样大力推进"经典诵读"活动的过程中，为使活动真正收到实效，学校首先考虑目标定位问题。

1. 立足于内化学生修养的思考

为进一步加强优秀传统文化教育，扎实推进优秀传统文化进校园，学校以经典诵读为抓手，系统推进优秀传统文化进校园，重视经典诵读。以"经典诵读　诗词修身"为主题，聚焦国学经典等传统文化的阅读，让学生在诵读过程中接受中国传统美德，与圣贤为友，与经典同行，并潜移默化地影响和教育，内化学生的修养，使学生从小打上坚实的精神文明的烙印。

依从节气，自然生长，打造修身新风尚

2. 立足于浓厚校园文化氛围的思考

学校是传授知识的地方，更是传承中华文化和民族精神的地方，学校的文化在很大程度上影响着学生的成长。校园文化氛围建设对学生起着潜移默化的作用，在师生中开展中华经典诗文诵读，有利于在校园内形成浓浓的文化气息，建设促进师生成长的文化环境。

3. 立足于积淀学生人文素养的思考

学校重视国学经典在校园中的传承，采用"晨读、午诵、暮思"等方式，确保学生每日不少于半小时的经典诵读学习，达到开蒙启智、不断积淀学生人文素养的目的。

（二）诵读内容体系

学校以"经典诵读　诗词修身"为主题，在校内开展了"古诗文吟诵"主题活动。在内容设置上，学校把它分为3个篇目：古诗吟诵篇、国文诵读篇、书香奉贤篇，并通过这3条渠道加以实施。

"古诗吟诵篇"选择1～5年级课文中的古诗，以及唐诗宋词经典古诗词，编辑成"春天里的唐诗"小册子，同时结合二十四节气，初步形成节气古诗序列，由语文老师通过阅览课，进行吟诵指导；"国文诵读篇"浓缩了《三字经》《弟子规》等国学蒙读教材中包含的经典美德故事，并研究形成序列，由班主任老师在各班的班会课、午会课中进行教授；"书香奉贤篇"挖掘了奉贤地区的"红色经典小故事"，为每一个学生购买《我爱古诗词》一书，购买唐诗宋词"国学乐歌"电子课程，作为最基本的诵读内容，开展故事导读、经典演绎、"小故事大道理"等活动。

（三）诵读路径

在开展"经典诵读　诗词修身"的活动过程中，以学校活动与班级活动相结合、个人学习与集体辅导相结合、诵读与展示相结合、评比与激励相结合、总结与提高相结合的5个原则，使诵读活动如润物无声的"春雨"，熏陶、感染学生的心灵。

1. 进入课程学习

学校以传播"儒香"国学课程为目标，重视国学经典在校园的传承，创建"言子学堂"、开辟触屏阅览课程，在校内开展"古诗文吟诵"活动：一定内容，由语文教师负责，规划学生经典诵读的具体内容；二进课程，每天晨读10分钟经典诵读，午间20分钟由学校广播统一播放古诗词歌曲及朗读片段，保证每天不少于30分钟的经典诵读时间，每双周一节阅览课进行经典诵读；三活形式，以"诗琴画艺"课程为载体，开设古诗词"吟诵社团""国学乐歌班""书签制作小组""书画小组"，将经典诵读渗透各课程中；四重评价，以少先队雏鹰争章为载体，通过开展班班诵读比赛、开辟"诗路花语"长廊、"礼尚诗学　魅力诗韵"亲子诗词大赛等活动，引导学生参与"小诗童""小诗人""小诗仙"奖章评价激励活动，展示学生吟诗唱诗、写诗画诗等成果，有效地激励学生热爱古诗词的激情。

2. 举行班班诵读活动

学校坚持在全校范围内开展班班诵读活动。"春天诗会""诗以道志"等一系列活动，深深吸引着学生投入古诗文诵读活动。活动中，师生们以饱满的热情，或吟或唱，载歌载舞，以丰富多彩的形式，体现诗文的韵味，很好地展示诗文的形式美和意蕴美。表演过程中，台下的小观众合着节拍，轻轻附诵着，不时爆发出一阵会心的笑语，让学生再次领悟祖国博大精深的民族文化。古代经典诗文就是这样如润物细无声的春雨，"进我耳，入我心"，她告诉学生，怎样才可以成为一个真正高尚的人。

3. 亲子国学赛诗会

经典文化除了需要学校教育外，还必须和家庭教育紧密结合。充分利用家委会、家长学校这一平台，将诵读传统经典诗文延伸至每个家庭，相继开展了"带着诗词来修身"亲子诗词吟诵活动、亲子诗词大赛等活动，通过平板电脑的触屏，学生和家长一起走进古诗、品味诗香、飞花接令等，在家长与孩子一起感悟经典的快乐中，传承文明。

4. 校园读书行活动

学校以校园读书节活动为载体，开设"小言子文化讲堂"，以"司马老师大话西游"为主题，让学生阅读经典名著，并和作家面对面对话，引导学生阅读经典名著，让学生爱上阅读，爱上经典。

二、特色介绍

学校将经典诵读作为教育的一种途径，以中华民族传统文化"二十四节气"、各大传统节日为主线、以校园节庆为载体，开展形式多样的传统文化主题教育活动：设立"儒香文化节"，开展"与圣贤为伴　和经典同行"的系列教育活动，"学国学、读美文、诵诗文、传美德"，让学生耳濡目染于优秀典籍的瑰宝之中；微信推送"二十四节气"的来历、古诗、谚语和民俗等相关知识，让学生游弋在历史积淀的经典之中。

在此基础上，学校围绕古诗文，开展一系列相关活动，让学生在吟诗、赛诗、写诗、唱诗、演诗、舞诗等活动中，徜徉于古诗词韵，感受古风雅韵。

吟诗。学校以"带着诗词来修身"为主题，在校内开展了"二十四节气"诗文诵读活动，激励学生吟诵经典诗文的兴趣，让吟诵国学经典成为一种习惯。

赛诗。学校积极举办"二十四节气——国学诗词大赛"，通过开展班班赛诗会、诗词吟诵大会，让学生在比拼中积累诗词，启迪智慧的火花，领略经典的魅力。

唱诗。学校借助 330 课程、快乐星期五课程，开设"国学乐歌班"，学唱《二十四节气歌》，让经典诵读不仅仅停留于"吟"与"诵"，转而通过孩童稚嫩的歌声传承下去。

演诗。学校举行"二十四节气"综合展示活动，着眼于培养学生好学、习礼、孝亲、尊师、友善、诚信、善思、勤劳等方面的优秀美德。组织学生编排"国学小言子"情景剧、演绎经典故事、舞动诗词的彩带等,运用读、诵、唱、演、赛等形式,融经典诗词于艺术表演中,在艺术之美中品味文学魅力。

三、效果反响

"入芝兰之室,久而自芳也。"学校努力通过开展系列活动,让学生耳濡目染于优秀书籍的瑰宝之中,为学生营造了浓浓传统文化的校园环境,提供了丰厚的经典诵读文本,开展了丰富多彩的国学经典诵读活动,不知不觉中对经典诗文产生向往之的热情。并对各班级经典诵读、书写、演唱开展情况进行跟踪调研,及时收集、宣传经典诵读活动经验,组织各班对已形成的做法和经验进行及时总结和沟通交流,促进经典诵读活动取得实效。

学校通过班班诵读活动、亲子诵读比赛、情景剧表演等途径,在校园中开展《弟子规》《三字经》《少年中国说》国学经典诵读展演活动等。而今,每位学生都能脱口吟诵《弟子规》《三字经》《少年中国说》等篇章,在诵读中涵养道德情怀。

小言子们登上了国学诗词大赛的舞台,捧回了一张张烫红的证书。在2018年国学大赛中,获市一等奖7人,市二等奖15人,市三等奖28人;3人参加北京总决赛,获"国学小使者"称号。

小言子参加各类文学艺术表演比赛,一次次荣获各类奖项,其中山歌《望姐》参加长三角地区民歌交流展演活动,获"优秀传承奖";在"清玄杯"全国公益朗读大会中,24人获全国三等奖;《二十四节气之歌》亮相"奋进新时代 修身新风尚"上海市民修身展示暨表彰活动,获区"爱奉贤·贤文化"经典诵读一等奖;获区走进经典暨古诗词展演活动二等奖;获"我是非遗小传人"区中小学学生演讲比赛二等奖;获中华优秀传统传播行动——"寻找诵读好声音"活动二等奖。

其间,学校荣获上海市普教系统社会主义核心价值观十佳校园景观提名奖、奉贤区齐贤修身单位、奉贤区十佳最具影响力修身基地等称号。上海电视台、上海教育电视台、奉贤电视台6次宣传报道学校传统文化教育活动;新民晚报、青年报、上海教育时报、奉贤报也多次做专题报道与宣传。

四、经验反思

小学阶段进行古诗文经典诵读活动,是学生品德形成和智力发展的有效载体。如何教育和引导学生在诵读经典中感受传统文化的博大精深和巨大魅力,自觉践行道德规范,是学校探索的着力点。

1. 诵读氛围一体化

学校注重书香校园文化氛围建设,大到建筑风格、校舍布局、书画长廊,小到图书角、标牌字帖,将儒香文化浸润于校园的每一处。这样的书香环境,让师生拥有一块令人心旷神怡的阅读宝地,激发师生的读书欲望,使其获得知识上的满足和精神上的愉悦。

2. 诵读学习常态化

学校将经典诵读列入学校课程方案,成立领导小组,在阅览课、班队课、晨读、午诵、放学等时间段,推进诵读活动的常态化开展,帮助学生养成"进门读书"的好习惯,用一切可用之时,让学生进行经典诵读。在反复诵读中,学生诵读的水平在提高,学生的理解、体会也逐渐加深。

3. 诵读推进合力化

家长、老师的信心和陪伴是孩子学习经典诵读成败的关键。在经典诵读实施过程中,学校坚持师生、家校合力共诵读、共研习、共进步。通过教师领读、学生跟读,正确把握诵读内容的节奏、韵律、韵味,最大限度地保持古诗词的原味,为学生在诵读过程中准确理解、真正内化学生的心智打下基础;通过开展亲子诗词等实践活动,品味亲子共读的乐趣,唤起每位孩子内心对经典诗文的热爱。

4. 诵读形式多样化

多样的诵读形式可延续学生的诵读热情,激发学生学习的兴趣。学校定期开展形式丰富有趣味的诵读活动,让学生画一画,在诵读中想象、在想象中学习;演一演,了解诗文描述的任务动作和神态;唱一唱,体会诗词的节奏之美;猜一猜、赛一赛,丰富学生的语言积累。每一位学生都能从中感受古诗里有画、古诗里有歌、古诗里有乐、古诗里有趣,进一步引导学生喜爱吟诵古诗,促进学生思考,提高学生综合素质。

通过开展经典诗文诵读活动,从教师到学生,都深刻体会到了中国传统文化的博大精深。教师在经典诵读声中,变得更加善解人意,工作更有精神;孩子们在经典诵读声中,变得更加规矩可爱有礼节。经典诵读,难在坚持;经典诵读,贵在扎实;经典诵读,伴我成长。

(执笔:陈芬 何丹锋)

创"实小朗读者" 诵百年精神

崇明区实验小学

经典,是中华民族文化的精髓,是我们民族智慧与民族精神的载体,是人类文明最宝贵的精神财富,更是我们中华艺术宝库中的一颗灿烂明珠。经典诵读,伴随实小学生成长。

一、"实小朗读者"在机会中孕育

诵读对于学生来说,是不可缺少的,大声地诵读是小学生记忆新知识的重要方式。诵读,更可以让学生在有感情的朗读过程中获得熏陶,在潜移默化中受到教育;不仅提高学生的文化和道德素质,更能增强文化自信心和民族自豪感。

"每一颗心灵都需要感悟,感悟的源起可能是一件刻骨铭心的事件,也可能是一句名言警句,还可能是一则隽永的故事。"张秀丽校长如是说。为此,她与实小教师们精选了100个启迪心灵的故事,汇编成了《诚朴敬爱校训读本》。

诚—诚实,朴—朴实,敬—尊敬,爱—爱人。这4个字是崇明区实验小学的校训。在校园的每一个角落都能看见,更能在实小师生身上看见。在这百余年历史里,在校训的熏陶下,无数个孩子成长为品性高尚、知识丰富、才华出众的博雅学子。

《朗读者》节目主持人董卿说:"朗读是传播文字,而人则是展现生命,将值得尊敬的生命和值得关注的文字完美结合。"在她的引领下,收获了一大批忠实观众。实小的学生也需要带头者、领头羊,将"诚朴敬爱"的校训精神传递到每个实小人的耳中,浸润到每个实小人的心中。

由此,"实小朗读者"栏目应运而生,诚朴敬爱的故事在校园广为流传。

二、信息技术是"实小朗读者"的摇篮

传统的校园诵读方式大都凭借红领巾广播台、依靠语文教师或班主任开展以班级或学校为单位的诵读比赛、亲子诵读等形式。

"实小朗读者"节目,以全新的方式进行传播。这个全新的方式就是时下最快捷便利的自媒体平台——微信公众平台。微信公众平台可以把孩子们的声音迅速广泛地传播到每个班级群、每个家长的手机上。

有了传播媒介,怎样才能获取孩子们的声音呢?当然,只拥有这些是远远不够的。

如何传播声音呢?使用手机录音,不能控制在录音过程中出现的小错误,且不易于修改和编辑;直接使用电脑录音又缺乏专业的设备支持……

于是,学校投入经费,创建录音室,为声音的传播搭建了专业的平台。由学校推普员专职负责录音、后期制作,以及微信公共平台的推送工作。

由此,"实小朗读者"真正拥有了自己的成长摇篮。

三、实小朗读者在寻觅中诞生

清楚地记得,那是 2018 年 9 月的最后一天,第一位实小朗读者小颜同学走进录音棚。2018 年十一黄金周第一期"实小朗读者"——迎国庆专辑顺利推出。一切的开始就像想象的那般美好又顺利。

其实,第一次录音并不顺利。首先面对的是朗读者的人选如何产生?如果采用海选的方式,工作量太大又不能保证质量。为了保障以后"实小朗读

"实小朗读者"试音现场

者"栏目能够持续推进,栏目组一致认为,要保证第一批节目的质量,要找到打动人的声音!虽不能要求孩子的声音如广播电台主持人那般婉转动听,但也希望在平凡中找到有特色的声音。孩子的年龄又不能太小,因为老师和学生都毫无经验,于是栏目组在一番纠结之后决定,先从五年级学生入手寻找。

在正式录音之前的一周时间里,推普员走遍了五年级的每一个班级,询问了每个语文老师。很快就有了推荐人选。通过试音,5位实小少年成为第一批"实小朗读者"。

1号朗读者选球球,是个白胖白胖的小男孩,小眼睛后面深藏着睿智,他的声音虽有几分童稚,却也有着他这个年纪不应有的深沉;2号朗读者小范,是个小精灵,写得一手好文章,他的声音同他的文章一样笃定;3号朗读者敏敏是个小美女,她的朗读悦耳动听,宛如一汪甘泉水;4号朗读者小颜是个精干的女孩,在她瘦瘦小小的身体里有着"小宇宙爆发出来"的美声;5号朗读者是个高高大大的女孩,她的声音却无比温柔而细腻!

每个小小朗读者精心阅读校本丛书,从校本丛书中挑选自己喜欢的故事,精心准备,用心朗读,用情传递。

栏目组老师在与学生讨论选稿

接踵而至的是第二步,推送。如国庆前夕,关于"国庆"的文章千千万万,在《诚朴敬爱小故事》里也是一抓一大把,选择哪一篇最合适呢?

当栏目组老师面对推送文稿犯难时,第一位"实小朗读者"小颜同学首当其冲,主动推选了3篇文章,拉上栏目组老师一起研读起来。栏目组成员驻扎在录音室里,将文稿读了一遍又一遍,总觉得"滋味"还不够。不是这篇文稿不适合她的声线，就是那篇文稿思想太过浅显……小颜同学和推普员累得口干舌燥，瘫倒在沙发上，无助地望着天花板。

"老师，我在高年级的《诚朴敬爱》丛书中读到过一篇不错的文章……"小颜的一句话，重新激起了栏目组大家的斗志。

马上，找到了那篇文稿，文稿中的每一个文字都是那样的贴合孩子的感觉，仿佛是为小颜这个机智又充满力量的女孩量身定做。

她用力量之声雕刻出绝美的文章，"实小朗读者"也借助着这股力量顺利地张开翅膀，开始了展翅翱翔的第一次！

四、不经历风雨怎能见彩虹

经过半年多的实践，越来越多的"实小朗读者"的初衷通过栏目"诚朴敬爱"之声，传递着"诚朴敬爱"的校训精神。虽然推送初期有了很不错的阅读量，但是之后的几篇推送都石沉大海。或许是形式单一，一味地只是你读我听；或许是选材不合实际。诵读，传播思想的一种方式，声音是它的媒介。可是，"我的故事"要说给谁听呢？谁又更愿意听"我的故事"呢？朗读者栏目遇到了第一个瓶颈期……

在调研了几位小小朗读者及不同年级的小听众之后，栏目组发现：这项栏目的推行力度还不够。由于栏目开设在微信公众平台，而大部分的孩子是没有手机的，阅读受众主体从孩子变成了家长。

或许更换演绎方式？与其空想，不如一试！

首批低年级"实小朗读者"走进录音室

寒假前的最后一个上学日，3位低年级的"实小朗读者"，走进录音室。

这次"实小朗读者"栏目将以多人合作的方式进行，更大的参与面或许能够引起更多人的兴趣。

难题也随之而来了，低年级的孩子对文本的把握、对情感的理解都不够成熟，在朗读指导方面，需要教师用更大的力气进行指导。通过一遍一遍地排练，一句一句地指导，该用怎样的语气读，这句句子才能更加生动？是不是可以再加上一点肢体的动作来加强力度。就这样犹如母鸡喂食一般，一点点地引导孩子去体会文字，回味经典。

很幸运的是这一次的尝试，成功了。

五、每一次的朗读都是一次全新体验

诵读是一种力量，在一批批朗读者的带动下，实小校园书声琅琅。

有一年级的小不点，人还没有录音室里的话筒那般高。当栏目组老师打开录音设备，给他戴上耳机，耳机中缓缓地传来他自己的声音时，他的眼神中好像有一颗流星划过，那般灵动，或是好奇，抑或是惊喜，更多的是自豪感。

孩子们以成为一名"实小朗读者"而自豪。

教育是一个需要静静地、慢慢地等待花开的过程；经典诵读，浸润滋养"实小朗读者"栏目还处于起步阶段。人们常说，好的开头是成功的一半。经典为"实小朗读者"栏目增加了养分，"诚朴敬爱"的声音浸润每个"实小人"的心田，每个"实小人"又都能从内心深处做到"诚朴敬爱"！如此，才真正做好了创"实小朗读者"，诵百年精神！

（执笔：张赟）

经典传承　青春如歌

诵中华经典　树文化自信

上海应用技术大学

一、活动构思

上海应用技术大学非常重视校园文化建设，注重对中华优秀文化的传承和创新，多年来，形成了良好的传统，建设了诗歌经典诵读的品牌工程。学校组织学生诵读诗词，已持续十余年，融合创新出"一会一节每日晨读"的活动模式，强化经典诵读的日常化习得养成，同时结合师生喜好推出一系列广受好评的活动，对全校师生学习中华优秀传统文化起到了很好的推动作用。充分激发了大学生学习中华优秀文化的兴趣，培育美感，陶冶情操。积极推动中华优秀传统文化在青年学生中的传承，全面提升大学生的人文素养。同时，也为学校的建设事业增添激情、注入活力、丰富内涵，从而形成厚重的校园文化底蕴。

二、特色活动

1. 诗词朗诵会：十年功夫不寻常

2009—2019年，十年间，上海应用技术大学不间断地持续组织开展经典诗词朗诵活动。经典诗词朗诵旨在促进教育内涵式发展、坚持师道传承，激发文化创造活力，搭建师生共同参与和发展的文化活动平台。应用型高校学生应具备深厚的人文素养和文化底蕴，有较高的诗词鉴赏水平及审美能力。培育人文情怀、增强人文素养，是学校加强应用型人才培养的必然要求。经典诗词朗诵活动经过多年发展，俨然成为学校特色品牌文化活动，是开展各项人文素质主题系列活动的排头兵，为实现"厚德精技、砥砺知行"的办学理念提供了精神力量。

经典诗词诵读活动面向全校师生，其风格定位清新高雅，既要体现高雅淳厚的文化品位，又能体现高洁笃厚的品德涵养。以诵读古今诗词为主，穿插歌

应技大"每日晨读"活动

舞、乐器演奏等表现形式,全面展示诗词的历史演变和发展,折射国家兴衰及个人命运的沉浮。

2. 诗词文化节:精彩辉煌不谢幕

2017年,教育部党组印发《高校思想政治工作质量提升工程实施纲要》,要求高校"推进中华优秀传统文化教育",实施"中华经典诵读工程""中国传统节日振兴工程",开展"礼敬中华优秀传统文化"等文化建设活动。学校结合时代发展的要求和教育内涵的应有之义,在成功举办近十届经典诗词朗诵会的基础上,学校融合多方资源、推陈出新,又举办了首届诗词文化节系列活动。

"诗词文化节"系列活动为期45天左右,集中在下半年开展。形式多样,内容丰富,包括诗词文化讲座、诗词诵读大赛、原创诗词征集大赛、诗词文化知识竞赛、诗词文化进小学公益活动,以及诗词诵读文艺会演等活动。目前已成功举办两届,成为学校的特色品牌活动。学校致力于深入挖掘诗词文化内涵,探索多种诵读习得形式,激发学生兴趣,重视学习中华优秀传统文化的自觉性和主动性,在新时代背景下培育学生的理想、责任、担当意识。

"诗即远方——有底蕴方能抒华章""树立中国价值,重建精神家园""关于诗的那些事儿"等诗词文化讲座的开展,跟随学者专家的脚步,一起走进诗词的世界,追慕唐风,体味宋韵,领略中华母语之美,感受千年悠久的历史文化。诗词诵读大赛中,伴随着一句句古诗词,师生共同经历了春夏秋冬,感悟人生酸甜苦辣咸。"几处早莺争暖树,谁家新燕啄春泥",有春日的灵动性;"大江东去,浪淘尽,千古风流人物",有豪迈的气概和远大的抱负;想象高山峻岭,倾听流水潺潺,重回"大漠如雪"的疆场,享受"霜叶红于二月花"的秋日美景。诗词文化进小学公益活动,让大学生以实际行动践行志愿服务精神,同时自觉成为中华优秀传统文化的传播者和践行者,在学子们的心中播下一颗真善美的种子,伴随他们成长的不仅有日新月异的知识信息,还有积淀千年的文化底蕴根基。诗词诵读文艺会演给广大师生提供一个广阔的平台,可以亲身去演绎唐诗宋词,化身历史长河里的人物角色,体味前贤人生道路的千回百转。

3. 经典晨读始　琅琅书声每一天

2018 年,是贯彻党的十九大精神的开局之年,是改革开放 40 周年,是教育系统实施"奋进之笔"的进取之年。为了持续推进和深化经典诵读活动,让广大师生养成"一年之计在于晨"的良好习惯,通过前期周密部署,在人文学院和鲁班书院师生共同努力下,全校上下形成了良好的诵读经典的晨读氛围。活动伊始,学校成立经典诵读临时党支部统领相关工作,由辅导员班主任组织实施,各任课老师、学生干部配合,广大学生积极参与。活动对象首选大一新生,每班配备 1 名指导老师和 2 名领读员同学,诵读内容以人文学院刘院长编写的《优秀传统经典诵读手册》为主。该手册按照明德、明学、明事和明美四大主题,收录流芳千古的经典著作。学生人手一册,徜徉于《大学》《中庸》《论语》《孟子》之间,沉浸在唐诗宋词的优美境界之中,含英咀华,潜移默化,让学生成为讲文明、懂礼貌的儒雅学子。

古典诗词歌唱着中华民族赖以生生不息的大好河山,饱含着中华民族道法自然、天人合一的诗意理念;沉潜其中,爱国情怀,油然而生。

"诵一段经典,香气氤氲;品一本好书,受益无穷"。如今,清晨的校园,伴着琅琅的读书声,上应大师生们感受着国学经典的馨香,如饮甘霖,如沐春风。

三、活动效果

十年来,经典诵读活动在校园内蔚然成风,受到全校师生的一致好评。学校共开展了 40 余场诗词文化知识讲座,30 余次志愿公益活动,20 余场竞赛,共计 50 000 人次参与活动,受众辐射达 10 万人次。十年磨一剑,学校已有厚实的基础,经典诵读活动将长期进行下去,从而为上海应用技术大学培育工匠精神提供灵魂与根脉。

(1) 诵读国学经典丰富了校园文化,充实了大学生的课余生活。良好的校园文化构成了学生的第二课堂,是学生成长成才的深厚资源。学校通过打造中华母亲节、诗词文化节等校园文化品牌,营造良好的育人环境,为高校落实立德树人根本任务打下了坚实的基础。

（2）通过国学经典文化教育的积累与欣赏，提升大学生的人文情怀和文化素养。"文以化人""以文育人"。大学生的全面发展离不开良好的文化素养，学校是一所以工为主的理工科院校，人才培养体系中，对人文素养的重视相对不够。通过在校园文化中开展国学经典诵读，有利增进学生对中华传统文化的情感，增强民族自信，提高学生文化素养和人文情怀。

（3）通过诵读传统优秀经典，提升了学生的德行修养。"才者，德之资也；德者，才之帅也。""求学先修德。"人无德不立，育人的根本在于立德。中国传统文化蕴含了丰富的德育资源。比如儒家思想的"仁"讲求关心爱护与同情帮助，是一个人德行高尚的表现。包括善良、诚实、守信、友爱、谦恭、勤奋、包容、进取与尊重等，通过诵读国学经典，学生在与先贤心灵对话中，不断实现对自身道德修养的提升。

（4）通过吟诵经典活动，师生和睦交流，教学相长；同时实现学校家庭联动，学校社区互动，促进上海城市文化品牌建设。

（5）经典诵读活动自开展以来，一直受到学校领导重视，在校内外取得了良好的影响。光明网、文汇报、新民晚报等官方媒体均进行了报道，并且在充分利用融合多媒体平台基础上，形成网络传播矩阵，进一步扩大活动影响力和影响面。

人文学院2018级梁同学说，每天早晨抑扬顿挫的朗读声，不仅让我领略了先贤的伟大智慧，更让我提升了自身的人文素养。机械设计制造及其自动化专业的大一高同学也为自己的大学生涯制定了新的读书计划，书目大多为传统文化经典。鲁班书院学生表示了对中华经典国学的敬仰和持之以恒诵读经典的决心，希望在经典诵读中拓宽视野、提升自身人文素养，并号召全体学员认真诵读手册的每一篇章，通过品读国学经典汲取先贤智慧。"经典晨读日"涌现出一批优秀的经典诵读者。他们感情饱满、真挚；他们声音洪亮、吐字清晰、读音标准；他们字正腔圆、语调悠扬；他们把自己的心境和经典的灵魂进行碰撞，产生独特的理解方式和诵读体验，成为良好的榜样和示范。同学们通过诵读经典扬帆青春之航，迸发学习能量，激发自身荣誉感和使命感，助力实现中华民族伟大复兴的中国梦！

四、经验反思

自2009年至今，上海应用技术大学已成功举办十届经典诗词诵读会，两届"诗词文化节"和"经典晨读日"活动。将来还会不断梳理整合十年的活动经验,探索一种可以推而广之、行之有效的活动模式。

1. 从学习国学经典本身来看

第一,致力于国学经典课题及国学课程的开发与应用。让国学经典融合思政课程建设,让学生在课堂上接受优秀传统文化的熏陶和培育。

第二,完善评价机制,结合国学诵读教育开展的常规活动、竞赛活动,制定配套的评价体系进行考评,使诵读活动进一步系统化、规范化。

第三,进一步拓展延伸国学经典教育形式,尝试为学生提供一日三餐的精神食粮,即早晨诵读新三字经,让学生在琅琅书声中与"文明"结伴;中午诵读古诗文,让其每日与圣贤相约;晚上诵读文学经典,让学生走进名著,与名人对话。

2. 从开展经典诵读活动本身来看

第一,要动员一切可以动员的资源和力量。推动经典诵读活动,推动中华优秀传统文化传承,需要动员和团结各种力量,争取更多资源,打出品牌,创造辐射效应,扩大社会影响力。可以从三方面争取资源:一是积极争取各级政府文化部门、精神文明部门、教育部门的政策和经费支持。二是积极动员社会力量支持。民间有不少推动优秀传统文化的协会、促进会、社团等民非机构,他们热心于社会公益事业,同时也非常认可中国优秀传统文化,可争取他们的大力支持。三是和兄弟院校及中小学建立联系机制,拓展活动开展的广度。

第二,围绕经典诵读活动,开发相关文化元素,使整个活动既有文化基因,又有仪式感。比如开发相关的文创产品,作为诵读活动的拓展渠道,等等。文化既是传承的,也是构建的,构建的过程就是文化元素建立、扩展并认可发散的过程。

第三,寻求社会力量的支持。希望获得社会各方面力量的更多关注,薪火相传,传为远久。让更多的人能够传颂经典,研习经典。

第四,运用网络传播规律,改进创新宣传方式,鼓励对经典诵读活动进行积极宣传,增强传播的影响力和公信力。让中国精神、文化自觉和文化自信在大学生的心中生根发芽,激活他们心中传统美德基因,努力在实现中华民族伟大复兴的中国梦中放飞青春梦想。

情景并茂　读行相谐

上海市松江一中

上海市松江一中创办于1904年,迄今一百多年的历史,地处松江老城中心,毗邻江南著名园林"醉白池",是上海市实验性示范性高中。走进松江一中,碧草茵茵,小桥修竹,碧波游鱼,假山曲径,紫藤长廊……清新优雅的气息扑面而来,颇有江南园林的审美元素。在这样的校园里,伴随着书声琅琅之清声脆音,学习该是何等和谐的图景!

课间休息时学生在校园内读书赏景

长期以来,学校在语言文字工作方面进行了积极而又执着的探索,继2000年学校成为上海市语言文字规范化示范校后,又一鼓作气成功申报全国语言文字规范化示范校,接着又获"书香校园"和"经典诵读试点学校"称号。学校开展"四自教育"(自育育德、自治治事、自学学问、自养养性),着眼于使这一年龄段的高中生学会做人,学会做事,学会学习,学会生活,既顾及学生的全面发展,又强调了学生在发展过程中的主体地位和作用。松江一中语言文字工作始终与学校长久以来逐渐形成的"和美奋进"的文化理念相辅相成,秉承优秀传统,不断与时俱进。"和而不同",和谐统一中彰显丰富个性与鲜明特色;积极进取,人"各美其美",校"美人所美",这正是"和美奋进"校园文化的完美诠释。学校的经典诵读活动不局限于课堂、校园,还与学生的社会实践活动相结合,让诵读走出校园,走出家乡,走向全国各地。

每一次的走出校门,都是在为经典诵读增添仪式,营造氛围;每一次社会实践活动都是极佳的诵读契机,走出的每一步都在创设情境,让学生全情投入,真正能读出感觉,投入其中,自然而然。犹记得在暑期学生社会考察活动中,学校以"读书·行路"为主题,是为文化之旅。在去安徽滁州琅琊山前,教师组织学生重温初中课文《醉翁亭记》,路途中车厢里诵声琅琅。到达目的地后,在"翼然临于泉上"的醉翁亭里吟诵"环滁皆山也";在"树林阴翳,鸣声上下"的琅琊古道上漫步流连,看峰回路转;在"繁阴"深处的琅琊古寺前发思古之幽情,别有一种风情在其中。在组织学生去马鞍山采石矶,同样的做法使学生领略了李太白"长风破浪会有时,直挂云帆济沧海"的豪放,有的还登上太白赛诗台,进行了即兴赛诗会。高一学生南京社会考察,原创诗歌,倾情朗诵,令人动容。高二"跟着课本游绍兴"的一系列活动,临行前翻阅鲁迅的作品,兰亭池边诵读与挥毫,古镇戏台上化身为鲁迅笔下的众多人物,此情此景,将成为学生难以磨灭的记忆。如果说小学生的朗读大致停留在动作技能活动的话,那么,高中生的诵读活动已经属于智慧技能乃至态度的范畴,在行走中诵读,能让学生真正投入,完全忘我,从而与作者心灵相通,进而理解作品并得到美的享受。古人云:读万卷书,行万里路,可谓其乐无穷!

一、高一学生——南京社会调查行

高一年级南京社会实践活动一直以来是学校传统的德育活动之一。为了更好地落实上海市教委"立德树人"的德育理念,促进学生全面、健康、协调发展,以学校"四自教育"为载体,举行以"明史·爱国·立志·抒怀"为主题的南京行社会实践考察活动。

"南京行"为期两日,除登中山陵、游玄武湖、寻乌衣巷,以及名人故居的实践活动外,其中参观侵华日军南京大屠杀遇难同胞纪念馆是重中之重。在那里,举行隆重的哀悼仪式。整个过程有幸存者的现身说法,有默哀、敬献花圈的庄严仪式,有学生吟诵、齐唱国歌等,而情景并茂的朗诵将此次活动推向高潮。在肃穆的氛围中,学生们满怀赤诚地朗诵了精心准备的原创作品《是什么将渴望安详的心穿透》《南京,我的南京》,激情洋溢的声音在南京大屠杀纪念馆前响彻,让路人驻足、回首。3分钟的默哀后,沉重的心、深思的面孔、令人感伤的战争带来的莫大伤害与耻辱,让学生更加珍惜眼下经过先烈用热血换来的和平。我们可以宽恕,但我们不能忘记历史。不忘历史是因为它让我们懂得民族振兴、国家强大才是抵御外来侵略的最好途径。最后当全体学生唱响国歌时,激愤、豪情、壮志油然升起。青春的热血在心中涌动,每个人脸上写满了发自内心的感动与震撼。在南京社会实践活动结束后,学校又及时召开了总结表彰大会,将各班原创诗歌作品集结成册,评出等第。经典诵读中脱颖而出的十二班(内高班新疆部学生),换上了靓丽的民族服装,集全班同学的气势和力量为全体学生倾情演绎了题为《我骄傲,我是中国人》的诗歌,为整个南京社会实践活动画上了圆满的句号。的确,经典诵读是需要仪式感的,可以说,整个过程中,特别是所有同学在侵华日军南京大屠杀遇难同胞纪念馆前一起诵读一起聆听时,内心的声音与外在的情景融合,此时此刻,仪式感伴随着诵读声,让学生的内心升腾起强烈的爱国主义情感,而这是待在象牙塔内的学生很难真切体会到的情愫。

二、高二——跟着课本游绍兴

高二"读书·行路"一直以来是学校传统的德育活动之一,而"跟着课本游绍兴"又是学校众多传统活动中的特色项目,以"课本剧"为载体贯穿整个社会实践活动中,真正让"实践"活动"活"起来、展现课本的生命力,从而实现学生自我和课本所孕育的经典文化精神更好地对话,也有利于更好践行学校的"四自教育"。

松江一中"跟着课本游绍兴"

前往浙江绍兴为期两天的社会实践活动分为三块——酝酿准备、吟诵书写、演绎剧本。先是"重读经典"作为前期准备，借助课本了解人文绍兴。在语文课本上有太多绍兴的影子——《从百草园到三味书屋》《社戏》《故乡》《祝福》《孔乙己》《药》《兰亭集序》《钗头凤》，等等。同时语文教师提前教授高三课本中的《兰亭集序》，指导学生精读、细读、熟读成诵。至于在鲁镇搭戏台演绎剧本则更需要提前布置，各班确定好导演、编剧、演员及表演形式等。一切准备就绪，高二学生在阳春三月莺飞草长之时来到绍兴，首站会于会稽山阴之兰亭。暮春之初，同学们追寻着王羲之等诸位书法名家的足迹，此地有崇山峻岭，茂林修竹，又有清流激湍，映带左右。同学们列坐其次，一觞一咏，曲水流觞处不时留下大家悦耳的吟诵声："仰观宇宙之大，俯察品类之盛，所以游目骋怀，足以极视听之娱，信可乐也……"琅琅书声在林间回荡，和着溪水的流淌，真希望时间定格在这里，留住一切美好。来到兰亭，诵读着大书法家王右军的笔墨，内心按捺不住也要亲自写上两笔。兰亭江畔，全体松一学子有序排成一行。几百人的庞大队伍有序铺上毛毡、压上"镇石"，一声令下大家浸润墨香、酝酿感情、挥毫兰亭，此情此景好生壮观。刹那间，学生们敛气屏息，一气呵成，仿佛一下子变成了一个个"小书法家"，真乃此时无声胜有声。

而此次活动的重头戏当属在鲁镇的大戏台上"演着剧本绎人生"。"红酥手，黄藤酒，满地春色宫墙柳。东风恶，欢情薄，一怀愁绪，几年离索，错错错。"思绪被带到了发生在绍兴沈园的一曲爱情悲歌里。河边杨柳依依，每一滴露水似乎都染上了唐婉和陆游的心酸无奈；忽的，又是"迅哥儿"吵着要去看社戏，再一会儿，倒是阿Q站在台上了；不久便又看到孔乙己病恹恹地在柜台前

松江一中学生在鲁镇戏台表演鲁迅作品《药》

排出四枚铜板,炫耀"回"字的四种写法;之后满脸横肉的康大叔在茶馆里唾沫横飞……虽然学生的表演并不专业,但台上台下大家都兴致盎然:台上学生揣摩角色,演练台词,对于经典作品有了更新更深的认识;台下学生在观看过程中品评鉴赏,重温经典。北大钱理群先生曾说过,"文学的教育,有时声音极其重要,这是对生命的一种触动。文学是感性的,而不是理性的",可见诵读中声音能让我们回归感性,还原经典,更何况我们是在绍兴鲁镇看戏、演戏呢!在行走中,我们重温经典;在诵读中,经典浸润人生!

南京社会调查行和跟着课本游绍兴是松江一中两个固定的社会实践活动。在这其中,有师生对经典的挖掘和聚焦、演绎和再现、浸润与升华,同时也让教育者深切地感受到——你给学生一个舞台,他能绽放属于他的精彩;给他们一个天地,他们会给你带来无限惊喜,学生的能力不可小觑。这两个社会实践活动虽是市教委对高中生社会实践活动的明文规定,但不失为经典诵读的绝佳契机,学校也有意识地让学生在开阔的视野和创设的情境中,将优秀的历史文化及文学经典与之交融,年年活动年年新,每年根据学情对已有的详细方案进行微调,做好充分的前期准备工作后,过程就放手让学生去策划、传达、安排,自主编剧、排练、彩排等。活动结束后的及时总结和表彰也为下次活动积累了丰富经验。当然在活动过程中也会出现很多问题,如学生能力参差不齐,班级之间亦有差距,容易出现有些班级人才济济而热情高涨,而有些不太活跃的班级就显得敷衍了事。因此前期准备中还应着重思考如何针对不同学情发掘不同的闪光点,使每一位学生积极参与,同时让学生意识到应更多地放眼象牙塔外的世界,多走走,多看看,多尝试,多参与,拥有开阔视野,感受美好人生。

中华经典诵读活动还在继续,形式不断更新,"问渠那得清如许,为有源头活水来",这"源头活水"就是已有的传统优势和不断丰富充实的校园文化,兼以稳中求变、追求卓越的心态,学校将抓住各种契机,与经典诵读有机结合,"为每一个学生搭建自主发展的平台"。

(执笔:侯云频)

品味四季　诗书中华

上海市第一师范学校附属小学

文化，是一个国家、民族的灵魂。文化兴则国运兴，文化强则民族强。没有高度的文化自信，没有文化的繁荣昌盛，就没有中华民族伟大复兴。学校积极举办以春、夏、秋、冬四季为主题的"品味四季　诗书中华"诗词诵读活动，在师生群体中继承和弘扬中华优秀传统文化，培育了师生文化自觉、文化自信和文化自强的精神，在全校范围内取得了良好的实践效果。

一、活动构思

中华经典诗文是中华优秀传统文化的重要载体，其中蕴含着丰富的人生智慧和民族文化精髓。通过在校园中深入开展"中华经典诵读"活动，使同学们了解、熟悉中华优秀传统文化，激发对祖国语言文字和优秀传统文化的学习热情，增强民族自信心和自豪感，进一步深化爱国主义教育，建设中华民族共有精神家园。这是在新形势下开展思想道德建设的一个有效途径，也是对广大青少年实施素质教育的一项具体措施。开展"中华经典诵读"活动，要以思想性与艺术性相统一为基本原则，引导学生感悟中华民族优秀文化的深刻内涵。

作为基层学校，需要结合工作实际，多层次、多形式地开展经典诵读，把经典诵读与感恩教育、礼仪规范教育和才艺展示等活动结合起来，增强活动教育效果。学校根据自身实际，创意勾画了一项以诵读春、夏、秋、冬四季为主题的"品味四季　诗书中华"系列诗词诵读活动，以期让同学们在轻松愉悦的氛围中，感受经典的魅力。

二、特色介绍

春雨惊春清谷天，夏满芒夏暑相连，秋处露秋寒霜降，冬雪雪冬小大寒。

二十四节气轮转变化,构成四时之气。这是中国古代劳动人民的智慧,也是农业社会流传下来的优秀思想结晶。学校开展中华经典诵读活动,要求同学们以春、夏、秋、冬四时诗作为主题,发挥创意,寻找经典中所蕴含的独特魅力。

1. 品读古诗,寻味四季

在开展活动的过程中,学校积极鼓励同学们品读有关四季之时的诗词作品,在品味中寻觅各个季节中独有的魅力。"天街小雨润如酥,草色遥看近却无。最是一年春好处,绝胜烟柳满皇都。"这是春的滋养与生机;"泉眼无声惜细流,树阴照水爱轻柔。小荷才露尖尖角,早有蜻蜓立上头。"这是夏的火热与活力;"远上寒山石径斜,白云深处有人家。停车坐爱枫林晚,霜叶红于二月花。"这是秋的孤寂与热烈;"众芳摇落独暄妍,占尽风情向小园。疏影横斜水清浅,暗香浮动月黄昏。"这是冬的严酷与温情。短短的小诗便描绘出一幅美妙的图作。通过品读经典诗作,一幅幅以春、夏、秋、冬各季为主题的画轴在同学们面前缓缓展开,带着生的气息,吸引着每一位同学投入作者的巧思妙想之中。

静安一师附小诗歌创作集:《赏春》

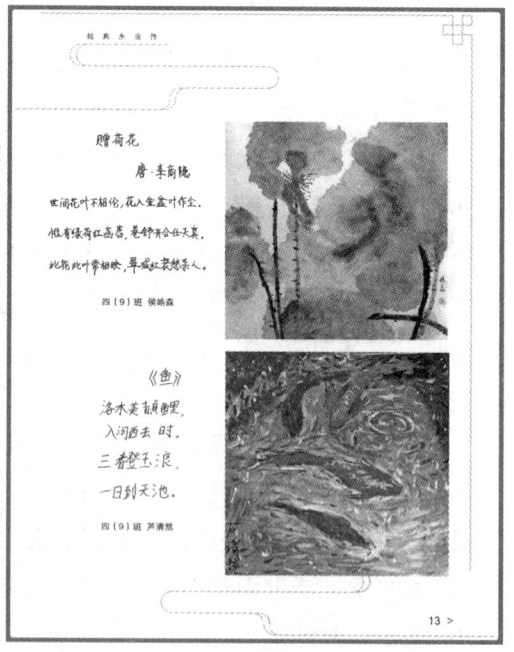

静安一师附小学生诗配画作品

2. 赏节寻味,创作诗情

春季,万物初生,百花盛开。在这个万物生长的季节,同学们进行踏青活动,不仅能在观赏中领略自然之美,寻味春意春情;还能够增强与家人的沟通与联系,在踏春的过程中寻觅家庭温情。夏季,行走在荷花塘旁,细嗅着微风带来的阵阵花香。秋季,拾取一片落叶,在繁复的叶脉中阅读叶的生命。冬季,合起一捧雪花,看那雪白的精灵体验它的清凉。四季之景,各不相同,而意趣更是大相径庭。

赏景之后,学生们不免诗意大发,纵情而作,这既是对所学知识的检验,又极大地调动了学生学习的积极性、主动性与创造性。寻找四时美景,创作四时诗作,在诗作中探秘各色景观,在创作中回味妙趣无限。

在品读诗作、创作诗篇之后,学校鼓励以班级为单位,学生在班级内自发组成小组,各自吟诵自己创作的诗作。通过组内评比、班内选拔等方式,选出优秀诗作,供各位同学参考借鉴,借此鼓励同学进行更深层面的创作。

收集学生创作的优秀古诗,并依照春、夏、秋、冬四季的顺序组合,创造完成一部既具童真又包含经典意味的诗词合集。

静安一师附小诗歌创作集:《咏夏》

3. 诗意童年,快乐吟诵

快乐吟诵,启蒙养正;快乐吟诵,感悟美好;快乐吟诵,传承文化。为进一步激发学生的诗歌吟诵与创作的热情,每年学校举行"诗意童年 快乐吟诵"的主题吟诵活动。

"万紫千红总是春""绿树阴浓夏日长""我言秋日胜春朝""可怜冬景似春华"为了呈现不同的诗词韵味,吟诵活动结合孩子们实践感悟,选择创编以一年四季为主题的不同风格的诗歌,通过吟诵、合唱、歌舞、民乐演奏、木偶等各种不同的表演形式,把诗词的意蕴展现得淋漓尽致。孩子们沉醉在诗的世界中,享受着诗词带来的心灵的润泽。

在"诗意童年 快乐吟诵"主题吟诵活动中,同学们诵读经典古诗文,领略中华诗词底蕴,感受传统文化之美。

4. 诗画结合,创作集册

为鼓励同学们进行艺术化的创作,美术教研组设计了专题的学科拓展活动,将古诗词与美术绘画相结合,鼓励学生结合所学知识,创作与春、夏、秋、冬四季的古诗词内容相对应的精美画作。为诗词绘画,同学们将在诗歌中感受意境、氛围,通过自己的画笔进行二度创作,以诗画方式展示自己的学习感悟。

学校征集优秀诗画作品,集成绘画诗集册,搭建展示交流分享的平台,将学生的创作热情进一步激发。

优秀的学生作品还被收录进出版社印制的传承文化的极具童趣、诗韵的台历,在全市范围进一步推广。

三、效果反响

在"品味四季 诗书中华"的系列中华经典诵读活动中,学生不仅感受到了中华民族传统文化的魅力,也激发了他们对于学习经典的兴趣和传统文化的热爱。同时,在轻松愉悦的氛围下,师生一同滋润了心灵,提高了境界,也明确了自己对于未来诵读经典的方向。

对于学生而言,在诵读实践中,不仅能够感受中华经典的魅力,积累语言,促进语文素养的提高;同时在老师的帮助和引导下,同学们亦能够提高道德修养水平,具有更佳的学习、生活状态。对于老师而言,通过活动理解中华传统经典,能够陶冶自身的情操,树立更好的学习、生活的态度,积极投身教育、教学。对于学校而言,通过中华经典诵读活动,初步探索出一条符合本校实际的中华传统经典诵读的道路，营造学校文化氛围。同时，也把中华优秀传统文化的思想与学校教育、管理实际情况相结合，创造新的学习管理方式。

同学们对于这种理论与实践相结合的新型教育模式普遍产生了浓厚的兴趣。在诵读经典的过程中，老师们也时常能够感受到同学们的热情。"品味四季　诗书中华"系列活动的开展，不仅传承中国文化，品味美好生活，同时也培养了学生各方面的能力。例如，学生通过创作诗篇、选拔诗作、创作绘画，以及主题活动，动手能力、思维能力、协调能力、艺术鉴赏力等都得到了很好的锤炼。

学校将诵读落实到常态化的管理之中，落实到了行动之中，成为教学活动中雷打不动的一项学习惯例。在这润物细无声的影响之下，不论走到哪里，都可以听到同学们琅琅的诵读声，都能够感受到诵读的气息——不论是教室黑板上的经典诗作抄录，还是教学长廊中所悬挂的篇篇优秀诗作，甚至是学生们创作的古体诗集。在学生们的诗配画中，随时能够看到同学们徜徉在诵读中，静静地享受读书的美好时光。这已经成为学生的习惯，成了他们人生历程中的一项重要记忆。

四、经验反思

经典诵读可以提升一个人的综合素质；可以完善一个人的品格；更可以丰富一个人的精神世界。经典诵读并非一朝一夕，而是一辈子要做的事！通过开展"品味四季　诗书中华"中华经典诵读活动，教育者逐渐意识到，作为一名合格的教育工作者，必须时刻注意道德教育，关注学生的精神世界。

校园环境是对学生进行德育教学的最好阵地之一。良好的环境有利于给学生一种心灵上的美。创设经典诵读小环境，从而营造德育教育的大环境。当学生品味着一篇篇经典诗文，感受校园浓郁的书香气氛，感受着中华传统文化的气息，这对学生的品德提升起到了耳濡目染的作用。将"中华经典诵读"活动作为校园文化建设的重要内容，是推动素质教育的有效手段。

在举办诵读经典活动的过程中，针对不同年龄阶段学生的需求，适当选编经典诵读读本，纳入校本课程管理，与学校的教育教学有机融合。重视和加强语文教师诵读知识和能力的培训，在教师的正确指导下，组织学生开展诵读活动，增强活动效果。在学校教育中增加经典阅读活动，必将对孩子的学习成绩、思维模式、思考能力、生活习惯、思想品德带来巨大的益处。

在举办诵读经典活动的过程中,学校进行的道德教育占据着非常重要的地位。作为教育工作者,必须学会用中华优秀传统文化净化校园环境,洗涤学生心灵,办有"根"的教育,育有"魂"的学生。

(执笔:张燕　刘晓萍)

为中国儿童打下鲜明的中国底色

上海师范大学附属外国语小学

上海师范大学附属外国语小学将中华经典诵读与学校办学理念相结合，通过"经典文化课程群"的开发与实施，构建了系统的经典诵读课程体系，形成了鲜明的校园品牌，强化了文化育人的功能。

一、活动构思

学校以"为中国儿童打下鲜明的中国底色"的课程理念，基于"民族情怀、国际视野"的培养目标，以家国情怀教育、社会关爱教育和人格修养教育为重点，以人本性、趣味性、融合性、发展性为原则，构建"经典文化课程群"。

"经典文化课程群"的宗旨是为中国儿童打下鲜明的中国底色，包含汉字、古诗文、书法、艺术等经典内容，将立身、立世、立国进行细化，满足学生的喜好和需求，激发学生的兴趣和潜能，使之成为具有民族情怀、国际视野的现代公民。

二、特色介绍

1. 一班一课程：丰富的经典文化课程

学校将传统文化教育与校本课程相结合，形成了面向广大学生的"经典文化课程群"——"小诗词""小古文""美丽汉字""诗文读写""古诗绘本""诗文戏剧""诗文绘画""小学对子""诗文书法""经典朗诵""古诗吟诵""小学论语""精读太白诗""精读子美诗""品味东坡词""品味易安词"，等等，通过课程群的建设，激活经典文化课程的启蒙，打造"一班一课程"矩阵。

最具特色的就是其中的"小诗词"课程。从2011年开始，学校着手进行小学诗词课程的构建。负责人吴春玉把它取名为"小诗词"课程，因为在这个课程里,所有的一切都是"小"的。

首先,"小诗词"课程的学习者是小学生。这是我们不能忽略的,以往在面对小学生学习古诗词这一问题的时候,存在着两个误区:一个是认为小学生只要会背诵、会默写诗词就可以了,其他的不用学;另一个是要求小学生逐字逐句讲出古诗词的意思,让学习变得枯燥乏味。这两种观点让学生变成了储备古诗词的"硬盘",没有温度,没有热情。因此,在"小诗词"课程里,遵循小学生的认知水平,让学生有兴趣学,立足于小学生的启蒙教育,让小学生不怕古诗词,让他们觉得古诗词很好玩儿。这是课程的出发点。

其次,"小诗词"课程的选材内容是小生活。小生活就是小学生的小人小事。小学生的生活基础有哪些?最基础的是一个字——玩,即游戏。玩,不只是小学生的天性,而且是人类的天性。那么,小学生玩什么?在古诗词中找一找:唐代诗人胡令能的《小儿垂钓》,像小大人一样坐在那里"学垂纶",垂钓玩;清代诗人袁枚的《所见》,小牧童一边放牛一边唱歌,还要捉蝉,还是玩;还有放风筝、剥莲蓬、采莲子等,在小孩看来,甚至有些简单的劳动都有游戏的成分。因此,在"小诗词"课程里,"游戏之乐"就是一个主题,在这个主题中,貌似学生都在学习以前的小孩怎么玩,实际上是在培养学生学习古诗词的兴趣,让学生在游戏的主题中快乐学习。此外,小学生都喜欢过节,于是又设计了"节日之乐"这一主题,让小学生好好过节;有的小学生喜欢亲近小猫、小狗、小青蛙,就设计了"动物之趣"主题,让小学生好好亲近可爱的小动物。这样,"小诗词"课程便以小学生的小生活为主题,让学习变得立体,变得有趣。

再次,"小诗词"课程的创新形式是小跨越。将古诗词与美术、音乐、手工等学科在同一主题下进行融合,给学生以立体、全面的主题式学习体验。比如,在学习宋代诗人杨万里的《宿新市徐公店》时,统整了"小诗词·蝴蝶"主题,将古诗《宿新市徐公店》、古文《庄周梦蝶》、现代诗《大蝴蝶》、美术《蝴蝶涂色》、系蝴蝶结等内容相融合,让学习充满乐趣和动感,生动活泼,贴近儿童的心理发展。

2. 一师一课堂:有趣的经典文化课堂

学校建设了"趣读古诗文"教研工作坊,共有15位骨干教师参与。"一师一课堂"就是工作坊中的教师在一个学期要进行公开课展示,并且能够体现一定的教学路径和教学理念的。

在古诗教学方面,主要是以"阅读两关键、诵读三层次"来进行。"阅读两关键"主要抓住古诗中想象和意象这两个关键来进行。抓住了这两个关键对于理解古诗是非常有帮助的。对于学生的学习,对于教师的设计教学活动也是非常有帮助的。"诵读三层次"是指在朗读古诗的过程中,在整节课层次的推进上,每一次诵读的背后都要有明确的目标的,也是通过课堂的推进,通过学生的学习有一个螺旋上升的过程,最终达到非常融洽的诵读氛围。当然,最后的一个层次也是和理解紧密相连的。

在古文教学方面,学校在二年级和四年级全面落实《云间小学生经典诵读》的推进工作,主要在课堂教学上进行探索。2018学年第一学期,学校承办了区级经典诗文教学研讨活动,进行了二年级《揠苗助长》的课堂教学展示,受到上师大丁炜教授的指点,在她点评的基础上,教师进一步提炼教学的路径:以读克难,以趣克难,以活克难,以思克难,通过这样的方式来攻克古文学习上的难题。

3. 一校一课题:扎实的经典文化课题

2012年,学校获得松江区一般课题《小学"小诗词"吟唱课程的开发与实施研究》的立项批准,开始了经典文化的课题研究工作。

课题是在新的课程标准理念下进行的小学生古诗词吟唱教学与课程开发的研究。研究重视学生在学习过程中的独特体验,把古诗词吟唱学习与提升学生的人文素养相联系。研究倡导通过方法多样化、措施具体化的吟唱指导,激发学生吟唱古诗词的兴趣,总结有效的古诗词吟唱教学经验,开发适合小学生的古诗词吟唱特色课程。

其中,古诗课堂教学策略的研究取得了一定的进展,在《小学古诗课堂教学策略研究》一文中重点分析了小学语文古诗课堂教学策略,从分析古诗学习方法、提高学生语文修养的角度,探寻古诗课堂中导入、解题、解诗、吟诵、歌舞、改编、拓展、总结的教学策略。以经典古诗课堂教学为素材,以提高学生识字写字能力、阅读分析能力、自主创新能力、审美鉴赏能力为导向,在激发兴趣、意象解读、吟诗唱诗、联系生活等方面进行探讨,发掘古诗教学的有益行为,分析古诗教学的基本方法,探索古诗教学的创新形式,思考古诗教学的有效途径。

三、效果反响

1. 为学生进行了良好的文化启蒙

学校通过"经典文化课程群"的建设,激发了学生学习兴趣,促使学生发挥奇妙的想象，在个人修养、社会关爱、家国情怀方面得到涵养。兴趣是最好的老师，经典诗文由于体例奥古、年代久远，与学生现有的语言系统存在一定的差别，而课堂幽默风趣、富有创意的教学则激发了学生学习古诗的热情，并由诗词中的意象引发出无尽的想象，由听觉、视觉引发起学生无尽的想象，从而发展思维，启迪智慧，获得成长。

2. 为教师构建了独特的发展平台

经典文化的课堂教学在内容、形式、目标、任务、组织方式上有着独特的特点，学校依据"经典文化课程群"的建设，提高教师的专业发展，同时，进行师训课程的开发，以"趣教古诗词——小学古诗教学入门课"为主题，将古诗教学经验进行提炼与传播，面向学校青年教师进行。

3. 为教育提供了鲜活的经典样本

学校经典诗文教学取得了丰富的成果，为区域文化发展提供了鲜活的样本。《小学古诗课堂教学策略研究》在上海小学语文教学优秀论文评比中荣获一等奖，学校开发了《小诗词》课程与校本教材，并于全学段铺开实施，相继有老师发表与古诗文教学有关的教科研文章。如，《名师古诗教学导入赏析》《古诗课堂诗意多》《我教学生学"和韵"》《基于课标的古诗词教学》等，也有学生创作古诗文的作品集《采芹菁华录》，古诗文课堂教学优秀案例《采莲曲》《清明》《关羽刮骨疗毒》《咏雪》等进行多次展示。

2017年2月14日，《新闻晨报》以"把优秀传统文化'种'进孩子心里"为题报道了学校吴春玉老师的"小诗词"课程实施事迹。2017年12月5日，《松江报》以"课堂趣玩古诗词　学生跃跃学作诗"为题，专题报道了吴春玉老师的古诗词教学经历，取得了良好的社会反响。

四、经验反思

《中华经典诵读工程实施方案》提出"坚持以学校为主阵地，以课堂教学和学校活动为主渠道"，上海师范大学附属外国语小学从课题、课程、课堂的角度，扎实地推进经典诵读工作，特别在文化启蒙的趣味性上，进行了不懈的努力。

然而，在工作中还存在一些问题。最为重要的问题就是，教师的传统文化素养缺失让经典诵读难以普及、难以深入。学校将继续完善经典文化课程体系，重视课程实施与研究，丰富课程内容，科学评价课程，发展课程师资，让学生在经典文化课程群中树立民族情怀，养成良好素养。

让经典融入学习生活之中

长宁区愚园路第一小学

一、活动构思

作为学校文化建设和人文教育重要组成部分,开展经典诵读,是弘扬、传承祖国优秀的传统文化,增强学生的民族自信心和自豪感的必须和必要。经典诵读的开展,需要依据学生身心规律、认知规律精心构思、精心策划,它是一项系统工程,是涵盖整个学校生活实践的教育,是散发鲜活生命气息的教育,是教师与学生共同体验、分享和创造的教育。

学校围绕"融合"和"浸润"两个关键词,从课程设计的角度开展诵读活动。合理规划课程建设的目标和计划,研究制订教学实施方案,包括教学内容、教学过程、学生活动、学时安排、教学模式、评价方式等,引导师生在"吟吟、诵诵、读读、写写、唱唱、画画"之中,感受中华五千年文化美的熏陶,在传承祖国优秀传统文化的过程中,明白一个道理,养成一种品质,学会一种本领。

二、特色介绍

1. 管理举措

(1) 内在资源发掘。学校以"专题研讨——遴选篇目——设计手册"为路径充分发掘内在资源。

◆ 开展校本专题研讨。就"为什么要开展经典诵读?""如何开展经典诵读?""我执教的学科该如何渗透?"等进行多形式研讨,以此提高教师的认同度。因为只有获得教师的认同才能内化为教师的自主行为。

◆ 遴选经典诵读篇目。召集骨干教师从"中华经典诵读读本"中精心挑选适合不同年级小学生赏读的篇目,将遴选好的篇目,听取相关学科教师意见并作适当调整。此举既可积聚教师的智慧,又能提高教师的参与度,让教师在参与的过程中自觉执行。

◆ 精心设计导读手册。学校结合教师实际情况及学生实际需求,精心设计了"经典古诗文鉴赏"导读手册,包括"古文注解""赏读指导"和"小故事推荐";精心设计了《小娃看水浒》和《小娃看西游》导读手册,包括"阅读小助手"和"阅读大闯关"两大部分。"阅读小助手"里有许多疑难词语的解释和相关的小知识,对于读懂经典名著有很大的帮助。"阅读大闯关"借鉴了学生喜闻乐见的"闯关游戏",设置了很多有趣的游戏关卡,使学生在阅读闯关的过程中既获得知识,又有积极的情感体验。虽然两本导读手册不像教材那么规范,但"手中有粮,心中不慌",既提供给教师一个样本,达到教学规范、准确、有效的目的;又可以减轻教师的压力和负担,在启动阶段比较好的起到了引导和推动作用。

(2) 外在资源渗透。为丰富"经典诵读"的内涵,弥补教师古文知识不足现象,学校充分利用家长资源作为延伸与补充,招募家长志愿者进课堂,组织部分学养深厚的家长依据自己的专业功底和育儿经验,推荐适合不同年级学生家庭的"亲子共读"篇目、介绍有效的方法,构建家长教育资源库,并通过校园互动平台发至每一个家庭,为其他家庭提供可借鉴的方法。

家长志愿者进课堂,开展古典诗词的读与写

2. 实施途径

(1) 课程融入。实施经典诵读要达到润物细无声的境界,必须在课程上下功夫。各学科寻找教材与学生可接受度及实效性的结合点,制定实施细则,包括:年级、目标、篇目、方法、途径和展示平台等,尽可能贴近学生认知基础、激发学生学习兴趣、提高学生综合素养和文化底蕴。

如:语文学科关注诗与话,写字教学关注写与用,品社学科关注诗与吟,音乐学科关注诗与乐,美术学科关注诗与画。各学科教师在理解学科实施细则中设立的目标、要求和内涵的基础上,整体有序地共同推进经典诵读活动,做到三个确保,即确保针对不同年级有不同的内容设计和要求;确保每周有一节诵读活动课;确保每天在校和在家各有10分钟的诵读。

(2)课堂实施。学校是育人的场所,课堂教学是学校的基本组织形式,也是传授系统知识、促进学生发展的有效形式和全面实现培养目标的基本途径。遵循学生认知规律,发挥课堂教学对学生成长和发展的影响作用,灌输与引导并举,坚持主体性、实践性。具体做法是:①语文学科研究学生的记忆规律,探讨经典诵读教学的方法,把理解经典、诵读经典与语文教学"双基落实"和运用有机结合起来,引导背诵必修的经典篇目并学以致用;②写字教学指导硬笔,或软笔书法,书写的内容为古文或古诗文,并用扇面、书签、画轴,诗画笔记等形式展示;③品社学科吟诵必修的经典古诗文篇目,实现"量"的积累、"质"的飞跃;④音乐学科寻找适合各年段的经典古诗,配上节奏或音乐,指导学生或朗诵或吟唱或表演;⑤美术学科为古诗配画,画出古诗的意境等。这样的课堂教学具有三个特点:紧扣教材,使科学性与思想性有机统一;把握本学科性质,增强教育的生动性;寻求最佳结合点,做到知识传授、能力培养结合,增强针对性,提高实效性。

学生在多途径的学习过程中,汲取古诗文的精华,得到古文化的浸润,厚积而薄发。在多形式的展示中享受成功的快乐,对学生进行艺术熏陶,感受中华传统文化艺术的独特魅力。达到学校所追求的学有物、学有趣、学有获的目标。

(3)活动推进。在关注课程和课堂同时,学校以"与争章活动有机结合,与主题活动有机结合"为原则,将经典渗透于学校教育的方方面面,渗透于学生生活的角角落落。近年来,学校先后策划了"走进经典——小娃看西游""走进经典——小娃读水浒""我爱背课文""成语疯狂猜""汉字来听写""诗情配画意"等丰富多彩的主题活动,将中国传统文化的学习与形式多样的活动结合起来,力争做到学校环境氛围、综合实践活动、学习型家庭创建等3个融合。

三、效果反响

1. 和谐校园处处洋溢着浓浓经典味

学校搭建了多个学习成果展示交流平台,举行各类展示,有书写作品

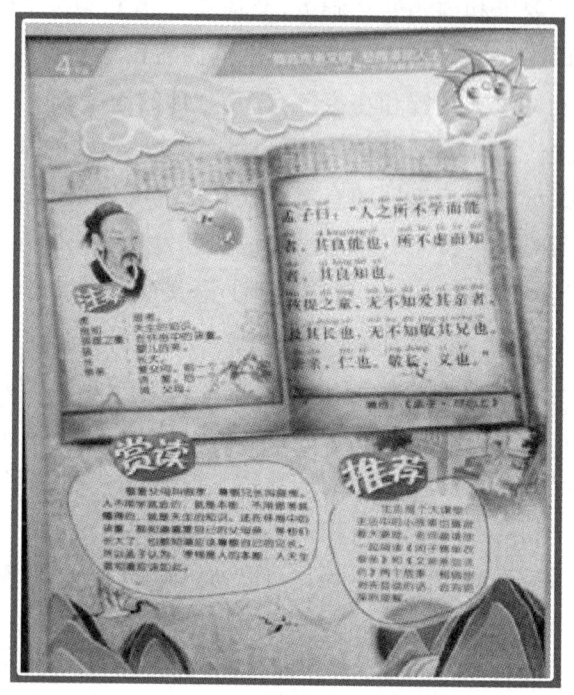

"走进经典——小娃读水浒"活动

展、古诗文小报展、美术作品展,形式多样,内容丰富。学校橱窗、各楼面走廊布满了学生的诵读作品,如古诗配画、"我喜爱的古诗词"小报、设计、创作韵文等。温馨教室的"学习园地"开辟了"古诗文园地",一件件富有创意的诗画作品,展示了同学们对古诗词的深刻理解。更有意思的是每天中午,同学们在悦耳的古诗词吟唱和古琴、古筝悠扬的音乐声中午餐、休息、交谈。

2. 综合活动始终充满着童趣和乐趣

将"经典诵读"与"快乐拓展日"活动融合,"幸福成长30事"之"体验习俗"活动,引导学生了解传统节日、吟唱元宵、清明等传统节日的经典诗词。"经典诵读"与少先队考章活动融合,参与诵读、表演、书法、创编等均可获得"小书童"章、"小口才"章、"小秀才"章、"小能人"章。"经典诵读"与六一庆典活动融合,一曲曲抑扬顿挫的古诗吟诵、一幕幕绘声绘色的课本剧、一段段婀娜多姿的舞蹈……无不洋溢着春的芬芳、夏的热烈、秋的迷人、冬的韵味。愚一小学经典书香四季沁人心脾,久久不能忘怀。

3. 家庭常常弥漫着亲子共读的雅韵

晚上或休假日,许多愚一学生家庭,依据学校推荐的"亲子共读"篇目和方法,或父与子琴瑟和鸣;或母与女抿茶品读;或全家总动员铺毡磨墨、挥毫书写,温馨和谐、其乐融融。家长支持、参与,让孩子浸润在经典之中,滋养和成长。

四、经验反思

著名作家余秋雨说过:"在孩子们还不具备对古诗文经典的充分理解力的时候,就把经典教给他们,乍一看莽撞,实际上是文明传承的绝佳措施。幼小的心灵纯净空阔,由经典奠基可以激发起他们一生的文化向往。"经过实践,回味之感触更为强烈:经典是文化的精粹,经典是文明的积淀,与经典为伍,不仅可以使学生纯净空阔的心灵激发起一生的文化向往,更可以为学生奠基丰厚的智力背景和人生底蕴,让学生在诵读中养德行,修品性,其意义深远。基于此,在今后的探索中,学校将通过全员、全程的参与,通过多途径、多方位的实施,力求使经典成为学生学习的一部分、生活的一部分,乃至生命的一部分,为造就学生成为有独特中华文化底蕴的现代中国人奠定基石。

经典沃土　植根文化

品读中华文脉　传播中国声音

上海外国语大学

引言

上海外国语大学(以下简称"上外")从1981年开始招收外国留学生,是改革开放后全国最早接收外国留学生的高校之一。在学生规模方面,就2018年度而言,学校共有来自124个国家的留学生4 600余人次就读各类专业和课程。可以说,上外已经成了上海乃至全国留学生培养的一家重要单位,在行业内享有较高的声誉。

习近平总书记在十九大报告中强调要推动文化事业发展,要"推进国际传播能力建设,讲好中国故事,展现真实、立体、全面的中国,提高国家文化软实力。"《关于实施中华优秀传统文化传承发展工程的意见》也明确提出,应该"探索中华文化国际传播与交流新模式,综合运用大众传播、群体传播、人际传播等方式,构建全方位、多层次、宽领域的中华文化传播格局"。从外国留学生的视角来看,中国传统文化的精神内核及其对当代中国社会与价值观念的影响分别有什么样的特征,其内在逻辑如何,这些都是非常重要的了解中国的命题。如此看来,对中国传统优秀文化,特别是对能够反映当代中国人核心价值观的文化内容的传播应成为我们国际汉语教学这个领域的"题中之意"。

体现中国人价值观念的文化内容的传播,对于留学生而言无疑是极为敏感的一种教育活动。在这一点上,上外多年来形成了一套行之有效的做法,即通过古今中文经典作品的研读、诵读来实现对中国优秀文化的正确理解并逐渐认同,取得显著的效果。

一、做好顶层规划,让经典诵读在"三教"中生根

上外在留学生中文课程的教育教学过程中坚持做好顶层规划,让经典诵

读在教师、教材、教法等多层面均有深入体现。上外出台了《国际汉语教师手册》，明确要求教师在各类、各级中文类课程中务必融入能够体现中国传统及当代优秀文化、文学之美、精神品质的合适经典篇章。为了能让教师有甄别经典的能力，掌握传播经典的方法，学校组成专门的教师培训队伍，每学期针对国际汉语教师进行专项培训，以期养成教师的相关能力和基本素质。学校在选择和编写中文教材时，特别注重教材选篇的经典性，根据学生的不同语言水平，在不同层级中加入了合适的篇章：初级阶段，选择诸如《静夜思》《悯农》《冬天来了》等易懂、易诵的篇章；中级阶段选择诸如《木兰辞》《春望》《差不多先生》等能够反映中国人家国情怀和理性思考的诗文；高级阶段选择诸如《论语》《老子》《诗经》《红楼梦》《雷雨》等能够体现中国人的哲学思想、自然观念及特殊历史阶段的家庭形态和社会伦理的重要篇章或经典的节选。不同层级的学生都可以在各种课程中品味中华经典之美，领略中国文化的博大精深。

学校通过顶层设计让经典诵读这一教学形式成了教师的自觉行为，成了教材中的必有内容。

二、让经典走进寻常课堂，让经典诵读出于口，入于心

学校为留学生开设了诸如"古代汉语""古代文学""古代诗文选读""现当代诗歌选读""古今戏剧选讲""古今诗歌朗诵"等诸多选修课，对感兴趣的同学来说，这些课程无疑是经典"盛宴"。在这些课程上，教师特别强调"三读"的过程，即"通读""细读""诵读"。以"古代诗文选读"为例，选了18篇古代的诗歌和散文作品，每周一篇，每篇作品都通过"三读"的环节来实现教学。例如，学

日常课堂诵读训练

习《春望》时,老师带领学生通读这一篇章,并解释每一个字词的含义,同时着重解释战争带给人民的流离之苦与杜甫深沉的家国情怀;对比中外诗人对战争的描写、对和平的向往的共同之处。通过精读和细读,学生对杜诗的家国主题有了深刻的理解。至此,教师方始带领学生进行吟诵。所谓"读书百遍,其义自见",学生往往通过"三读",在课上便可以熟读甚至记诵全篇。

选修课如此,在常规的必修中文课程中,学校也将经典诵读列为必有的教学环节。学校推崇任务型语言教学法,我们在教学中总是把经典诵读作为语言学习的任务之一来融入普通的汉语课堂。例如,高级精读课中有话剧《雷雨》选段,老师带领学生了解历史背景,挖掘潜台词,分析人物性格,借此剖析在封建枷锁束缚下的旧中国家庭及个人的悲惨与不幸。在深入理解话剧情节的前提下,教师会带领学生排演班级话剧,通过表演来更深一步理解中国人从封建社会解放出来的不易与幸运。

经典诵读从特殊的课程中逐渐走入了每一门常规的中文类课程,留学生在学习语言的同时,以诵读的方式体味到了中文之美,中华文明之美。所谓"润物细无声",诵读恰恰是经典诵读出于口、入于心的最佳手段。

三、寓教于乐,让温暖人心的诵读活动常态化

在课堂之外,学校把经典诵读作为一项重要的日常活动,每个学期,学校都会组织若干次层次与规模不等的经典诵读活动。

例如,每个星期,学校都会举办一场中外学生汉语角活动。在活动上,中国学生选择在课堂上不容易深入了解的文学艺术经典进行普及并现场模拟,有的高声朗诵《将进酒》,有的低声吟唱《水调歌头》,有的粉墨演绎《牡丹亭》,甚至还有的团队亲身前往戏剧学院,在老师的指导下现场体验经典的魅力。

每年,学校都会举办朗诵大赛和演讲大赛。这两场大赛对于所有留学生来讲都是一场盛大的活动,既

留学生参加汉语角诵读活动

是对平日学习成果的一次检验,也是留学生之间进行技艺交流、文化碰撞的一个绝佳机会。对于低年级的留学生,学校提倡学生带稿朗读经典,让学生在读的过程中熟悉经典的韵味和情调,感受经典带给今人的思考;对于高年级的留学生,则主张让学生从经典中走出,用自己的心、自己的口讲述对于经典的感受与理解,抒发对于中华经典的热爱和经典给个人带来的人生思考。

上外的诵读活动每年都会被写入教学工作计划,逐渐成了留学生第二课堂中的一个品牌,寓教于乐,温暖人心,也使得上外常年拥有"风声雨声读书声,声声入耳"的美好氛围。

四、积极投入各类比赛,让诵读的喜悦在广大师生中蔓延

上外始终立足留学生常规中文教学与人才培养目标,将中华经典诵读置于重要的地位。同时,鼓励学生积极参与各种诵读大赛,通过比赛,留学生往往在很多方面都可以获得进步。比赛是一个严肃竞技的舞台,是一个精打细磨的过程,通过比赛,学生可以加深对于经典的理解,可以提高表达的技能,可以更好地扩大视野,更能促进与其他留学生之间的交流。上外珍惜每一次比赛的机会,注意培养有诵读天赋的学生,关注在普通汉语课堂中、汉语角社团中、各种校内活动中脱颖而出的留学生,组织专业的教师团队对其进行专业训练,以提升学生的技巧和能力。

学生参加学校朗诵大赛

留学生参加演讲比赛

近年来,上外派出的选手先后获得了"中央电视台汉语大赛"最佳人气奖、上海市教委举办的"话说东西"中英互译交流展示第一名、上海市语委举办的"新时代·中国梦·我的故事"主题演讲比赛特等奖、上海市留学生中国诗文诵读大会三等奖、中华经典诵读大赛三等奖等突出的成绩。

往往一个学生获奖,其荣誉感和成功的快乐可以感动一批留学生,对风气

的维护和习惯的培养有着不可替代的作用。出于以赛促学的目的，学校重视比赛，积极投入每一场比赛，比赛让诵读工作变得越来越主动，成果也越来越显著。

摩洛哥学生陈安忆获"新时代·中国梦·我的故事"演讲比赛特等奖

上外代表队获上海市留学生中国诗文诵读大会三等奖

结语

习近平总书记在2018年教师节召开的全国教育大会上强调，"培养什么人，是教育的首要问题"，我们一定"要在坚定理想信念上下功夫"。诚然，留学生群体是高等教育领域内的一群特殊的教育教学对象，但它不应该成为价值观教育的真空区。学校一直将中华经典诵读这一特殊的教育内容和训练形式视作最佳的价值传播手段。通过经典诵读，让中国优秀的传统文化之美获得学生的共鸣，让古今中国人的生活形态和价值内核赢得学生的理解，让当代中国的核心价值观赢得学生的认同，这也是这一工作的意义和价值所在。

源远流长的中华经典就像是一颗颗种子播撒在留学生的心田中，一旦生根发芽，它就会被传播到这个世界的每一个角落。上外留学生热爱诵读，精于诵读，我们有理由相信上外留学生的经典诵读活动可以发扬光大，让中华的文脉得以在我们这个星球上永续延展，让中国文明之美的声音传播到世界的四面八方。

经典诵读　价值引领　教学相长

上海体育学院

一、活动构思

1. 以经典诵读大赛为"契机",广泛开展中华经典文化系列活动

在推进中华经典诵读大赛中,学校紧紧围绕学经典、读经典、诵经典的活动主线,以经典诵读大赛为契机,积极开展中华经典文化学习和交流系列活动。邀请多位校内外专家学者围绕中国哲学、文学、史学经典等相关内容,进行中华文化的相关讲座和研讨。名家的讲座深入浅出,旁征博引,灵活生动,带领学生从不同的视角理解中国文化和国学经典,开阔学生的眼界和视野。

2018年上体参赛选手　乔迁

同时,基于中华经典诵读大赛由校大学语文教学团队和思想政治教育教学团队联合为本科生、研究生开具书单,内容涵盖古典文学、现当代文学、戏剧戏曲、马克思经典原著等内容,旨在鼓励广大青年学生珍惜大学时光多读书、读好书、好读书,并结合活动具体内容举行系列征文活动和读书分享交流会。系列活动一方面丰富了广大学生的课余文化生活,扩大了学生的阅读范围,积淀文化与文学底蕴,同时也培养了学生良好的阅读习惯和学习习惯,以及借此机会研习经典、品味经典、交流经典,让历史文化遗留下来的精髓和智慧在当代青年学生中得到传承与发展。

在广泛阅读和交流学习中,注重收集能被搬上舞台演绎的经典艺术作品,这些作品一方面成为播音主持专业教学课堂的优秀案例和素材,同时为学生的作品选择提供了更多的资源和参考。近年来学校排演的相关作品《喊黄河》《故乡,最持久的灵感源泉》《英雄组歌》,都成了很多学生练习和舞台实践的优秀素材。

2018 年上体参赛选手　靳迪

2. 以院校特色为"抓手",着力打造系列文艺精品

上海体育学院作为体育类专门的院校,办学 60 余载积累了较为深厚的体育、社会和人文学科的历史积淀,这也是学校的办学优势所在。紧紧抓住体育特色和学科优势进行具有创造性的艺术活动,是学校一直以来创作的有力支撑杠杆。

近年来,学校原创了一大批优秀的语言类文艺节目《竞攀路上》《上体精神·绿瓦人》《中国体育梦丹心绿瓦情》等,同时也排演了一系列的经典文艺作品《我骄傲,我是中国人》《青春中国》《黄河号子》《致橡树》《长征组诗》《可爱的中国》,其中 2016 年排演的作品《大宅门》获上海市三等奖,2018 年排演并选送的作品《相信未来》获上海市一等奖,《西风胡杨》获上海市二等奖,学校在文艺作品创作与排演中始终坚守正确价值导向,坚持思想文化内涵,坚定精品创作意识，在尊重艺术创作基本规律的同时，有的放矢、大胆创新、不断培育出更多更好的具有特色的文艺精品。

二、特色介绍

1. 以赛带练——加强理论学习与业务实践的相互融通

"以赛带练"是学校语言艺术类课程群教学与中华经典诵读大赛进行有效结合的良好方式。学校语言艺术类课程群涵盖"艺术语言表达(1)(2)""台词(1)(2)""播音创作基础""话语样式"等内容，课程主要涵盖艺术语言的表达、样态、风格、创作、处理和演播。在课堂主要是教师讲授、示范和学生练习、期末汇报的形式。中华经典诵读活动给学生的优质作品提供了更大更高规格的展示舞台，让学生在经过一学期的学习与实践后，能够有机会将实践成果带到更专业的舞台上去检验。将中华经典诵读大赛与相关课程群进行有机结合后，推进了学生在课堂所学的语言艺术理论在实践中的创作应用，形成了从理论到实践，再从实践反哺理论的循环提升过程。"以赛带练"理念的提出，让日常课堂从一开始便给学生提出了一个较高的艺术实践要求，训练的所有要求和环节都以演出为标准，以实际演出效果为导向，为日常的课堂授课提供了一个更直观的目标需求和目标导向，一定程度上刺激了学生的学习欲望，增强了学生之间的良性竞争，同时也促进了课堂积极性和课堂活跃度。

2. 学生社团——充分发挥学生社团的主动性和积极性

要充分发挥学生社团在各项活动中的主动性与积极性，学校从2012年开始相继成立了"朗诵艺术协会""梦想主持团""主持人训练营"等多个与语言艺术相关的学生社团。在办赛过程中，充分调动学生社团在推进各项活动中的主动性和示范性，让学生成为校园活动的主办者、参与者、受益者，调动各个艺术社团的内部积极性。通过学生社团开始进行活动的宣传、社团内部选拔与推荐，每个社团内部可以通过自主选拔的方式推荐1~2人直接进入到大赛的种子选手训练营，其他的社团成员可以承担该活动的相关赛事组织、策划、志愿服务等相关内容，让大部分的社团成员都能参与到整个活动之中，社团成员参与过程中能够配合指导老师完成必要的办赛相关事务，更能参与比赛策划、组织到实施的全过程，学生的策划、协调、组织能力也得到提升，同时，在参与赛事服务的过程中对标优秀选手，找目标、看差距、补短板、积累经验，提升自我。

三、赛事组织

1. 广泛宣传

中华经典诵读活动作为上海市语言文字系统着力打造的品牌活动之一,对于广大青少年学生更好地学习诗词歌赋,亲近中华经典,更加深入广泛理解中华思想理念,传承中华传统美德,弘扬中华文化精神具有积极的意义。

学校在大赛宣传过程中,积极与学校各职能部门进行沟通,形成校语言文字办公室、校团委、学工部、二级学院、学生艺术团等部门的多方"联动机制",利用校园网、微信公众号、校内海报等形式进行活动的宣传,一方面,对本次活动的意义、价值和内容进行说明;另一方面,积极鼓励对语言文字和朗诵艺术感兴趣的学生积极报名参加,在校园内部形成良好的活动氛围。

2. 校内海选

从第一届中华文化经典诵读大赛开始,学校便开始组织在校内进行海选机制,以大赛的比赛内容、规则和程序为蓝本,邀请校内外专家、学者和一线主持人、朗诵艺术家担任大赛的评审工作,并在校内的海选中,评选出特、一、二、三等奖,以及优秀选手若干名。近几年参加海选报名人数逐年增加,涵盖的专业和年级也逐渐扩大,从第一届办赛的只有播音主持专业的学生参加,到后来涵盖了体育教育专业、运动人体科学专业、经济与管理专业、新闻学专业、英语专业等学生的积极参与。在海选过程中,很多非播音主持专业的同学在比赛过程中显现出了极大的语言天赋和培养潜力,比如2018年学校选派参加上海市决赛的2名选手中,其中一位就是来自2017级英语专业学生靳迪,他不负众望在上海市的决赛中获得了一等奖。

3. 选手培育

在校内选拔出的优秀选手按大赛1∶3的比例进入到学校组织的"朗诵训练营计划"中。"训练营计划"是学校播音与主持教学团队多年来在备战国家级、省市级各类大赛的特色和亮点,每年各类大赛前1~2个月都会按照一定方式和比例遴选出大赛种子选手,进入"训练营计划",训练营培训工作由校播音与主持教学团队教师担任,每周对入选训练营的种子选手进行2~4小时的专业技能强化实训课程,以及1对1的个别辅导课程,并以提交课后作业的形式进行回课,同时每两周进行一次专业技能测试,按照测试成绩排序,采用末位淘汰制方式进行淘汰,晋级的选手进入下一轮的培训。最后遴选出的3名选手代表学校参加上海市的决赛。

四、经验反思

1. 注重在宣传、选拔、培育的过程中对学生兴趣的挖掘和培养

思考近几年的办赛实际情况，发现在我们身边喜欢语言文字、热爱朗诵艺术的学生不在少数，他们都有一个想要表达自我，展示爱好、登上舞台的想法，只是学生们大多来自于不同地区（很多来自山区、方言区）、学习了不同的专业，基本上没有接受过系统的语言艺术表达的相关课程和训练，语言基础、语言能力、语言技巧以及舞台实践经验方面都显得比较稚嫩，所以在展示的过程中效果不够理想。不可否认的是，确确实实在很多非专业学生的表演中看到了一种对朗诵艺术的热爱和向往，在他们身上看到了更多可塑造的可能性。因而，在办比赛的过程中不能简单地以成绩和好坏论英雄，不能以对播音主持专业学生的标准衡量他们，而是要以更加开放和包容的心态给这群喜欢语言艺术的学生以鼓励和支持，在点评环节给予他们更多中肯的建议和指导，让他们能够因为一次比赛而对朗诵艺术有更多的认识和理解，唤醒他们内心深处更多的潜力，给予他们足够的关怀和鼓励，树立他们的专业自信。去年办赛过程中校英语专业学生靳迪也参加了这场比赛，在训练过程中得到了校内老师的指导和建议，树立了专业理想和职业理想，经过自己的不断努力考入校播音与主持艺术专业二学位班继续深造，并在学习的过程中不断积累与实践，今年参与主持、解说了多场大型晚会，并被推荐解说了优酷体育 2019 年 CUBA 中国大学生篮球联赛，得到了良好的社会评价。

2. 打通办赛阶段上海市各大院校优势资源平台，实现资源共享

纵观近几年上海赛区的比赛，呈现出一种几家独大的场面，尤其是对开设播音与主持艺术专业的院校来说，总能在比赛中取得不错的成绩。上海市开设播音主持艺术专业的本科院校一共有 5 所，分别是上海戏剧学院、华东师范大学、上海师范大学、上海体育学院和上海视觉艺术学院，以及一所专科院校上海电影艺术职业学院。对于专门开设了播音主持专业的院校来说，无论是从师资队伍、学生水准和专业技能来说都具有绝对的比赛优势，各学校在选拔、推荐、培训的过程中也都形成了一套完整的运行机制。相较于此，大部分的综合院校在这方面就存在着短板和不足，以至于很多非专业院校推荐到上海决赛的选手在比赛中常常出现一些舞台和语言表达上的低级失误，影响了整体的演出效果，从而没有达到预期的演出效果。

  2018年上海市语言文字水平测试中心举办了赛后总结座谈会。在总结座谈会上，很多非专业院校的老师也提出了同样的困惑，他们选拔出的选手自身素质、形象气质、语言能力都还不错，但是在筹备比赛的过程中，由于没有专业的语言艺术专业的教师对学生进行专门的指导，或者指导教师只是凭自我感觉给学生一些建议，所以学生在准备作品的过程中就不一定能充分发挥他的自身优势和自身特长，导致最后的比赛成绩不理想。因此，基于大部分没有开设语言艺术专业的院校的困惑，能否在备赛阶段由上海市语言文字水平测试中心统一统筹协调，建立一个"专业师资共享机制"，在备赛过程中统一安排时间，对非专业院校的学生统一辅导，帮助他们在作品的处理上有一个专业的引领和点拨，从专业的视角给予他们更多的帮助和建议，让广大学生在参与的过程中能够发现不足，找到正确的训练方法，让学生在参与活动的过程中成为受益的主体，对朗诵艺术有更深的认识和理解，这或许也是我们举办大赛的重要目的之一。

（执笔：司长强）

诵中华经典　建书香校园

上海健康医学院

一、活动构思

"诵中华经典,建书香校园"旨在让学生了解、掌握中华民族传统美德,诵经典、习礼仪、学做人;了解中华传统文化广博的内涵,提高审美情趣;增强区别真善美与假恶丑的道德判断能力,不断学美德、行美德、创美德。让学生在经典诗文的诵读中增强民族自豪感,树立民族自尊心,提升自身的人文素质。

上海健康医学院中华经典诵读活动,"走进课堂、融入校园、步入社区",夯实中华经典诵读的基础工作,举办丰富多彩的诵读活动,不断扩展诵读活动的影响范围,构成了"课内"与"课外"相互结合,"教学"与"活动"相互促进,"校园"与"社区"相互联动的诵读体系,营造出良好的诵读氛围,取得了一些成绩。

二、特色介绍

(一)改革人文课程教学内容,把中华经典诗文带进课堂

中华传统文化源远流长博大精深,中华经典诗文浩如烟海,如何引导学生走进经典,诵读经典?课堂教学是亲近经典的重要手段,为此学校人文教研室成立经典诵读传承小组,根据学生专业和年龄特点,把经典诗文设计为四大模块:大德明哲之美、唐宋诗文之美、传统家书家训之美,内容涉及《论语》《孟子》《大学》《易经》《诗经》《楚辞》、唐诗宋词和傅雷家书。通过这四大模块的讲授,学生不仅能够诵读经典,还深刻理解了"天行健,君子以自强不息""发愤忘食,乐以忘忧""富贵不能淫,贫贱不能移,威武不能屈"为代表的民族精神及"先天下之忧而忧,后天下之乐而乐""天下兴亡,匹夫有责""位卑未敢忘忧国"的爱国主义情操。

合理规划课堂时间,课堂实现琅琅诵读声。精心设计实践教学内容,鼓励

学生展示对经典诗文的理解，不断丰富和活跃课堂实践活动。设计了班级"我喜爱的古诗文"朗读比赛、"唐诗宋词中的历史文化名城"和"唐诗宋词中的名胜古迹"演讲比赛，学生全员参赛，比赛成绩计入学科成绩中，旨在让同学们多方面去了解经典诗文。将大学人文课堂长期以来老师讲—学生听—学生记的模式，改变为把上课时间分为3大块：课前诵读，老师讲授，自由阅读。课前诵读每次由抽签决定二至三名同学为全班诵读一段自己喜欢的经典诗文；自由阅读是在老师讲授相关内容后，同学们根据自己的喜好选择诵读内容进行深度阅读，这段时间同学们可以相互交流也可以和老师一起讨论。通过这三个步骤，实现经典诗文由声入耳，由文入心，用经典塑造大学生的心灵。

学校鼓励老师开设经典诗文选修课，增加同学们亲近经典诗文的机会。目前已经开设的"中国传统文化选读""宋词选读""语言之美""唐诗宋词中的生命意识"和"经典家书家训导读"5门选修课，已成为每学期公共选修课中第一时间被同学们秒杀的课程。通过选修课把更多的经典诗文介绍给学生，让更多的同学得到经典诗文的浸润。

（二）设计多彩的校园活动，使诵读充满活力

课堂教学虽然是很好的抓手，但课堂教学的时间和内容毕竟是有限的，而且经典诵读也应该从"趣味"开始，从"愉悦"开始。为此，学校组织了一系列诵读活动，并且与其他活动方式相互融合，把课程思政的内容贯穿于各项活动中，让经典诵读变得更加有趣、有味儿、有思想，同学们的校园生活更为丰富多彩，趣味无穷。

1. 中华经典古诗词吟诵比赛

中华经典古诗词吟诵比赛中，同学们身穿汉服，或唱或诵，加之古筝和古琴的配乐，让观众看到了《山鬼》的瑰奇艳丽、《蒹葭》的朦胧凄迷，也看到了李白的豪放、苏轼的旷达……中华经典诗词的立体呈现，体现出新一代学子对古典诗词的诠释与亲近。

2. "信仰点亮人生，梦想照向未来"红色经典诵读分享会

红色经典诵读分享会是健康医学院师生学习贯彻党的十九大精神系列活动之一。经过初赛、复赛的层层筛选，最终13名来自各学院的选手进入分享会的决赛环节，通过讲述13个感人至深的红色故事，全面解读与诠释红色经典，把中国共产党从建党初期的艰辛到带领中华民族站起来、富起来、强起来的过程娓娓道来，把这一抹朱红，从每个健康学子心中迸发而出，散播至校园

的每个角落。

中国古诗词吟诵比赛之十个女孩演绎的《将进酒》

3. "悦读润道"阅读季活动

"悦读润道"是健康医学院作为校园文化品牌建设的读书项目，至今已经连续举办三届，"经典朗读"比赛是其中的保留项目。比赛前我们先向全体学生征集诵读音频，评选出优秀诵读作品举办诵读展演比赛。"悦读润道"丰富了学生读书的形式，推动学生深度读书，转化式读书，阅读季活动已经成为我校一道靓丽的风景。

4. 其他艺术形式的延展活动

课本剧表演，同学们自编自导，把《孔雀东南飞》《木兰辞》《胡笳十八拍》等以诗剧的形式再现，充分体现出同学们对经典诗歌的深度理解。一年一度的书法展，是同学们挥毫泼墨，尽情书写经典诗文的舞台，活动中同学们不仅感受到古诗词的艺术魅力，也使中国传统书法艺术得到完美呈现。

（三）引进专家做讲座，走出校园进社区

为提高同学们对经典诗文的感悟力，理解经典诗文的文化意义，提升同学们的诵读水平，学校多次邀请校外专家给同学们开设一场场精彩的讲座：复旦大学生命科学院博导李辉教授的"《诗经》里的自然之美"、江苏师范大学博导陈延斌教授的《中国传统家训文化与当前家风建设》、浦东傅雷文化研究所所长王树华老师的《永远的傅雷》等讲座，开拓了同学们的视野，为同学们打开了经典阅读的另一扇门，上海戏剧学院王苏老师的"以声绘画"更是一次佳音盛宴，极大鼓舞了同学们的诵读热情。

学校积极把诵读活动引向社区,与学校所在周浦镇当地社区联动,推动社区全民阅读活动。联合举办读书讲座,组织学生志愿者参加周浦"自然阅读节",指导百余名小学生走进公园和果园,指导他们用文字和图画记录下大自然生命的律动。

(四)改善硬件设施,引进朗读亭

学校图书馆引进朗读亭,为同学们的诵读创造良好的条件。第二届"悦读润道"校园阅读季的"朗读大赛"是第一次使用朗读亭收集音频,同学们参与踊跃,共收到 200 多份经典诵读的音频作品,2018 年"我为医学名画配音"再一次发挥了朗读亭的优势。朗读亭为同学们参与经典诵读,提高诵读能力,展示诵读风采提供了最好的可能。

三、效果反响

1. 获"隽永诗文,友谊之歌"上海市 2017 年留学生中国诗文诵读大会个人组二等和团体组三等奖。

2. 获"隽永诗文,友谊之歌"上海市 2018 年留学生中国诗文诵读大会个人组二等奖。

3. 获"绘声绘色,海尚朗读"2018 年"博看杯"海派经典朗读大赛个人三等奖。

4. 形成了以"诵读经典,传承经典"为特色的校园文化氛围,一年一度的校园经典诵读比赛是学生参与热情最高,反响最热烈的活动之一。

5. 文理教学部获 2018 周浦"自然阅读节""苗苗阅读最佳合作伙伴"称号。

四、经验反思

(一)经验

1. 以课堂为抓手,采用课上课下和校园活动相互补益的有效形式

经典诵读不是流于热闹的浅层阅读,而是让学生从字面诵读进入内容的领悟和人文素养的提升,让中华经典真正成为我们每个人的文化基因,让每个人都成为中华经典自觉的传承者。丰富多彩的校园诵读活动是对学生诵读热情的促进和检验,学生在比赛中见证了自己的成功,也锻炼了自己的能力。

2. 梳理合适诵读内容，编印中华经典诵读读本，让经典诵读走进学生日常生活

中华经典浩如烟海、博大精深，读什么，怎么读？都需要进行鉴别、甄选。根据大学生的心智特点和精神需求，精心选出值得诵读的、适合诵读的经典篇章，编辑成册，印发给学生。目前已经编印了《宋词选读》《傅雷家书选读》，还将进一步从《论语》《孟子》《诗经》《古文观止》和《唐诗》《宋词》中整理编印部分篇章，丰富学生的日常诵读。

3. 借助地方文化特色，形成独特的诵读内容

学校地处浦东周浦镇，周浦是当代翻译巨匠傅雷先生的故乡，傅雷先生爱国、敬业的精神和《傅雷家书》所承载的中华家风文化是一笔优秀的民族财富，周浦镇政府正以傅雷精神为核心打造"文化周浦"名片，学校经典诵读把《傅雷家书》作为主要诵读内容之一，是对有特色的地方文化的吸纳利用，也是高校与地方文化融合的一种尝试。

（二）反思

尽管中华经典诵读活动在学校有了极大反响，也受到同学们的普遍喜爱，仍有需要努力和改进的地方。

（1）进一步优化经典诗文诵读内容，编写经典诵读校本教材，并做成有声教材，更好地指导学生诵读。

（2）目前的诵读还仅仅限于校园内部的课程和活动，应该发挥大学的文化辐射作用，带动学校周边社区和中小学的经典诵读，或者和它们已有的诵读活动相融合，让经典诵读的形式和内容更为丰富多彩。

（3）创建经典诗文走廊，把最具代表性的、关乎学生品格修养的经典诗文，张贴在教学楼的和宿舍楼的走廊，让同学们能在低头仰首间感受经典诗文的魅力。

（4）结合医学人文教育，组织整理有关材料，开展医学人文经典诵读，把诵读活动进一步向专业教育方面拓展，增强经典诵读的厚度和深度。

总之，通过开展经典诵读活动，使学生对祖国语言文字的体验丰富、理解加深、热爱有加、视野开阔、能力提高、态度改变，经典诵读在不知不觉中影响着学生的日常生活，是学校校园文化建设和人文教育的重要组成部分，我们将进一步总结经验，修正不足，让经典诵读活动更为有声有色，让校园更为馥郁芬芳。

文教结合　打造"家乡名片"
——陈伯吹儿童文学系列活动

宝山区语言文字工作委员会办公室

经典诵读是弘扬传播中华优秀文化的重要途径。通过陈伯吹儿童文学系列活动，宝山区深入而持续地开展了中华经典诵读行动，全面打造适应儿童文学交流和传播的新平台，通过学习经典，将宝山打造成为国际儿童文学交流的高地、中国儿童文学创作的园地和中国儿童文学未来人才培养的基地，使其成为城市的文化名片。

一、活动构思

"陈伯吹国际儿童文学奖"是我国目前连续运作时间最长和获奖作家最多的文学奖项之一，旨在传承中华民族优秀文化、提升少年儿童的人文素养、引导其养成"读经典、诵经典、学经典"的良好习惯，从而营造浓郁的书香阅读氛围，形成"爱读书、读好书、善读书"的社会良好风尚。宝山区语委、文广局、教育局加强协同合作、相互配合支持，以资源共享理念促进合作、依托"一中心、三部门"(以区政府为中心、语委、文广局、教育局三个部门)"走进上海书展暨陈伯吹儿童文学经典作品诵读展演""笔尖上的童心——陈伯吹优秀儿童文学创作大赛""中外儿童文学名家进校园活动"等的"陈伯吹儿童文学"系列活动，深入开展。通过"陈伯吹国际儿童文学奖"这一平台，大力倡导"为小孩子写大文学"理念，推动儿童文学发展。

二、特色介绍

1. 优化组织领导与推进机制，形成既统筹协调又各司其职的工作基础格局

(1) 构建有力的组织领导机制。由区文广局牵头专题会议，统筹研究和

决策系列活动方案及实施，在区级层面形成强有力统筹。为强化协调指导和工作推进，建立以宝山区图书馆、教育局基教科、宝山区语委办为工作协调小组，推进落实各项任务。

（2）明晰文教结合工作实施路径。区文广局与市语委协同召开各区语委干部会议，部署陈伯吹儿童文学作品经典诵读展演行动；跨部门紧密协同，两次召开"三部门"协调会，部署落实陈伯吹儿童文学创作大赛及中外名作家进校园活动。

2. 优化系列活动与教育实践对接机制，构建双向服务、双向促进基本模式

本着优势互补、合作共赢的原则，携手开展"走进上海书展暨陈伯吹儿童文学经典作品诵读展演""笔尖上的童心——陈伯吹优秀儿童文学创作大赛""中外儿童文学名家进校园活动"。

（1）共同开展陈伯吹国际儿童文学经典作品诵读展演活动。上海市语委全面部署陈伯吹儿童文学经典诵读活动，在全市范围开展优秀作品诵读征集，全市各区广泛参与。8月，在上海书展中央大厅举行的经典诵读展演是"陈伯吹国际儿童文学奖"系列活动之一。以上海书展为展示平台，重视文教结合，加强宣传推广力度，打造陈伯吹国际儿童文学品牌特色。参与活动的全市中小学生代表、儿童文学爱好者及书展现场近千名观众参加并观摩了本次诵读展演活动。在展演活动上，中小学生声情演绎经典儿童文学作品。整个活动编排新颖，内容和形式丰富多样，为观众呈现了一台充满童真童趣、传承中华文化、传播正能量的文化大餐。

（2）2018年宝山区虎林三小参加陈伯吹诵读展演活动。8月18日晚，"诵读经典·点亮童心"2018陈伯吹国际儿童文学经典作品诵读获奖作品展演活动在上海书展中央大厅隆重上演。在前期的准备中，宝山区语委办精心筹划组织各中小学开展与此相关的诵读竞赛活动。虎林三小学生表演的节目《一只想飞的猫》在众多参赛作品中脱颖而出，获得了参加现场展演的机会。

俗话说"台上一分钟，台下十年功"，为了将作品完美诠释给观众，暑假里，孩子们冒着酷暑，到宝山电视台，到上海展览中心参加彩排。每一次的排练，孩子们都热得满头大汗，但毫无怨言。在排练过程中，小演员出色的表现受到总导演的多次夸赞，但是，孩子们并不满足，在朱慧伟老师的带领下，几次回学校继续加班

加点排练。胡俊尧同学的脚骨裂了，绑着石膏，由父亲背上台参加排练。岑元和吴承瑜的家长放弃手头工作全程陪同，开着私家车接送孩子，做好后勤保障工作。为了配合节目组的排练安排，孩子们放弃了原定的出游计划或是学科培训计划……表演当晚，虎三学生李鑫祝、孟嘉懿、岑元、孙雯莉、胡俊尧、吴承瑜表演的《一只想飞的猫》作为整场展演的第一个节目，非常惹眼地拉开了晚会的序幕。孩子们精彩的演出，赢得了观众的阵阵掌声。本次展演共分为"跨越世纪的经典""又见陈伯吹"及"点燃理想"3个篇章。参加此次展演的节目，除了有国内的获奖作品，还有来自法国、哈萨克斯坦、乌兹别克斯坦的国际友人带来的陈伯吹国际儿童文学绘本奖获奖作品，带领中国读者领略不同肤色下相同的童年趣味。

当天，秦文君儿童文学工作室、梅子涵文学"点灯人"工作室、殷健灵儿童

文学工作室、庞婕蕾"风信子"文学工作室等4家儿童文学名家工作室也正式签约落户宝山,助推原创儿童文学作品创作发展。

(3)协作完成"笔尖上的童心——陈伯吹儿童文学创作大赛"。促进宝山区优秀儿童文学创作,不断出新人,推新人,传承陈老先生的衣钵,向陈伯老致敬,比赛每年都收到作品千余篇。通过语委初评,选出各组别100篇优秀作品报送文广局终评,选出各等第奖。

(4)联合开展中外名家进校园活动。作家们和嘉宾参观小学校园,观看精彩的主题活动展示,齐聚阅览室进行儿童文学主题研讨,大家对文学的共同热爱,打破了国籍的界线、突破了语言的局限,围坐在一起畅所欲言,述说着自己对图书与教育关系的理解与感悟。作家们也来到幼儿园,在经典诵读主题活动中,中外名家加深了彼此的友情。

(执笔:米维艳　朱慧伟)

让书香溢满校园　让经典浸润人生
——传红色基因，学党史国史，做时代新人

静安区民办扬波中学

中华文化博大精深，源远流长，丰富多彩的文化瑰宝哺育了一代代中华儿女。《诗经》《楚辞》《论语》等诸多国学经典，荟萃和浓缩了一个民族最宝贵的精神记忆。中华经典可以告诉人们很多做人做事的道理，是成长的精神食粮。

经典诵读可以塑造个性，经典诵读可以化育气质，经典诵读可以改变人生。

经典诵读是一个与文本、自我和世界对话的过程。在这个过程中，人们能更清楚地认识自我，认识世界，发展思维，陶冶情操，获得审美体验，培养健全人格。

一、活动构思

静安区民办扬波中学定下"夯实基础、提升素养、务真求实、努力建设生态文明学校"的目标，举办了以"让书香溢满校园，让经典浸润人生"为主题的中华经典诵读系列活动，进一步落实学科核心素养，丰富校园文化生活。让每一位学生与经典交友，与智慧牵手，为学生开启心灵之窗，营造书香校园。"最是书香能致远，腹有诗书气自华"。

活动以初中各年级、高中各年级及教工为单位分为三个层面，积极开展内容丰富的主题诵读活动，引导广大师生多读书、善读书、读好书，提升思想境界，涵养人文情怀。

二、特色介绍

（一）编写扬波中学经典诵读课程校本资料

经典文化是中华文明传承数千年的重要载体，内容博大精深，流传的经典

浩如烟海，纵使天才也没有那么多的精力和时间统统读完。在"让书香溢满校园，让经典浸润人生"为主题的中华经典诵读系列活动中，学校根据学生的年龄和认知能力，分年级精心编写了5本校本诵读材料，并开发为校本课程对学生进行教育。诵读经典和语文学科学习相结合；和提升

扬波中学经典诵读材料

学生文史知识相结合；和学生做人教育提升学生涵养相结合。让学生们从这些经典中汲取营养，用经典智慧的钥匙开启现代各学科知识的宝库。

（二）引导学生"跟着教材诵经典"

在"让书香溢满校园，让经典浸润人生"中华经典诵读系列活动中，学校以语文教材为抓手，利用课本上的名著片段，将课堂适当延伸，有意识地进行拓展，激发学生阅读原著的兴趣，促进学生阅读整篇中华经典名著，起到示范与抛砖引玉的作用。语文教材上有《鲁提辖拳打镇关西》这一篇课文，其通过记叙鲁达路见不平，帮助金氏父女逃脱卖肉屠户镇关西的欺侮，三拳打死镇关西的故事，表现了鲁达豪爽仗义的性格特点。拓展告诉学生，这只是《水浒传》中关于鲁达的一个故事，他还有"倒拔垂杨柳""大闹野猪林"等故事，也都非常精彩；《水浒传》一百单八将，个个性情不同，人人描写传神。这样，学生课余自觉找来《水浒传》阅读。引导学生观看电视节目《品读经典，光亮人生》，更直观更形象。

（三）扬波讲堂——品经典，颂风雅

"扬波讲堂"作为扬波卓越课程的一个重要组成部分，已经迎来了科技、军事等领域的专业人士为学生们开设专题讲座，让学生们的认知更进一步，努力触及真理的阳光。在"让书香溢满校园，让经典浸润人生"为主题的中华经典诵读系列活动中，"扬波讲堂"之《华夏衣冠》的主讲者是2014届同济大学的扬波校友施佳予。她身着汉服，从汉服的特征、基本制式、名称与日常生活的结合等角度让学生们了解汉服。汉服展示了中国文化的魅力，是我们中华民族最本源的美。"扬波讲堂"之《古诗词，不高冷》的主讲者是现就读于市北高中的扬波校友王俊期，其对诗词的切入点和平时老师讲的有些不同，深入浅出，

寓教于乐，让学生们了解经典诗词不是难以接近的，中华经典诗词也是平易近人、十分接地气的。

扬波讲堂：书香与汉服探源

扬波讲堂：古诗词，不高冷

"诗可以兴，可以观。"中华经典诵读系列活动中，初一学生在夫子学院老师的带领下，学习吟诵诗经。老师首先为学生介绍并讲解诗经的成书过程和内容简介。然后开始教授学生吟唱诗经，正所谓"品经典，诵风雅"。"蒹葭苍苍，白露为霜，所谓伊人，在水一方"、"关关雎鸠，在河之洲。窈窕淑女，君子好逑"等耳熟能详的诗句在老师的口中一一唱出，缓慢的音律，古朴的歌词仿佛带领学生重回那个纯真美好，充满古韵的年代。

（四）社会实践——踏进春光、玩转春意

"生活有多宽广，语文的课堂就有多大！"中华经典诵读系列活动中，学校组织全体师生参加"踏进春光、玩转春意"为主题的春游实践活动，拍照配诗，描摹自然风光，抒写心中诗意。同学们才思纷飞，诗情盎然。"鸟鸣啾啾虫皆醒，冬去春来万物生。遥看艳丽繁花景，不知为叶仅似形。""春"的勃勃生机跃然纸上！

（五）精彩表演——中华经典诗文的海洋

中华经典诵读系列活动，在扬波语文组老师的精心安排下，全体扬波人积极参与，全情投入，以一台精心编排的汇报演出完美收官。乐霆校长挂帅携各年级师生举办了一场经典文化的盛宴。

在中华经典汇报演出中，有预备年级学生"古诗词乐曲串烧"的童趣无限，三幕课本剧《晏子使楚》，绘声绘色，尽显晏子外交智慧；有初一年级"诗经永流传"吟唱《诗经》活动，衣袂飘飘，诗韵绕梁，回味无穷；有初二学生"投壶飞花显身手"，激烈紧张，配乐朗诵《邂逅李清照》、"语文老师对你说"，带领学生们穿越时空，体味经典的神韵；有教师朗诵《雨巷》的独特明朗；有诵读社《梅岭三章》的坚定信念；有初三学子吟诵《岳阳楼记》忧国忧民的深情；有用诗句勾连曹操"非常之人，超世之杰"的一生，剧目气势恢宏，波澜壮阔；有高中年级组课本剧《雷雨》，演绎人物矛盾冲突，诠释经典；更有校长朗诵毛泽东诗词《沁园春·雪》的气势磅礴。学生们将经典诵读与音乐、舞蹈、表演等融合，以不同的形式表达自己的情感和对中华经典的理解，在带给师生们听觉享受的同时也带来了强烈的视觉冲击，以及精神的洗礼，演出一个高潮接着一个高潮。精彩的表演令人仿佛置身于中华经典诗文的海洋，享受视听的盛宴，感动着每一位师生，让师生们接受了实实在在的"中华经典"的教育。

扬波中学学生诗句勾连曹操一生

汇报演出通过诵读、背默、吟唱、游戏、合演等方式，让同学们感受经典魅力，积累语言，提高素养，陶冶情操，发展个性，完善人格，提升品位，为精神打底，为幸福人生奠基。此次活动组织有序、参与面广、时间维度长、效果佳。

三、效果反响

在"让书香溢满校园，让经典浸润人生"为主题的中华经典诵读系列活动中，通过"直面经典、诵读背诵"的方式，将中华经典的基本修养和传统文化的熏陶，将融会在经典古诗文中的中华民族的智慧、风骨、胸怀，以及健康的道德准则和积极的人生信念，潜移默化地植根于学生的心里。学生在享受"与经典为伴，与圣贤为友"的吟诵乐趣中，受到教育和启迪。提高人文修养，积淀文化功底,促进身心的全面发展,培养健康个性,达到自我完善的目的。

四、经验反思

中华经典诵读,是需要一定的耐心和毅力的。一些学生遇到了一些困难,往往会或半途而废,或草草了事。因此在阅读过程中,老师应该多开展一些形式多样的活动,如知识竞赛、小组辩论、小品表演、学唱歌曲等,这样可以大大激发学生阅读的兴趣。

中华经典,浩如烟海。人的一生想要阅读完所有经典作品,那是不可能的。但青少年时期多读经典、读好经典,却能终身受益。初中学生在校学习的时间毕竟是紧张的,作为教师务必要精选经典,适合学生,优中选优,根据学生的阅读经验,制定合理的阅读顺序,循序渐进。既可以拓宽学生的阅读视野,也可以加深学生的阅读体验。

引导学生诵读中华经典,教师也需多诵读经典,切实提高自己的修养和诵读能力。这样才能和学生进行研讨对话,有效指导学生。教师的修养和诵读能力,也会在教学中有所表现,从而激发学生对中华经典的兴趣。

中华民族历史悠久,文化经典灿若星河。中华优秀的文化经典,这是一份宝贵的精神财富,利用这份宝贵的精神财富,在阅读中养德行、学做人,在读中学,在学中做,和中华经典一起神采飞扬!

(执笔:谢玮)

地域滋养　品诵经典　伴随成长
——以校"诗间品枫泾"综合实践活动为例

金山区枫泾小学

一、背景

"普通话诵经典,规范字书中华"。自《中华经典诵读工程实施方案》颁布以来,诵读文化在校园中更加浓郁。在小学阶段进行诵读经典活动,能开阔学生的视野、丰富知识、陶冶情操,有利于弘扬祖国优秀的传统文化,培养民族自信心和自豪感。

那么,在小学阶段怎样才能更好地开展经典诵读活动呢?本文结合教学实际和学校实际,从"诵""探""创""展"入手,试从金山区枫泾镇的古镇地域文化入手,内容选择、方法指导和平台搭建——展示的综合实践活动这四个角度,探寻行之有效的地域特色"诵读"之路,让经典滋养学生的童年。

二、实施过程

小学阶段,是人一生中记忆最好的黄金时代,是心灵最纯洁的年龄阶段;诵读经典古诗文,受其文化熏陶,是促进儿童智力发展与人格培养的最佳时期。

枫泾小学地处上海市金山区枫泾古镇、吴越交界处,古称"芙蓉镇"。镇上流传至今的竹枝词很多,创作竹枝词的现代诗人也不少。竹枝词不仅是一种诗的形式,更是一种"诗"的名俗志,它以简练的语言,描绘当地的风土人情、标志景物,地方特产等,竹枝词呈现了丰富多彩的地方民众生活,是值得珍视的中国传统文化遗产。竹枝词起源于唐代的刘禹锡,经历代文人长期的创作实践,逐渐形成了它独特的风格。

"词间品枫泾"从地域文化出发,通过搜寻、归类、诵读、感悟枫泾竹枝词的过程,培养高年级学生对古诗词的鉴赏能力,提升同伴间或者与他人合作学习的能力。在提升诗词鉴赏能力的同时培养学生自主多种方式搜查资料的能力,学会使用适当的方式表达自己的品"词"感受。在让学生的学习视野从书本学校走向社会的过程中,感受家乡浓厚的历史文化底蕴,诵读诗词,启发并引导学生对古典诗词的学习兴趣,提高学生思想道德修养和审美情趣,逐步形成良好的个性和健全的人格。

1. 寻"景"探"词"——"觅"《竹枝词》

从沪教版第十册教材中刘禹锡的《竹枝词》出发,走向生活中的《竹枝词》。走向的过程最重要的应该是"兴趣"的激发。要激发学生对经典的热爱和兴趣,关键是把经典所蕴含的地域育人因素充分挖掘出来。如此,才能让学生自然而然地生发兴趣,悟出感受,从而,从"要我学"变成"我要学",从"要我读"变成"我要读"。

> **枫泾三桥**
> 一水中分各自流,三桥如画接瀛洲。
> 游船远系清风阁,疑是星槎河汉浮。
> (枫泾三桥:清风桥、竹行桥、北丰桥)

清代沈蓉城《竹枝词》情景交融琅琅上口

小学高年级的学生处于思维高水平阶段,所以在活动内容的设计上则更应侧重发挥学生的自主探索和合作精神,以活动为契机,让学生在探索中提升语文素养,学会策划并合作完成方案,有一定的活动感悟,提高语言表达能力。

地域文化中探索属于自己家乡的诗词是有趣的,能让学生体会到快乐、趣味,不仅"好之",而且"乐之"。通过读,感悟到"有用",即能让学生体验到经典所蕴含的道理对他的成长有启迪和促进作用。

枫泾古镇有一位"民间诗人"——清代沈蓉城,他的《枫溪竹枝词》远近闻名,枫泾人都耳熟能详。鉴于此,教师示范吟诵,让学生走进身边的"竹枝词",寻一寻,探一探,让诗词教学不再遥远,让经典诗词露出美颜。

枫泾古镇粉墙黛瓦,青青石板路,总有令你喜爱的景色吧。请以小组为单位去寻一寻,为自己创作词打下基础吧!

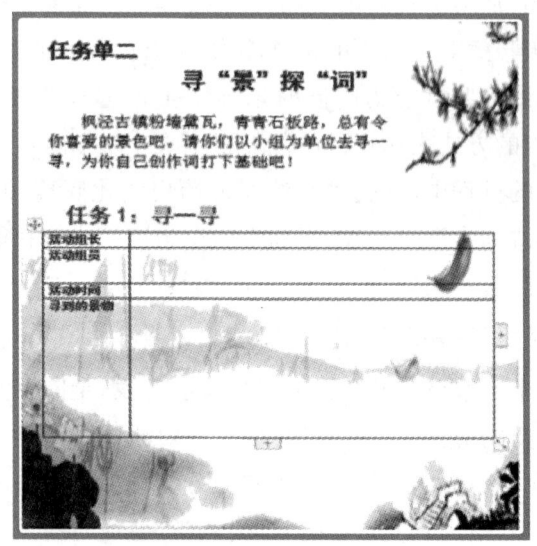

学生实践探景任务单

学生们个人或者小组成员间合作,通过多种渠道搜集有关竹枝词的资料、文本等各类信息。包括"竹枝词"的起源、发展过程、枫泾竹枝词名人、枫泾竹枝词所描绘的内容等。小组收集后,各小组将自己搜集、整理完成的信息在组内进行讨论、交流感受,并派小组代表发言。当然其他学生能在聆听时记录队友的交流内容并完成自己的"我的感受"记录。

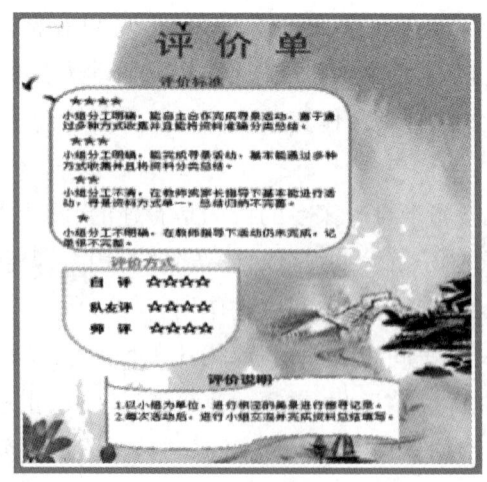

学生实践探景评价单

教师则从学生对信息搜集方式的多样化,搜集过程的分工角度,信息收集后的归类总结交流感悟等方面进行评价,使得学生的探索创新精神与经典诵读有效结合,"景"中探词,"词"中寻景,挖掘出经典中的地域文化因素和艺术魅力,让经典在提升学生文化素养的同时,促进学生对圣贤思想的感悟和内化。

2. 边寻边思——"探"《竹枝词》

通过实地走访,教师帮助学生引领的综合实践活动计划。学生们通过两次有计划的小组实地探寻景中词,词中景,必然有不少心中对枫泾竹枝词的新的认识、思考和感受产生。通过实地考察式探索,让经典诗词成为学生学习生活的一部分。

"入眼、入耳、入心",在实地考察中,贴近学生生活,对家乡再认识,贴近学生的生活实际和认知水准,当然在感悟思考时,要做好对学生的有效指导。在探寻竹枝词的小组活动中,进一步了解自己家乡的竹枝词,走进家乡竹枝词文化,以《竹枝词》的形式,写下自己真实的探寻感受,为家乡文化的传承和发展做好准备。此举实是对经典的模仿,再创造,在此过程中,方法很重要。比如,诗歌的格律,押韵平仄,学术性强的地方学生不可能正确运用,那么在指导的时候,可以作为科普性知识,给学生讲解一下,让学生了解古体诗歌有很严格的平仄规律。

当然,本次探索的目的是学生能在词中写出自己找到的枫泾美景,能表达出自己的情感即可,没有必要完全按照古体诗歌的格律要求进行创作,关键在培养学生的探索精神和诗歌创作热情;关键看学生是否对此进行积极的内化。因此,教师在创作指导中,一方面,要引导学生养成善于探索、思考的良好习惯;另一方面,要努力用经典去指导自己的生活,充满诗情画意。

3. 示范吟诵——"遇"《竹枝词》

"诵"在《说文》中解释为"诵,讽也。"段玉裁在《说文解字》中注为"倍文曰'讽',以声节之曰'诵'。'倍'同'背',谓不开读也,诵则非直背文。"也就是说,"诵"是带有感情和节奏的吟咏背诵。"诵读"在古代是最为重要的一种学习方法。

要让学生喜欢经典,教师的引领"诵读"是最好的示范。这里的教师"领诵",是指教师把对经典的爱,表现在言语上、肢体上,用发自内心的热爱来领诵,以情感人,以情动人。彭公瑾老师曾说:教师要学生读经典,自己先得读。一个语文教师如果不能饱含感情熟读《老子》《论语》,是否有点遗憾?

学生读经典需要真正热爱经典的教师来带动。所以,每两周,学校的青椒社开展教师社团活动,其中语文教师的"竹枝词诵读会"是必修课。教师间互相切磋,以读会友,感悟诵读的魅力,既展现了自我,也提升了自我诵读水平。

教师的示范引领,学生综合实践活动的浸润自我。教师们对经典的热爱是发自内心的,久而久之,成了不可或缺的生活方式,也成了学生们的模范。手头有经典,每天读经典,举手投足,一言一行,无不有书香的浸润熏陶。教师起到了示范作用,学生自然而然地喜欢上了经典。

"竹枝词"是全校师生的经典文化载体,也是高年级学生综合实践活动内容。从唐代刘禹锡到走向家乡的沈蓉城,以竹枝词为载体,将古典诗词之美挖掘呈现出来,在多种多样的活动和探究中,学生感悟家乡美,领悟诗境美,既激发了学生的学习兴趣,提升学生的语文学科素养,也将学习的视野从书本转移向社会。当然,教师的示范引领带来的影响不是一时的,而是一世的;不是功利的,而是内心强烈的需求。学生们也在活动中成为会合作、会学习、热爱家乡的好少年。

4. 展示你我——"悟"《竹枝词》

在学生的印象中,经典有一种高大上、严肃、难亲近的错觉。

对此,此类综合实践系列活动,首要目的就是要打破学生对经典的畏惧感,让学生感觉经典并不遥远,经典就在身边,从而让经典具有亲和感、可接受性。要让经典真正达到外化于行,内化于心的良好效果,就要充分尊重学生现有的生活经验和认知,要求学生积极参与到各项活动中。

鉴于此,本次活动的展示平台便多样化起来。根据学生的性格喜好进行开展,性格内向,不愿上台露面的学生可以书面展示表达。

对于性格外向,愿意上台展示的学生,结合学校的一些有关经典诵读的活动,如定期举行经典诵读比赛;利用校园广播,开辟"国学经典诵读"专栏;组织学生编写国学经典内容方面的手抄报;把经典诵读活动作为学校"元旦会演"的必备节目,让学生在诵、背、书、唱、画、演中感受经典文化的魅力等。通过形式多样的展示活动,加强学生与文本、教师、同学之间的交流、碰撞,可以集思广益,使学生对经典有多维的认识,从而发现身边的诗歌的意义和价值。

展示之一：书面表达展示

  要感受和理解经典，诵读是不可缺少的；而诵读的必经之路——综合实践，更必不可少。"展示"是对经典所持的认真而严谨的态度；"实践"是走进经典的必须过程，只有不断探索，才能体会经典的思想美、情感美、艺术美。书声琅琅，不但教师要这样，更应成为每个学生的自觉追求。

  阳光照亮心灵，经典浸润人生。探寻经典，可以让学生获得经典的道德熏陶，提高自身的文学修养，接受中国传统美德潜移默化的影响和教育，感受家乡浓厚的历史文化底蕴，同时又提高了全体学生的语文素养，增强了民族自信心和自豪感。

  与经典同行，让经典生生世世，代代相传。每一个中华儿女都能怀揣中华民族特有的文化气息走上路，向远方。

（执笔：包佳艳）

经典放歌　青春飞扬

与新时代同行的中华经典诵读活动

上海商学院

上海商学院是一所财经类应用型本科院校,通过举办影响面广、参与性强的各级各类经典诵读大赛活动,师生切身感受了中华语言博大精深的文化魅力;通过大赛活动,继承和弘扬了中华优秀传统文化,激发师生们文化自觉、文化自信和文化自强的精神动力;通过大赛活动,在校内营造了浓郁的诵读中华经典文化氛围,传承优秀传统文化,起到良好的宣传效果。

上海商学院第六届"中华诵·经典诵读"大赛合影

一、嵌入人才培养方案,切实提升学生文化素养

学校人才培养方案将3学分的《大学语文》列入必修课,将13学分的文化素养列入选修课程,确保每位学生得到传统文化课程特别是优秀经典诵读课程的熏陶。文化素养选修课程中,有相当部分的课程如"中国古典名著精读"

"爱国诗文经典导读""中国文学经典作品导读""书法赏析与写字"等,每年吸引着几百位学生修读,通过学习,提升学生的文学素养和对传承优秀传统文化的热情。

从2013年10月起,学校筹备经典文化课程。对授课教师进行专业培训,对课程进行小班化、分层教学(设置初级、中级课程)改革。创新"一课多师"的组合方式,从语言课程到文化专题课程由不同的相关专业老师承担,以利教师各展特长。经过课程反馈,学生普遍表示这样的课程安排很吸引人。课程积极引入社会资源,与沪上优秀剧院剧团实现资源交流共享,著名艺术家走进课堂为学生讲课,经典剧目进校园演出,让学生感受优秀文化的魅力。

二、每年举办全校性大赛,激发师生热爱经典诵读的热情

中华文明是世界文明史上唯一的连续性文明,5 000年的连续发展是中华文明的重要特征。"中华优秀传统文化是我们最深厚的文化软实力,也是中国特色社会主义植根的文化沃土"。这个文化软实力就是我们的中华优秀文化和它所滋养的中华民族的民族精神,它赋予了中华民族伟大的生命力和凝聚力。

学校重视经典诵读工作的开展,尤其是师生广泛参与、规模宏大的全校经典诵读大赛。把推进中华经典诵读系列活动,作为培养新时代社会主义建设者和接班人的工作来抓,作为学校办学定位和人才培养方案对于高素质人才培养的一项重要内容来完成。学校的经典诵读大赛,从2013年至今已连续举办了六届。几年来,大赛紧紧围绕着"中国梦""十九大新征程、再起航""新时代传承中华优秀文化"等主题诵读活动展开。先后有几十名教师、几百名学生(留学生),通过二级学院的初赛、校级决赛参与进来,以大赛为平台、以经典诗词为媒介,通过比赛加深了相互间的友谊也提高了自身的水平。大赛期间,学校邀请在经典诵读方面造诣颇高的校外知名专家、兄弟院校的知名教授参与评审、点评,提升师生对传统经典文化的理解能力和舞台演绎能力。通过大赛,营造了师生学习中华优秀文化的浓厚氛围,提高了学校文化校园建设的品质。更好践行"我们是中华儿女,要了解中华民族历史,秉承中华文化基因,有民族自豪感和文化自信心"的要求(2018年5月2日,习近平在北京大学师生座谈会上的讲话)。

三、重视诵读师资培养,发挥培训基地服务保障作用

作为上海市语言文字规范化示范校和上海市语言文字培训基地单位,我

们深知,要进一步做好传承和弘扬优秀文化,师资培养是不可或缺的一环,必须培养一大批高素质的师资队伍来投身学校的优秀传统文化建设。

上海市语言文字水平测试中心坚持为上海市和对口支援地区举办经典诵读培训班,培养教师在朗诵的基本功、朗诵的内外部技巧、整体表现技巧、形体等方面技能技巧,吸引了上海和对口支援省市的大中小学教师和社会爱好者踊跃报名参加,取得了良好的社会反响。几年来,学校积极参与在徐汇校区举办的上海市经典诵读师资培训班服务保障工作,助力上海市语言文字水平测试中心做好培训工作。同时,借助培训基地这个平台,学校教师培训也得到提升。据不完全统计,本校教师近60人参加了经典诵读培训。2018年11月,上海市语言文字水平测试中心安排来沪参加教师语言能力提升培训的云南省中小学教师的近40名学员观摩本校2018年第六届经典诵读大赛。

《中国诗词大会》(第三季)选手海选现场

四、服务保障"中国诗词大会"上海市海选工作

受教育部、国家语委委托,上海市语委、市教委承办了《中国诗词大会》上海赛区选拔和节目宣传片录制活动。作为上海市语言文字规范化示范校和上海市语言文字培训基地,学校有幸服务保障第二、第三季"中国诗词大会"上海市海选工作。接到任务后,学校上下迅速行动,广泛积极动员,工作责任到人,教务处(语委办)领衔,党委宣传部、学生处、团委、后勤保障处、网络信息中心、保卫处等部门积极配合,保障大赛的顺利实施。

《中国诗词大会》(第三季)面试选拔活动

2016年11月20日,复旦大学、上海交通大学等上海11所高校的大学生,浦东、杨浦等区中小学生,以及社会各界古诗词爱好者,共计200余人参加了央视导演组织的面试活动。正是通过这次海选,就读于复旦附中的高一女生武亦姝,从200多位优秀选手中脱颖而出,最终获得中央电视台《中国诗词大会》(第二季)全国冠军,上海商学院团委钟乐老师和计算机与信息学院崔萌萌同学也双双入选全国"百人团",进京录制节目,获得了宝贵的锻炼机会。

《中国诗词大会》(第三季)上海地区选手面试选拔活动,共计260余人参加。本校师生踊跃参加,全校掀起传承、诵读经典的文化热潮。

五、鼓励留学生积极参与中华经典诵读

留学生对中华优秀传统文化情有独钟,他们积极参加校内的学生诗社活动和中华经典诵读大赛。上海市2018年留学生中国诗文大赛决赛暨展演活动中,《再别康桥》节目诵读者卢旺达籍的Iradukunda Aimee(中文名李可),友情出演伴舞的德国籍Mona和吉尔吉斯斯坦籍Ivan配合默契,荣获优胜奖。

多年来,经各方共同努力,中华经典诵读活动在校园蓬勃开展。她如同动人的乐章,弥漫在学校的每一个地方,萦绕在每一个时刻,也落脚在社会每一

《再别康桥》节目在上海市2018年留学生
中国诗文大赛决赛暨展演活动中

个需要播散的地方。中华民族五千年灿烂文化,绵延悠长,上商学生努力做中华优秀文化的传承者、弘扬者!

青春在经典中绽放
——青春的花海

上海科学技术职业学院

一、活动构思

为弘扬中华传统美德,提高大学生思想道德修养,营造积极向上、清新高雅、健康文明的校园文化氛围,上海科学技术职业学院组织了多个时段,不同规模,不同层次,不同组织形式的中华经典诵读活动。活动主要以学校大型主题晚会、经典诵读比赛与学院表彰大会为依托,诵读篇目为代表中华优秀传统文化、革命文化和社会主义先进文化的中华经典诗文。通过这些参与度较高的活动,将继承和弘扬中华优秀传统文化理念深入大学生的心中,彰显中华语言与文化的魅力,培育当代大学生文化自觉、文化自信和文化自强精神,取得了良好的教育和宣传效果。

二、特色介绍

1. 把诵读优秀经典文学作品当作一种文化来传承

中华优秀经典文学作品是我国民族文化的精髓,是中华文化艺术宝库中的明珠。优秀经典文学作品作为民族智慧与民族精神的载体,是人类文明最宝贵的精神财富。作为中华民族的子孙,有责任、有义务把中华民族美好高尚的文化传承下去,学校从校领导到普通教师都耐心地向学生宣传、讲解实施经典诵读的必要性、紧迫性和可行性。倡导全体教职工争做中华传统美德的倡导者和传承者。学校利用大型主题晚会、经典诵读比赛、学院表彰大会等时机,组织学生诵读中华优秀经典文学作品。学生接受经典,理解经典中蕴含的做人道理和道德内涵,明确了不学经典无以立足的道理。

2. 把诵读优秀经典文学作品当作一项职责来履行

学校为中华经典文化诵读活动配备了专责老师,全程跟进活动流程,制定中华经典诵读活动实施方案,提出了明确的目标任务和内容要求。各院系负责诵读安排落实,校各级团组织负责组织诵读活动。积淀着5 000年文化精华的中华经典诗文,是华夏子孙固守的精神家园。让学生生活学习在中华经典文学作品氛围中,能充实学生的心灵、完善学生的人格、陶冶学生的情操、升华学生的精神。让诵读经典成为校园绿色文化建设的主旋律。

穿越历史时空,在澎湃的激情中感受中国共产党走过的光辉历程

3. 把诵读优秀经典文学作品当作一个载体来展开

通过高参与度活动,用更符合当代大学生的方式宣传中华经典诵读。中华经典诵读作为一项文化活动,不应是一个孤立的活动,只有融入学校教育、日常生活之中,才会更具有生机与活力。把中华经典诵读活动作为校园文化艺术教育的一个载体,同时又以校园文化艺术活动的开展来推进诵读活动,用更符合诵读优秀经典文学作品需要载体,要将传统变成经典。

"我骄傲,我是中国人",激荡起每一个龙的传人的自豪感

（1）在五四运动红五月主题集会暨五四表彰大会上，人文与社会科学系带来情景朗诵"破晓的曙光"、通信与电子信息系朗诵"我骄傲，我是中国人"等。

"中南海澎湃的春潮和春风一起，造访新中国出发的地方。在父老乡亲的热切的目光中，坚定地捧起两个务必的执政方向。这一刻，我看到了信仰筑起的脊梁！"激情澎湃的诗句加上令人热血沸腾的语调，激起了在座每个人心中的家国情怀。

"在无数蓝色的眼睛和褐色的眼睛之中，我有着一双宝石般的黑色眼睛。我骄傲，我是中国人！在无数白色的皮肤和黑色的皮肤之中，我有着大地般黄色的皮肤。我骄傲，我是中国人！"气势恢宏，激人奋进。

（2）2018年12月12日晚，上海科学技术职业学院2017—2018学年学生表彰大会暨"扬帆再起航"——纪念改革开放40周年文艺会演在学院报告厅举行，学院部分教职工代表朗诵了"好大一棵树——献给奋进中的上海科学技术职业学院"。

"科院是一棵大树，一棵经历了60年风风雨雨的大树。一代代学子秉承着'立德博雅、尚实知行'的校训，在它的绿荫下茁壮成长。"不忘母校，感恩于心。

（3）为促进中华经典诵读活动的深入开展，让诵读经典之风浸润每一个学生的心田，激发师生对中华优秀文化和语言文字的热爱，商贸管理学院举办了"大雅商贸 书香之苑"诵读会活动。同学们通过精心的编排与精彩的演绎，为大家带来一场震撼心灵的视听盛宴。活动中，师生欢聚一堂，在灯光闪烁的舞台上，共诵中华经典，聆听古诗书韵，用梦想点燃希望的曙光、用激情讴歌家国的理想、用生命书写壮美的篇章。

"故今日之责任，不在他人，而全在我少年。少年智则国智，少年富则国富，少年强则国强，少年独立则国独立，少年自由则国自由，少年进步则国进步，少年胜于欧洲，则国胜于欧洲，少年雄于地球，则国雄于地球。""美哉，我少年中国，与天不老；壮哉，我中国少年，与国无疆！"洪钟大吕，响彻云霄。

（4）人文与社会科学系"中华圆梦，少年志强"主题朗诵大赛，在各位老师和同学们的期待中，在时而慷慨时而轻柔的配乐中，选手们依次出场。他们以铿锵有力的气势，充沛饱满的感情，自信大方的形象，赢得了评委老师和同学们的阵阵掌声。

"不惧道阻且长,看我华夏儿郎!"更让
我们作为中华儿女而自豪

"这,是我华夏的衣冠,尘土千年也难掩风流。交领、右衽、峨冠、博带,淡泊超然,遗世独立。溯五千年,黄帝垂衣裳而天下治,上三百载,清朝易汉服而无华夏!泱泱中华,有服章之美谓之华,有礼仪之大故称夏。"《轩辕赋》气势恢宏,溯源探流。

三、效果反响

通过开展中华经典诵读活动,全体师生深深地体会了中国传统文化的博大精深。在鼓励诵读中华优秀经典篇目的同时,也促使老师和学生们理解中华优秀传统文化、革命文化和社会主义先进文化的中华经典诗文所表达的情感,使学生在潜移默化中受到感悟和影响。中华经典诵读给学生带来了变化,给老师带来了喜悦,加强了学生的民族自豪感,增强了学生的道德意识;学生领悟了优秀经典文化的魅力,鉴赏了圣哲智慧,理解了立德树人的教育理念,培育了社会主义核心价值观,学会了尊重谦让感恩孝顺,懂得了文明礼貌礼仪。学生违纪现象明显减少,校园文明行为明显增多。同学间互相关心帮助,尊敬师长、友爱同学蔚然成风。通过诵读经典、学习经典、运用经典、践行经典,丰富了教育内涵、开阔了胸襟、净化了心灵、启迪了智慧,为未来道路打下了坚实的思想品质基础,为学校德育与学生管理营造出和谐的校园文化。

四、经验反思

让校园里每一株树,每一块草地,每一个角落都散发经典的芳香,展示出中华经典文化的魅力；让师生从中华源远流长而又生生不息的传统文化中吸取营养，感悟中华文化的强大生命力，获得精神力量，构筑具有丰厚文化底蕴的精神家园，为自我发展奠定深厚的文化根基。

收获经典诵读活动的成绩的同时，也收获了深刻的体会：想要抓好经典诵读活动，领导重视是前提，老师参与是基础，主体是学生，调动学生积极性是关键。开展诵读活动，重在寻根追源，寻民族精神之根，追中华文明之源。在诵读古诗文中弘扬优秀的民族传统文化，厚植学生的人文底蕴。新一代大学生，只有肩负历史重任，继承传统、弘扬传统，才能开创更加美好的未来。

传承国学品经典　　诵读名著"话"西游

上海外国语大学尚阳外国语学校

"经典,不是我们正在读的时尚书,而是我们正在重读的、历史老人筛选的作品,值得孩子们反复品读,影响现在,甚至会影响他一生。"名著是经典作品,它能给予我们精神食粮。作为教师有责任引导学生去发现并欣赏名著中所蕴含的崇高精神;在了解中华优秀传统文化的同时,引导学生启迪心智、知晓传统礼仪,传承美德,学会做人,学会做事,引导学生在日常生活中释放正能量,做事大气,有责任、有担当。培养学生自主学习、合作探究的能力,提高学生学习的积极性,培养学生的综合文化素养,让传统文化经典渗透他们的生活。因此,学校尝试用一系列任务驱动的方式无痕化推进、适时的介入,让孩子们能够由浅入深,反复品读经典。

二年级学生阅读儿童版《西游记》后朗诵《仰望星空》

2017年新年前夕,国家主席习近平通过中国国际广播电台、中央人民广播电台、中央电视台、中国国际电视台和互联网,发表了新年贺词:"天上不会掉馅饼,努力奋斗才能梦想成真。"听了习总书记的讲话,深深感到,要实现梦想,唯有一砖一瓦地建,一步一步地进。立德树人、传承国学文化,作为学生引路人的教育工作者,有责任让学生也明白"梦想之路无坦途",我们尚阳学子应该迎难而上,攻坚克难,去实现每个人的梦想。"幸福是奋斗出来的。"于是,学校开启了师生共读名著《西游记》的活动。

2017年,春季开学,学校就将经典名著《西游记》推荐给所有学生,作为这一年学生的必读书目之一,选定农历的"上巳节""端午节""重阳节""腊八节"这四个节日先后为中华文化经典诵读交流分享的时间节点,旨在引导学生反复诵读经典,反复品读名著,旨在让经典名著精粹影响他的一生。整个诵读活动,尊重学生的诵读经历,以不同的形式让学生充分展示自己诵读的收获,体验诵读的欢乐。

一、与教师同台,共"话"西游

"羽觞环阶转,清澜傍席疏。"每年农历三月三,古人都会举行祓除修禊、宴饮高歌等文化活动,承袭"流觞赋诗"之俗,配合三月三文化,全校师生在这一节日前后,以中国古今诗词和经典名著的朗诵为主线,伴以诗词即兴创作,开展经典诵读活动,营造古今相照、吟创结合、师生互动的和谐局面。

2017年农历三月三这天,全校各年级学生在班主任、语文教师的组织下,将开学以来对经典名著的阅读感受,通过深情朗诵、主题演讲和阅读感悟的方式,将无声的文字转化成有声的情感倾诉和细腻的内涵理解,表达出读者对中国传统文化的挚爱和对真理、艺术的深入思考。

绘画版《西游记》带着二年级的学生走进神话的世界,激起学生对宇宙星空的向往。他们以"圆梦飞天"为主题,吟诵了教师创编的《仰望星空》《追月》等诗歌。三年级学生在阅读了少儿版《西游记》之后,以"我相信梦想"为主题,朗诵班级自创的《我们的梦想》《走在最前沿》等短文。六、七年级的中学生阅读原著《西游记》,以"追梦"为主题,开展了演讲比赛。

不同的主题演绎的是同一种精神,那就是为了实现崇高的梦想,必须艰苦奋斗,长期坚持,勇敢地战胜一切困难。

二、与小组交流,共"画"西游

"赛龙舟""挂菖蒲"……是农历端午的风俗活动。每年在这个节日前后,学校会安排"经典诵读绘画赛"。因为按端午节传统,还有"在额头上画王字"的习俗,所以,以绘画的形式,让学生把经典阅读的内容或体会表现出来,并组织学生把绘画的内容和意图表达出来,以达到相互交流、共享诵读经典的感悟的目的。

"大闹天宫、三打白骨精、车迟国斗法、女儿国遇难、真假美猴王、智取红孩儿、三调芭蕉扇"等经典情节都会成为低年级学生创作绘画的内容,而高年级学生则会用名著中"人物关系图谱""人物性格图谱"等方式绘制出他们的创作图。

从学生的绘画中,能感悟到他们对孙悟空敢于斗争、不畏强权、乐观顽强的精神的歌颂,也表现出他们对"只有经历艰难才能最终获得幸福成功"的体会。

著名表演艺术家六小龄童先生指导学生表演

三、与伙伴分享,童"艺"西游

"弦歌声声,唤来师生的金秋收获。"每年重阳节前后,学校都会举办不同形式和内容的师生经典阅读文化节。

国庆之后,学校请来上海戏剧学院的教师,为学生开设"大师伴我行,儿童音乐剧讲座"。在聆听了戏剧学院的教师介绍音乐剧的由来和王二小革命故事及《再唱二小放牛郎》音乐剧的创作过程后,各班级还上台和戏剧学院的教师们互动,排练根据《西游记》片段改变的、由各班自己创编的课本剧,并上台表演"PK"。指导活动结束后,全校师生回到自己教室,开始自编自演《西游记》的选段,准备各具特色的创意阅读交流与展示活动。"《西游记》亲子电影小配音""《西游记》亲子阅读交流会""《西游记》经典片段小剧幕"……,家人、学生、教师,各展才艺,汇报各自诵读名著《西游记》的感悟。

四、与名人互动，同"忆"西游

"岁事告成，八腊报勤"，每年腊八节前后，学校会组织社会名家为全体学生开展公益讲座。把与名人名家的互动作为学校文化建设的一部分，加以巩固、传承与发扬。通过公益讲座，回顾学校的经典诵读活动，让学生再次回忆经典诵读的经历，总结诵读的收获，规划新一年的诵读内容和方式。这样的活动，不仅提升学生诵读经典的品质，增加学生对传统文化的了解与热爱，而且燃起学生继续阅读名著的热情；这样的活动，有助于学生正品立德、完善人格，树立真善美的价值观念，养成高雅的品位。

2017年12月21日，学校邀请经典电视剧《西游记》中孙悟空扮演者、著名表演艺术家六小龄童先生莅临学校，为全校师生、家长代表1 000余人做西游文化——"苦练七十二变　笑对八十一难"的公益讲演。六小龄童如数家珍，向大家娓娓诉说"西游往事"。他介绍了六小龄童名字的由来，《西游记》故事来历；讲述了《西游记》拍摄中的困难和趣事，教育小朋友们对待困难要敢于克服，乐观对待；由唐僧和孙悟空的师徒情，教育小朋友们要尊敬爱戴老师；由取经团队协同合作的团队精神，教育同学们要团结同学，共同进步；"苦练七十二变，笑对八十一难"，用拼搏进取、不屈不挠、永不言败、乐观向上的精神面对生活。六小龄童西游文化尚阳行，为学校进一步建设上海市书香校园，增添了最为靓丽的一笔，进一步掀起新的一年学生们对《水浒传》《三国演义》等名著欣赏的热潮！

习近平总书记在"十九大报告"中指出，文化是民族生存和发展的重要力量。文化自信，是更基本、更深沉、更持久的力量。没有文化的弘扬和繁荣，就没有中国梦的实现、民族的复兴。作为上海市书香校园示范校之一的上外尚阳学校将以此经典诵读活动为契机，进一步营造"爱读书、读好书、善读书"的校园阅读风尚，引导少年儿童健康阅读，传承国学经典，弘扬民族文化。

五、尚阳的经典诵读

"经典"，是正在重读的优秀作品，是值得孩子们反复品读，甚至影响他一生的作品。"诵读"的形式并不唯一，朗读、默读、品读、绘画、表演……都可以作为诵读的补充。所以，从上述经典诵读《西游记》的案例可见，学校以四个农历时节为节点，开展不同形式的诵读活动，就是要通过任务驱动、无痕的推进、适时的介入，让孩子们对名著经历由浅入深，反复品读的过程。越是经典的就越是要反复诵读,经典只有经历反复诵读的过程,其中的精髓才能渗透于学生的内心。

1. 整体规划养习惯

众所周知"阅读得法于课内,得益于课外",通过课内阅读的得法,用这些法,去阅读课外的读物,并从中受益。但实际上,很多孩子离开了教师的引导和带领,未必能自觉养成经典诵读的习惯。这就需要学校来设计、规划、有意识地去培养。用什么方法激发孩子读书兴趣?怎么去检测他读了没有?学校设计的形式绝对不是基础型课程教学中的方法,它应该更灵活,更开放。

《西游记》只是这一年全校学生必读书目之一。借助这本经典名著来整体规划学校一年的诵读活动,学校旨在通过这一本书的诵读过程,推动整体规范的经典诵读活动的开展。除了学校的主线外,各年级还有年级的必读书目,班级有班级的必读书籍,还有学生个性化的选读书目。

2. 活动设计推进程

在诵读过程中,教师一定要参与、引领、指导,可以是思考问题,可以是排演课本剧,还可以是画一幅插图。虽然采取的是任务驱动的策略,但都是通过一个个活动,无痕地推进,努力呈现的是一个个学生喜欢的活动,而非让孩子们感到是一项项负担;学校努力营造在没有老师状态下,通过同伴影响而激发起的阅读兴趣,沉浸读书的氛围,而非日常语文课堂的文本理解、写作指导。

譬如,案例中的《共"话"西游》就是让学生以朗读的形式,反馈他的阅读成果。朗读是心灵的倾诉,是体会民族语言之优美的重要途径。朗读优美的文字,可以启迪智慧、开阔视野、净化心灵、陶冶情操。有了共同的主题去朗读,学生和学生之间就可以交流分享。再如,案例《童"艺"西游》中课本剧表演评价活动。学生在演的过程中就是把文本语言内化,用表演的形式展现出来。

3. 多元评价谋发展

评价指标是一个能力的导向,它和课程标准的关系不是若即若离的关系。学校活动,每一次都组织星级阅读评价,本着老师指导、学生全员参与,自我评价、小组互评相结合的原则,通过朗读,表演,绘画三方面多元评比。如案例中,同"忆"西游,每学年做一次全面总结,是补充,是联系,是回应,更是对后续诵读活动的推进。

经典名著是中华民族传统文化的精髓。传承国学文化,继承中华传统,老师是很好的传承者,应当做学生的导航者,让学生在国学经典的宝库里吸取营养、提升素养,构筑自己人生美好的诗篇,培育尚阳的现代文明风尚。

不忘初心诵经典　凝心聚力扬文化

黄浦区蓬莱路第二小学

中华经典诗文承载着中华民族精神和传统文化教育的精华,中华经典诵读活动,激发了学生对中华优秀文化和祖国语言文字的学习和热爱,增强了民族自豪感和文化自信心。近年来,在老师的指导下,学生在直面经典、诵读经典、感受经典,传承和弘扬中华民族优秀传统文化中成长进步。

一、优化阅读环境,营造阅读氛围

(一)一间温馨舒适的图书馆

为了让学生有良好的阅读环境,学校打造了一间温馨舒适的图书馆。明快鲜活的室内装修色彩和卡通的装修风格,激发了学生阅读的兴趣。地垫、抱枕……在这间宽敞明亮的图书馆里阅读,就如同在家的书房里一般。学生可坐可卧,一边享受阳光,一边悠闲地与图书为伴,惬意又自在,每个人都能在这里体验阅读的乐趣。

宽敞明亮、温馨舒适的图书馆

(二) 一辆多功能的神奇巴士教室

"坐在电车教室里上课",这是孩子们喜爱的著名儿童文学作品《窗边的小豆豆》中"巴学园"的场景。在校园里,就有这样一间神奇的巴士教室。在巴士教室里,学生不仅能上课,还能自由阅读,徜徉于书海。这辆巴士教室的尾部,有一个迷你图书馆——Little Free Library,学生可以将自己阅读过的书籍放入,然后借阅里面他们想看的书籍。通过交换的形式进行阅读。有了这间 Little Free Library,学生不仅能够拓宽阅读面,还能感受分享的乐趣。

巴士教室

(三) 班班有个小巧精致的图书角

在蓬莱路二小,每个班级都有一个小巧精致的图书角。班级图书角通过"献、借"的方法筹集图书,使图书角的图书常看常新。同学们的阅读面越来越广,获取的知识也越来越多。有了班级图书角,课间10分钟,走廊上嬉戏打闹的孩子少了,静静捧一本书在座位上阅读的孩子多了。

二、诵读进课堂,阅读中探究

(一) 探秘书香花园课程

为了更好地培养学生的阅读兴趣,学校开设了探秘书香花园课程。该课程旨在充分运用"书香花园"的课程内容和学校书香花园的网络阅读学习平台,通过丰富的阅读形式、阅读活动,赋予学生愉快的阅读体验,激发学生阅读的动机,培养学生阅读的兴趣,同时在阅读学习中培养学生的探究意识、合作意识和实践能力。每个班级每周都有一节探秘书香花园课,学生在课程中就能阅读到许多经典诗文,并基于这些经典诗文,开展许多有趣的阅读活动。

(二) 每月阅读小达人

不仅如此,为了更好地了解学生的阅读情况,学校开发了书香花园网上阅读学习平台。学生不仅能在网络上阅读,更能参与其中的书香花园网上测试。学生可以点击自己阅读过的书籍,通过回答问题的形式,检验自己的阅读成果。为了鼓励更多的学生爱阅读,学校每月都会在每个年级评选出 10 名阅读小达人。阅读小达人评选活动激励了学生,学生们越来越爱阅读,并且在阅读时越来越认真、越来越用心。

三、设计多彩活动,增添诵读动力

(一) 丰富多彩的语言文字活动周

每年的 9 月,学校都会结合校内基础型课程、拓展型课程"蓬莱小镇"第二社区"沪语小学堂"和"魔法小书店"课程,以及"经典诵读""诗歌创作""中华诗词""古诗文小达人"等校外活动,开展语言文字活动周活动。

每年学校都会开展儿歌诵读、古诗诵读、集体朗读课文、"沪语小学堂"、"啄木鸟找错别字"等有趣的活动。此外,结合校外大环境,开展"美丽汉字小达人征文"活动、"汉字听写小达人"活动、"古诗文小达人"等活动。

(二) 精彩纷呈的经典诵读活动

除了语言文字活动周,学校还积极参与市、区组织的经典诵读活动。例如,自编自演的《小蝌蚪找妈妈》参加了上海国际童书展情境化阅读展演;《一只想飞的猫》参加了 2017 陈伯吹国际儿童文学经典作品诵读比赛;《老鼠看下棋》参加了 2018 陈伯吹国际儿童文学经典作品诵读比赛;《相机奇遇记》参加了 2018 黄浦少年绘演说比赛……这些节目均获得不俗的成绩。

四、凝心聚力,弘扬中华优秀传统文化

学校一直非常重视语言文字工作,近年来特别关注弘扬中华优秀传统文化。老师们都是全情投入,不惜时间,不计报酬,大家一起发挥团队的力量,做好经典诵读活动。

小蝌蚪找妈妈

2018年3月,三年级师生应邀参加2018小学生古诗文大会暨古诗文桂冠少年选拔活动。获悉比赛消息后,三年级语文教研组的全体老师就开始积极筹划参赛的各项准备。老师们根据自己的教学经验,确定了"春色满园诗意浓"这一主题,立足现有的教材资源,从语文课本中选择了4首古诗进行编排。同时,校艺术总辅导员李琦老师给予大力支持,将不同的语言表达效果编排在其中,两两对读成诵,男女生分读、节奏明快如快板、演绎式表演唱读……五言绝句、七言律诗,丰富多样的形式与不同古诗所特有的韵味融合,和谐统一,如古时小儿摇头晃脑,在声声诵读中,其义自见。一遍遍的排演,参赛的学生对古诗诵读的韵味有了更深入的理解,也呈现出更好的表演效果。最终,参赛团队通过努力,获得了此次比赛的"最佳配合奖"、学校荣获"最佳组织奖"。

同年,陈缪华老师和她的班级四(5)班参加了由黄浦区教育局和黄浦区语委办联合举办的"校园最美领声——2018年黄浦学生中华经典诵读讲演比

赛"。陈老师根据活动要求,结合班级特点,选择了课文内容《笛声》作为参赛内容。陈老师和同学们一同从了解课文内容入手,分析人物特点、品质的同时,结合人物的语言和心理,亲自示范指导全文朗读;学校艺术总监李琦老师为同学们分配角色,设计动作和舞台造型;唐杰老师制作了精美的PPT。舞台上,师生们抑扬顿挫的语音语调,配合着优美的音乐声情并茂的演绎,吸引了评委的目光,节目获得了第九届魅力汉语集体朗诵比赛一等奖。

作为全国语言文字规范化示范校,学校开展了许多经典诵读活动,并在市、区级比赛中取得了好成绩。这些经典诵读活动激发了学生对中华优秀文化和祖国语言文字的热爱,增强了民族自豪感和文化自信心。

五、春华秋实,硕果累累

2017—2018年蓬莱路第二小学经典诵读活动在市、区级收获的奖项有:上海市情景化阅读示范学校、第三届上海古诗文大会优秀组织奖、2018年黄浦区"校园最美领声"系列活动最佳组织奖、2018年第九届亲情中华魅力汉语"班班有朗读声,人人是朗读者"集体赛小学组一等奖、2018第三届上海市小学生古诗文大会暨古诗文"桂冠少年"选拔活动优秀组织奖等各类奖项20余个。

(执笔:胡佳佳)

经典咏叹　魅力雅韵

声 如 夏 花

上海视觉艺术学院

著名剧作家白桦先生如是说：我和所有的中国人一样，一出生就"近水楼台先得月"，自然而然地继承了一大笔经过几千年才积累下来的宝贵遗产，从诗经到楚辞、唐诗、宋词、元曲……懂得了中国语言文字的美丽，以及它细腻的感情色彩。

作为上海市一所普通民办本科艺术类大学，跃动温暖的心，学校兴奋地参加了多届由上海市语言文字水平测试中心主办的大学生中华经典诵读大赛，并取得骄人的成绩，受到高校师生和社会的关注与点赞。

这份收获既得益于全社会重视文化、热爱文化、发展文化的良好生态，也得益于国家语委和市语测中心以及学校各级领导的重视和支持，更得益于学校师生对语言艺术的那份情和爱。

成功的做法，愿与大家分享。

一、将诵读融入课程

作为一所艺术类大学，从培养学生的艺术品格和综合素质出发，在全校专门开设了《朗诵技巧》课程，既作为播音主持专业的专业课程，也作为面向全校学生的选修课程。以上海市《朗诵水平等级考试纲要》作为教材。课程内容分设普通话语音和科学发声、朗诵表达技巧、经典文本鉴赏等内容，以理论讲授加实践训练为主要授课方式。同时在松江大学城的7所高校中开设了选修课"中华经典篇章诵读"。在授课中，教会学生怎样做到"品＋读＋赏＋诵"，同时启发学生朗诵时主动在脑海中勾勒画面，建立内心视像和交流感。融美好情愫于声画里。让自己的内心"动"起来，仿佛与作者握手，与大师对话，与小人物生活，与大自然缠绵……

凡事知易行难。在教学中，将系统的朗诵专业理论知识和扎实的舞台训练技巧有机地结合在一起,采用教师示范、学生呈现、老师点评、同学互评的课堂教学方法。经过由易到难、循序渐进的教学过程,学生们在朗诵技巧上有了极大的飞跃。通过不同体裁不同题材的文学作品的大量诵读练习,学生们感受到有声语言可以彰显人的气质,增加语言的温度,体现发声者的态度,亮示发声者的立场,反映发声者的情绪,呈现发声者的状态等等,因此开始对有声语言的魅力产生了极大的兴趣,并且自我反省在学习和生活中自己的有声语言表现的优与劣、强与弱。每个人都逐步认识到有声语言的魅力:它是一个人的"第二张脸",是精神长相的美容剂。大声朗诵中国传统经典篇章,可汲取做人之道、待人之道、行事之道、为学之道。

二、请名师走进课堂

十多年开设的《朗诵技巧》课程,学校聘请的是富有艺术语言教学经验的学界教授与颇有舞台经验的语言表演艺术家,协同配合为学生授课。通过大量朗诵技巧和方法的传授,学生们渐修顿悟,踊跃张口,登台展示。出现了令人喜悦的成果:学生语言更规范了,声音更漂亮了,内心更丰富了,表达更有情了,面容更阳光了,眼神更明朗了,个人更自信了,体态更舒展了,舞台形象更养眼了,朗诵效果更深入人心了。学生们从美好篇章中获得了营养,他们更懂得求真、向善、示美了。

承担这门课程的教授,学界一直是田奇蕊教授,业界相继聘请的是全国特级语文教师过传忠、上海电视台译制部杨明教授,以及国家一级演员、著名配

音演员、朗诵艺术家刘家祯,学界业界老师们配合默契,教学有方。学生在系统理论学习的基础上,走上舞台,诵响美文。在老师的指导和大量文本诵读的训练下,同学们更加热爱语言艺术,更加乐于张口诵读,也更加懂得汲取书中的进步思想和美好情感。

三、用舞台磨炼技艺

"操千曲而后晓声,观千剑而后识器。"在给予学生课堂教学内容的基础上,结合课程,学校每年都举办"诵响经典"朗诵会,让全体同学竞相参与,在舞台上分享美文,绽放风采。并教给学生们用心品味"言语之道,贵在会心":与作者会心,与观众会心。面向社会,为学生提供更大的朗诵舞台。在上海图书馆连续举办"杏坛清声"专场朗诵会。由本校学生、老师,联手上海广播电视台的播音员主持人,共同打造颇有质量的朗诵会。观众来自江浙沪,座无虚席,热情高涨。这样的大舞台让学生们走出课堂,走出校园,与社会接轨,将自己所学的朗诵艺术技能,分享给社会各阶层的人士。同学们声情并茂的演出收获努力的成果,感受到朗诵的魅力,收获了观众的鼓励,增加了更多的自信,坚定了学习的目标。同时,学校鼓励和指导学生参加不同级别的朗诵大赛。在近两年由上海市语言文字水平测试中心组织的"长三角地区大学生中华经典诵读大赛"中,成绩不俗。2016 年,经过多层级选拔推荐的朗诵作品《我的爸爸》(大二杨家瑞)获"首届长三角地区大学生中华经典诵读大赛"上海赛区特等奖、长三角地区一等奖。《青衣》(大三衣璐璐)获二等奖。2018 年选荐的《请铭记·雾重庆》(大二、大一:罗昌豪、胡也森、陈泓坚、高嗣航、陈柏希)荣获第二届"长三角地区大学生中华经典诵读大赛上海赛区"特等奖;《中国话》(大三:张钰莹)荣获二等奖。大赛结束,同学们反思、总结参赛体会时写道,投入的朗诵,就是朗诵者应反复对稿件进行揣摩、打磨,细致体会文中情感,想象自己就是那个时期的英雄,在那样一个血雨腥风的年代,诉说着那个年代的故事;细到一个字都不放过;在朗诵里,也有"工匠精神"。——(《请铭记·雾重庆》罗昌豪等)

可以看出,舞台艺术精品的呈现,不仅能磨炼学生的意志,更会让学生在选择作品、理解作品、感悟作品和表现作品中,受到文中革命精神的感染和激励,得到情操的陶冶,人格的升华。

四、让文字记录心得

每个学期的《朗诵技巧》课,不仅让学生"动口",要求做到脱稿朗诵,用情朗诵。选择自己最有感触,最能够进入情境,最有把握,最有热情和激情来呈现的篇章。用自己最自然的状态和最舒服的声线传达文中的情感和内容。尽量做到以情带声,以声传情,富有表现力和感染力。例如,有的学生在朗诵《小萝卜头的故事》时,查阅了大量的文献,看了相关的影像资料,在面向师生朗诵时,完全投入了情感,打动了观众,产生了共鸣。除此,还让学生"动心,动脑,动笔",通过思考、回顾和梳理,每人写心得体会——《我看朗诵》。同学们从无意识无美感诵读甚至零基础到逐步对朗诵魅力的认知,再到走上舞台呈现,这一梳理的过程使得学生对朗诵有了正确而深刻的认识。

五、以作品塑造人格

著名画家刘海粟先生说"艺术家的社会职能,就是向人们证明真善美的存在,是为了与人为善,否则他就不是艺术家。"朗诵艺术亦同此理。

在朗诵教学中,教师和学生其实是在祖辈们、先烈们留下的文字长河里畅游、撷英。老师在与学生品鉴美文、交流思想时,遇有写景散文,常常启发和调动学生的想象力和联想力,让他们到文中去亲近景物的玉肌,欣赏景观的芳姿,探嗅景色的馨香,摄取景地的芳华……遇有叙事说理文章,即鼓舞和催发学生在内心建起一座大厦,这座大厦,有诚信,有仁义有道德,有浩然正气,有……巍然屹立,永不颓倒。上口朗诵时,让表达释放于"最用情处",让自己和观众同呼吸,共悲喜,一同被感动,被抚慰,被融化,被激发……从书本中感知世界中的真善美,吸取各种营养,以助力精神品格的成长。

六、让传统绽放光芒

多少年来,文以载道,士以弘道,是古往今来无数艺术家、学问家的价值追求。在我们伟大祖国改革开放 41 年和新中国成立 70 周年的今天,在习近平总书记和党中央极大地倡导继承和弘扬中华民族优秀传统文化的今天,一代代中华儿女在历代诗书典籍中倾听着历史的回响,吮吸着经典的营养,被有志之士的精神气度感动着激励着:李白"长风破浪会有时,直挂云帆济沧海"的豪迈;李清照"生当作人杰,死亦为鬼雄"的豪壮;陆游"位卑未敢忘忧国"的豪言;范仲淹"先天下之忧而忧,后天下之乐而乐"的胸怀;文天祥"人生自古谁

无死,留取丹心照汗青"的悲壮;鲁迅"我以我血荐轩辕"的豪气……不一而足。这份情怀和信念,这种理想与追求,无不濡染着莘莘学子,涵养着年轻心灵。

《悲惨世界》的作者雨果说:"有了物质才叫生存;有了精神才叫生活。脚步不能达到的地方,眼光可以到达;眼光不能到达的地方,精神可以飞到。"在物质生活非常丰富的当今社会,人们更需要追求的是精神的纯净和升华。相信在历年美好的诵读课程的浸润和熏陶之下,年轻的学子定会有更大收获和成长,精神得以陶冶,思想得以锤炼,情操得以净化,表达得以提升。在未来的生活、工作中既能够欣赏美好的语言形态,也会让自己成为有声语言魅力的彰显者和传播者。

泱泱五千年大中华,蕴含着优秀传统文化精髓、优秀革命文化和社会主义先进文化。它定会被当今奋力向前,逐梦未来的国人们铭记,传诵。

2019年,是新中国成立70周年。让我们怀拥经典,承续传统,用夏花般绚烂的声音艺术作品,为祖国奉上70华诞的贺礼!

传中华经典　赏语言魅力

上海思博职业技术学院

文化是一个国家和民族的特质与根本,语言文字则是文化的重要载体。在全国高校思想政治工作会议上,习近平总书记强调"文化滋润心灵,文化涵育德行,文化引领风尚",要注重文化浸润、感染、熏陶,既要重视显性教育,也要重视潜移默化的隐形教育,实现入芝兰之室久而自芳的效果。上海思博职业技术学院充分发挥语言文字在传承发展中华优秀文化中的重要作用,将"传中华经典、赏语言魅力"阅读诵读活动纳入学校品牌文化建设中,传承发展中华优秀文化,以丰富多彩的文化形式弘扬中华经典,积淀文化内涵,打造思博文化品牌。

一、活动构思

中华文化源远流长,传统经典是中华文明传承数千年的重要载体。读经典的书,做有内涵的人,思博学院高度重视师生语言文字素养的提升,成立以校长为组长的语言文字工作领导小组,集全校之力推动语言文字工作的开展,在将语言文字素养提升融入各项工作的同时,由党政领导牵头,学生处、图书馆、宣传处、思政中心多部联动打造校园文化精品——"传中华经典、赏语言魅力"系列阅读诵读活动。丰富校园活动,深植传统美德,让经典阅读诵读在书声墨香中成为风尚。

活动分为四个层面展开:一,经典书目推荐,开展系列阅读推广活动,做到"期期有主题,月月有好书",为师生的阅读导航;二,举办不同主题的经典诵读活动,通过持续开展的文化沙龙,专家导读,走进经典的世界;三,读毛泽东诗词、诵中华经典,抒发爱国情怀,在领略诗歌魅力的同时,了解历史、陶冶情怀,让经典诵读成为校园文化建设中的常态;四,海派文化赏析,以多样的形式、丰富的资源,传承地域文化,打造特色文化品牌。

二、特色介绍

（一）系统宣传，好书推荐

随着信息时代的发展，网络资源尤其丰富。但是，年轻人反而不知道要读什么，什么才是经典。图书馆暖心送上好书推荐。好书推荐的目的在于将经过精心筛选的好书通过各种媒体推送到学生面前，使学生在碎片化阅读成为风气的今天，能认认真真借阅一些有深度的图书，月月有好书，期期有主题，知识有系统，传播正能量。

思博青春如画，诵读如歌

图书馆以书评界正在进行的"大民大国——改革开放40年40本优秀图书"评选过程的100本决选图书和40本最终入选图书为主，参考近期出版的好书，分主题逐期推荐。

（二）经典引领，沙龙凝聚

图书馆开展系列经典阅读推广活动，在阅读中提高鉴赏能力，在理解中加强语文水平。2018年起，图书馆以思博学院3年创新发展规划项目为依托，以国学经典为主题，通过自愿报名或社团推荐形式，选定阅读者联盟成员开展活动，做到顶层设计、专家指导、形式多样、比赛激励。

1. 馆员介入

图书馆指定专门馆员深层、系统地嵌入阅读活动，解决大学生读书难、读经典更难的状况。这一活动纳入学校3年创新发展规划项目，使图书馆阅读活动成为学校文化建设的有机组成部分，活动运行规范、有保障、落到实处。

2. 主题设定

每学期设定一个主题,每周一个分主题,做到对文学经典掌握博约有致,重点突出,过程控制,效果落实。2017—2018学年第一学期的主题是"国学经典阅读",十个分主题分别为:《红楼梦》——中国最伟大的长篇小说;《唐宋诗词鉴赏》——文人的悲喜情怀与诗歌韵律;《道德经》——让哲思走进人心;《三国演义》——体会历史的真实与文学的真实;《古文观止》——浓缩古文精品;《孙子兵法》——中国人的智慧;《聊斋志异》——民间怪异小说的杰作;《三字经》《千字文》——古人是如何学习的;《论语》——博大精深的儒家思想。"文学经典朗诵,提高语文水平",13个分主题分别为:图书馆美文朗诵;阅读交流共享;秋日印象;我的大学,我的图书馆;电影欣赏;影响我成长的一本书;席慕蓉作品赏析;徐志摩作品赏析;鲁迅作品赏析;毛泽东诗词赏析;海派楼中楼美文欣赏;文学经典朗诵比赛;庆圣诞,迎新年读、写对联活动。

3. 教授导读

通过精心选择文学经典作品并邀请相关专家教授进行解析,引导学生正确、有效、快速地进入作品境界。2018年第一学期,针对活动具体作品内容,图书馆分别邀请4位专家进行作品分析与解读,为学生真切欣赏文学作品提供有效保障。

4. 形式多样

阅读活动提前两周布置主题与读书内容,通过借阅纸质图书或通过超星移动阅读系统先行自主阅读;配合阅读主题定期放映相关视频;沙龙讨论过程,教授解析作品、引导阅读,学生提出问题、进行讨论;学生撰写阅读心得,迸发思想火花。

5. 比赛激励

每个学期既定主题活动结束后,都会组织一次读书心得/美文演讲/诗歌朗诵比赛,从众多参赛选手中,最终评选出10位学院十佳读者并颁发证书。这种激励机制,鼓励吸引学生更有动力、也更有具体目标地进行经典阅读。

(三)让经典诵读成为校园文化建设中的常态

"传中华经典、赏文字魅力",让朗读成为一种生活方式。学校学生处、团委、宣传处、易班已经连续2年开展了3场不同主题的经典诵读活动。朗读,不张扬,自有声。经典诵读活动的开展意味着一段新旅程的起航,传承经典文化,高校大学生一直在路上。

1. 读毛泽东诗词,领略磅礴近代史

声音、图文、历史交相辉映,激励全校师生用心诵读,解读历史,感受诗歌传递的精神力量;以诵读的方式了解中国革命发展史,感知祖国发展的不易,坚定"不忘初心跟党走"的决心。《长征》《念奴娇·赤壁怀古》《水调歌头 重上井冈山》《七律·人民解放军占领南京》《沁园春·长沙》《满江红·和郭沫若同志》《念奴娇·昆仑》《沁园春·雪》等诗歌在会场响起,同学们认真演绎,赋予情感,这也是对第二课堂思政教育的一次新探索。

2. "青春如画,诵读如歌"中华经典诵读,感受经典文化魅力

一首诗,传承千年文化,一篇文,照亮成长之路。"青春如画,诵读如歌"中华经典诵读活动让 600 多名师生一起重新感受传统文化之美。《城市的呐喊》《诗经》《繁星》《少年中国说》《劝学》《水调歌头》《唐诗串烧》《可爱的中国》《习近平的七年知青岁月》《青春,理想》《盛世中国》在学生的口中以不同的形式展示和解读,让同学们在诵读中领悟经典美文的魅力,体验心灵深处的激情,激发热爱祖国、珍惜生活、热爱优秀文化的情感。

3. "抒发爱国情怀、争做博学青年"诵读会在军训中绽放

为宣传爱国主义教育,纪念"九一八事变",教育学生胸怀祖国,努力学习,创建良好的校园文化,营造浓郁的读书氛围,学生处、宣传处、易班发展中心在军训中开展主题诵读会。诵读会开始前,以连队为单位,开展声势浩大的赛前"拉歌",整齐嘹亮的口号声此起彼伏,响彻整个体育馆,为诵读会正式上演渲染出浓厚的氛围。《爱我中华》《中华少年》《我的祖国》《难忘九一八》《祖国啊,我亲爱的祖国》,首首经典,琅琅上口,鼓舞人心。一位参加诵读的同学说:"我觉得参加爱国主义诗朗诵不仅是给了我一个和同学磨合的机会,也是给自己一个很好的展示平台。在朗读诗歌的过程中,我觉得作为一个中国人很自豪,我们应该有家国情怀。我会在后续中继续关注此类校园活动并且积极参与其中。"

(四)赏海派特色,抒家国情怀

1. 海派物理空间打造

图书馆馆舍从建筑到装修,再到资源整体布局,无不彰显海派风格,精品屋的国学经典、墙壁上的书法作品、楼中楼的海派书籍,浓郁的文化气息,充盈了经典宝库,强化了书法意识,进而潜移默化地让读者感悟到了中国语言文字的博大精深。

2. 海派文化活动开展

海派文化活动主要有两类，一类是海派名家事迹展览和图片播放。图书馆大厅滚动播放的"海派文化"PPT，包含海派文学、海派建筑、海派家具、海派书画、海派老字号、海派老电影等6个类别100多张图文资料。再如"文脉沧桑——乡贤姚养怡图文展"，40块展板以图文形式介绍海派文人姚养怡的家风家训、诗文著述，在了解姚先生心怀桑梓、热爱故土的人文情怀的同时，也欣赏他的诗文作品，契合读者语文水平提升的需求。第二类是海派作家的演讲。例如海派著名作家朱惜珍女士的讲座《永不拓宽的马路》。她以十余本书的海派知识积累，对上海64条"永不拓宽的马路"进行由点到面的讲解剖析，声情并茂、娓娓道来，带人徜徉在风情万种的上海马路，聆听先人故事，感受海派风情，活动反响热烈。朱女士演讲的风采，本身就是对中国语言文字丰富深厚、委婉而多姿的现场诠释。

三、成效反响

思博学院组织开展"传中华经典，赏语言魅力"阅读诵读活动，通过好书推荐、经典沙龙、十佳读者评选、大型主题诵读活动、海派楼中楼装饰艺术等文化形式，全覆盖，多形式，让传统文化无处不在，让经典阅读诵读深入人心，提升语言文字素养，涵养师生家国情怀，全校形成了经典阅读诵读的热潮，引起热烈的反响。

1. 传承中华传统美德

国学经典承载着中华民族的道德伦理和价值情怀，对中华文化的发展与构建具有极强的导向作用，构成了中华传统文化的核心体系。"传中华经典，赏语言魅力"阅读诵读活动，通过阅读国学经典、诵读毛泽东诗词等活动，引导思博师生了解优秀的中华文化和民族精神，让传统美德根植于学生的心灵，增强民族自信心和自豪感，构建中华民族的文化自信。

2. 全面提升语言文化素养

国学经典包含丰富的传统文化知识，语言风格各异，形式优美，凝练的诗歌语言更具有明显的韵律美。通过阅读《红楼梦》《孙子兵法》《礼记》《论语》《周易》《资治通鉴》等文学经典，诵读《长征》《念奴娇·赤壁怀古》《诗经》《繁星》《少年中国说》《劝学》《爱我中华》《中华少年》《我的祖国》《难忘九一八》等诗歌，师生们接受中华优秀文化的洗礼熏陶，感受中华语言的博大精深，全面提升语言文字素养。

3. 打造学校强势品牌文化

"办一所有文化根基的高职院校"，思博一直以文化育人为理念，阅读诵读经典活动紧紧围绕学校文化育人理念，多方联动，举办形式多样的经典诵读活动，如文化沙龙、"读毛泽东诗词""青春如画，诵读如歌"中华经典诵读、"抒发爱国情怀，争做博学青年"诵读会，让经典阅读诵读成为校园文化建设中的常态，以阅读诵读经典为契机，提升学校文化内涵，打造书香校园品牌文化。

四、经验反思

中华优秀传统文化传承与发扬任重而道远，如何在已有成果上再度创新，以更多元、更广泛、更丰富的文化活动形式让广大师生参与进来，让专业发展与综合素质的提升深度融合，让文化活动具有更强的生命力与创新力，是高校教育需要持续思考的问题。

开发影视资源　助力经典诵读

上海市海南中学

2010年9月,虹口区全面启动上海市"中华诵·经典诵读行动"区域整体推进试点工作。区叶永广德育(影视教育)名师工作室与区语委办结为共建单位,承担了开发资料包,为开展经典诵读活动提供资源保障的任务,每年1套,内含5张DVD光盘,免费发放到各学校、社区及虹口区语委成员单位。

一、经典诵读影视资料包的基本内容

年份	光盘内容
2010年	话说汉字、书法瑰宝、四大名著、古典诗词、国学启蒙
2011年	走近大师、先生鲁迅、三笔书法、品读经典(古代)、品读经典(现代)
2012年	节日诗会、品读经典(古代)(2,3)、品读经典(现代)(2,3)
2013年	节日诗会二、影说论语一、影说论语二、上海方言、沪语解读
2014年	汉字溯源、汉字英雄一、汉字英雄二、汉字听写一、汉字听写二
2015年	品味汉字、妙品汉字、成语英雄(一)、成语英雄(二)、成语英雄(三)
2016年	灯谜大会(一)、灯谜大会(二)、国学魅力(小学组)、国学魅力(初中组)、国学魅力(高中组)
2017年	诗书中华(一二三四五)
2018年	国学少年(一二三四五)

二、经典诵读影视资料包的三大特点

1. 片源丰富、片型多样

以2010年的5张"经典诵读"影视资料包为例,数据统计如表1。

表1

专　题	视频片段(个)	片　长(分钟)	容　量
话说汉字	171	348	3.46 GB
书法瑰宝	114	270	2.47 GB
四大名著	118	489	4.03 GB
国学启蒙	80	422	4.14 GB
古典诗词	158	181	3.66 GB
合　计	641	1710	18.76 GB

这组光盘由600多个精选影视片段组成，是从上千部影片中提炼出来的。在它的背后有一个庞大的影视资源库支撑。

这组资料包，不仅数量众多，而且片型丰富，题材多样。除了一般常见的故事片、电视剧、纪录片、科教片、专题片外，还有一些讲座片、政论片、综艺片、访谈片、新闻片、音乐片、动画片等。不同类型的影视，表现手段的多样性，大大增强了影视资料教育的生动性和感染力；各种片型针对不同年龄段的学生，不同的教学内容和情境而发挥了不同的作用。

虹口经典诵读影视资料包封面(底)

2. 适用面广、应用性强

选择什么样的专题和内容编入资料包，首先要考虑它的针对性。而这种针对性就是要适应经典诵读活动的需要，满足不同学校、不同对象的需要。

(1) 适应不同对象的需要。选择的专题，小学生、初中生、高中生、教师，以及社区工作者均可以用。

(2) 适应不同课程的需要。二期课改提出 3 类课程。资料包中的专题本身既可以形成一门拓展课程,又可以作为研究型(探究型课程)中学生自主探究的学习资源。而很多内容本身又是基础型课程的某个知识点。如语文课中的古典诗词,历史课中的书法汉字,思品课中的文明礼仪,等等,与课程内容、课堂教学结合得非常密切,为虹口推进"3 个课堂"(温馨课堂、情趣课堂、有效课堂)建设,提供了有效载体。

(3) 适应不同教育场合的需要。影视资料包可以用于课堂教学,也可以用于专题教育、班团队活动,还可以用作校外实践活动;既可以作为学生的学习资源,也可以作为教师的培训教材。看了这些视频,相信对教师人文素养的提升是很有帮助的。现在不少学校都有"彩虹视频",可以把资料包插入"彩虹视频",让学生从动态的"电子橱窗"中,时时感受中华经典的魅力。

虹口区经典诵读影视资料包制作发放 45 张光盘(截至 2018 年)

3. 设置合理、检索方便

资料包以 DVD 光盘形式呈现,除了视频资料外,还有目录,目录中有序号、片名和片长。看了片名,就可以知道这段视频的大致内容。各个专题的视频分类尽量做到全面细致,尽可能满足各种需求。

视频片段的选编,有两种情况:一种是作为对经典诵读内容的再现或补充,即将相关的影视资源进行截取,呈现的是一些素材性的片段,使用教师可以根据自己的需要,对素材进行再加工;另一种不是简单的"搬家",而是进行加工、改造的"二度开发",最后形成相对"成熟的资源",直接作用于教育教学活动中。

检索灵活、进出方便。如果要查看一段影视,既可以直接打开视频片段,也可以从点击目录打开。每个影视片段短小精练,绝大部分不超过3分钟,方便教师直接使用。

三、经典诵读影视资料包开发的保障机制

"经典诵读系列影视资料包"的推出,为推动教育部和国家语委共同发出的在学校开展"中华诵·经典诵读行动"工作提供了资源保障。

1. 影视资源库储量丰富

首先,数量众多、内容丰富的相关影视,为经典诵读影视资料包的开发提供了必要的资源保障。叶永广老师有近25年的影视收集基础,截至目前,拥有各类教育影视资料片将近15 000多部,总片长达30多万分钟。并积累数十万个信息索引数据,数百万字的影视信息资料,形成相当规模的资源优势。在已整理出的70个专题教育影视系列中,与"经典诵读"直接有关的就有经典阅读、四大名著、中外文学、汉字史话、书法瑰宝、世界遗产、国学启蒙、古典诗词、细说《论语》、先贤智慧、话说鲁迅、走近大师、传统节日、品读名篇等16个专题(详见表2)。可以为"经典诵读"影视系列资料包的持续开发提供必要的基础材料。

表 2

序	题 目	集 数	序	题 目	集 数
1	经典阅读	69	9	古典诗词	53
2	四大名著	174	10	细说《论语》	124
3	中外文学	315	11	先贤智慧	95
4	汉字史话	136	12	话说鲁迅	26
5	书法瑰宝	56	13	走近大师	161
6	世界遗产	133	14	传统节日	336
7	国学启蒙	71	15	品读名篇	115
8	儒学经典	35	16	上海方言	20

2. 有一支高效精干的工作团队

叶永广作为上海市历史学科德育与资源开发研究实训基地和虹口区叶永

广影视教育工作室的主持人，有组织成员参与资源开发的经验和条件，更重要的是有一支优秀的青年教师团队。这支团队责任心强，勤奋自觉，其中既有人文学科教师，又有计算机教师。学科背景与现代技术的优化组合，为资料包的编制创造了有利条件。这支团队还参与过《中小学民族精神教育影视资料包》《中小学生命教育影视资料包》《抗震救灾影视资料包》《历史学科配套影视资料包》《"世博纪事"影视资料包》《世博游园指南影视资料包》《"世博会上学历史"影视资料包》等多套资料包的开发，在实践中积累了丰富的开发经验，是一支结构合理、高效精干并在关键时刻"拉得出""打得赢"的突击队。

3. 有一套比较完善的保障机制

资料包的开发过程，也是工作室优化运作的过程。工作室提出了系列组合、整体设计、分工包干、专题突破的开发思路。通过项目引领来明确方向，通过任务驱动来激发动力，通过成果激励来凝聚人心，通过定量考核来规范管理，使开发工作始终处于有序高效的良好状态。

更重要的是，叶永广工作室得到教育局、语委办和所在学校的大力支持。教育局、语委办确保开发经费的投入和编制条件的改善。影视工作室设有专题教育影视院、影视编辑室、影视资料室、影视信息网、展品陈列室等专用场所，初步形成一个融收集、编制、实验、展示、培训于一体的实训基地，这些基础条件保证了资料包开发的顺利进行。

四、经典诵读影视资料包的持续开发

在区教育局、语委办的支持、指导下，截至 2018 年，叶永广工作室完成了 9 套经典诵读影视资料包，共 45 张 DVD 光盘的编制，受到了各方面的欢迎。在成绩面前，虹口区德育（影视教育）工作室并没有满足现状，全体成员将继续发掘整合资源，开发出更多具有富有思想性、知识性和趣味性的教育资源，为经典诵读活动全力推进，为青少年一代学子的成长做出贡献。

（执笔：叶永广）

古今一轮月　千载寄情思
——《水调歌头》经典诵读

上海外国语大学附属双语学校

一、案例缘起——彩云追月

杨浦区教育界多年来持续推进"中华诵·经典诵读行动"这一文化品牌项目，其中"班班有书声"经典诗文朗诵比赛，旨在引导学生传承千古文明，让诗意绽放成长之旅，让优秀的民族文化精神得以称扬，培育文化自觉、文化自信和文化自强的精神。2018年杨浦区举办学生纪念改革开放40周年"班班有书声"中华经典诵读展演活动，上海外国语大学附属双语学校有幸参加，活动契合学校的传统文化校本拓展课程《诵中华经典，游文化之旅》的精神，展现传播优秀传统文化与推进人文读写的课程理念。参加经典诵读展演无疑是一次课程学习与经典诵读展示的精彩结合。

二、展演创意——明月何皎皎

"古今一轮月，千载寄情思"。有人说，中国人随便拿起一本古诗集，抖一抖，叮叮当当地会掉下好多"月"字来。月光，曾激发过无数诗人的才情，留下许多杰出的诗篇。正在构思"诵读展演"的我，望向窗外那一轮明月，再看了看手里翻了很多遍的诗集，突然耳边响起了熟悉的旋律："明月几时有，把酒问青天……"；歌手王菲婉转柔美的歌声把千年前苏轼的情思娓娓道来。词本就是一种音乐文学，它的产生、发展，以及创作、流传都与音乐直接有关。想到这里，我思索：何不让孩子们吟、诵结合，古人的词、今人的曲，碰撞出全新的意境呢？这便是我对本次活动构思的灵感之源。

有了初步构思，便组织节目架构。节目架构应该由诗歌内涵作为核心和基础。要把握诗歌的内涵，唯有走进作者的世界。这首词是公元1076年（宋神宗熙宁九年)中秋作者在密州时所作。词前的小序交代了写词的过程:"丙辰中秋,欢饮达旦,大醉。作此篇,兼怀子由。"苏轼因为与当权的变法者王安石等人政见不同,自求外放,辗转在各地为官。他曾经要求调任到离苏辙较近的地方为官,以求兄弟多多聚会。公元 1074 年(熙宁七年)苏轼差知密州。到密州后,这一愿望仍无法实现。公元 1076 年的中秋,皓月当空,银辉遍地,词人与胞弟苏辙分别,已 7 年未得团聚。此刻,词人面对一轮明月,心潮起伏,于是乘酒兴正酣,挥笔写下了这首名篇。这首中秋词是作者对于宦途险恶体验的升华与总结。"大醉"遣怀是主,"兼怀子由"是辅。对于一贯秉持"尊主泽民"节操的作者来说,手足分离和私情,比起廷忧边患的国势来说,毕竟属于次要的伦理负荷。

但对于初中低年级的孩子来说,要让他们在表演中获得共情,呈现更强的感染力,要从孩子们比较能进入的较为浅显的情思入手。苏轼和苏辙的手足亲情便是切入点。在诵读前添加一段舞台剧的表演,有利于创设情境,渲染意境,尽早帮助孩子们进入诗境。此时的苏轼与苏辙分别 7 年,面对一轮明月,不禁探问"何事长向别时圆",是否会忆起儿时在明月下玩耍的情景?突然脑中便有了画面:一轮明月下,有两个小小的人影,哥哥领着弟弟眺望明月。光有画面还不行,还要有声音的引入。以诗引诗是最好的方式,脑中立刻跳出李白的《古朗月行》,前 4 句颇具童趣,"小时不识月,呼作白玉盘",兄弟二人用稚气的童声诵出,仿佛便能引人穿越时空,在同一轮明月下勾连起李白、苏轼与

今人遥寄的情思。以此为引子,节目将会有一个较为新颖动人的开头。同时,以师生"共振"的方式,把握苏轼形象为诵读的精神主体,领诵全班,吟唱与诵读结合,呈现一场立体饱满、情感充盈的综合演绎。

三、节目特色——海上明月共潮生

(一)情境再现,情节完整

本次表演以"古今一轮月,千载寄情思"为主题,以"明月"为线索,用李白诗引入,勾连千古情思。领诵同学以角色扮演的形式,走进作者,演绎苏轼并用声音传递对诗歌的理解,带领其他同学一起入境。舞台上,同学们着统一淡蓝色正装,与背景色统一和谐。"小苏轼""小苏辙"着宽袍大袖的汉服,舞台上顿时增加了古典气息。随着音乐响起,一束追光让观众看到一轮明月下的稚童:"哥哥,你看天上那个大玉盘是什么呀?""弟弟,我来教你一首诗吧:小时不识月,呼作白玉盘,又疑瑶台镜,飞在青云端。"一旁的"成年苏轼"始终望向他们,回忆的温馨和现实的落寞,构成了强烈的戏剧冲突。从少年手足情转折到"兼怀子由"的正文,成年苏轼举着酒杯来到台前。小演员清亮而又沉稳的诵读声一出,立刻镇住了全场。在吟诵中,我适时唱起歌声,歌与诵共振,形成了较为完整的情境式表演。

(二)情感充沛,情怀感人

在表演构思筹备阶段,指导老师邬雯怡就事先和扮演苏轼的同学沟通,明确这次的任务不仅是朗诵,更得尽力走进人物的灵魂。邬老师推荐他先去阅读林语堂的《苏东坡传》,每天交流阅读感受,正确理解人物。特别是本文背景中苏轼因为党争自请外任密州知府时，虽说是出于自愿，但仍是处于外放冷遇的地位。尽管当时"面貌加丰"，颇有些旷达表现，但也难以遮掩深藏内心的郁愤。小演员能够把此情感基调准确把握，收放自如，在朗读上注意音色和声调的控制，以降抑调为主，并在个别情感抒发强烈的句子时将"郁愤"之情展现到位，实属不易。另外，在舞台的肢体语言上也尽量大开大阖，符合人物潇洒旷达的气质和情怀。另外，在教师唯美而空灵的歌声里，朗诵者凄婉而郁愤的声音要不断把情感推向高潮，塑造出动人心魄的情感世界。

（三）艺术唯美，意蕴匠心

作为舞台表演艺术，除了诵读和动作本身外，舞台的背景、音乐及各种艺术辅助手段也增强了表演的艺术美。这次的背景PPT采用较为典雅的色调，大片留白，辅以举杯望月的苏轼形象，行书字体随着诵读声字字浮现，视觉传达效果极佳。音乐采用古筝雅乐和《但愿人长久》的背景音乐交替，吟、诵、唱结合，极具感染力。其次，舞蹈是点睛之笔，3位颇有舞蹈功底的女生穿着与背景色调相同的汉服，头戴步摇，衣着水袖，一颦一笑、一舒一展都如画中来。女生柔美的歌声和舞蹈的衬托，丰富了表演的层次，减少男声朗诵的单一枯燥感，整台表演获得了很不错的视听效果。多重艺术手段的叠加，营造出极具感染力的情境。

（四）综合表现方式，营造视听盛宴

文学展演本质上是一种在舞台上表演的综合艺术，它以演员的表演为中心，包含了戏剧、文学、音乐、舞蹈、美术等因素，是综合多种表现方式的一种"秀"。本节目综合性强。以诗人生活、历史背景为故事情节，以多媒体背景、灯光和音乐为情景环境，以诵读为主，吟唱为辅，穿插以古风舞蹈，上演了一场穿越时空、浪起云涌的微型舞台剧。

四、反响与反思——掬水月在手，弄花香满衣

经过漫长的构思准备与反复彩排，最终展演活动呈现的效果还算令人满意，收获了区一等奖的肯定和鼓励。

经典的传承更需要用心、精心，沉下心来回溯与还原整个筹备、排练、演出的过程，还是有不少遗憾。比如，诵与唱轮番交替的形式还稍显呆板，不够灵动；领诵、小组朗诵、齐诵等各种形式穿插运用太少；指导老师参与表演，在表演上未突出引导、升华的作用。在准备阶段，只着重于与领诵同学沟通，帮助

其理解诗歌和人物,帮助其入情入境,却忽略了和全班同学的沟通,只对诗歌进行简单的解读,错失了"以赛引趣,以赛带教"的好机会。

作为语文教师,可以将反思延伸到日常的教学中。传统经典的拓展是孩子们语文学习的土壤,朗读教学则是带他们高飞的翅膀,既能引发学生对国学经典的探究热情,也提升了朗读技巧。应该以比赛为契机,深入开展国学经典诵读对于日常教学的渗透。古诗词是祖国灿烂文化的经典,也是语言之精髓积淀,因此很多古诗其背景深远、意境悠远。在日常学习中,很多学生对有些诗词的诵读积累基本上是"囫囵吞枣"式的。其实,每一首古诗都是一副绝妙的图画,画中有人、有物,关键是看其侧重描写的重点是什么;每一首诗其实都是一篇篇精妙绝伦、耐人咀嚼的大文章,要想解读其内涵,只有把图文并茂和合理大胆想象结合起来才能引领朗读者行走在美丽如画的诗文中。苏轼的《水调歌头》亦如此。"月",自古都是诗歌中的常见意象,给人以清冷寂寥之感,往往被寄托以思念之情。在前期准备中,可以让学生从"月"入手,积累相关诗歌,首先感受诗歌意境。接着让学生"明其意、懂其理、诵其情",不仅读出自己的理解和体会,更能够结合背景深刻体会苏轼的豁达与乐观的人生态度。"知人论世,以情为先",在此基础上再对朗读的停顿、重音、语调、节奏等细节进行指导,就会避免机械和枯燥。学生入情入境,而非跟随教条在完成任务,会起到事半功倍的效果。让学生在朗诵过程产生获得感,这是自然的学习和产出的过程,而非被动接受。

这场展演比赛,让指导老师认识到传承经典可"以外养内",丰富内涵。这就是展演最大的启示。让老师、学生在经典传统文化中去体验、去感悟、去内化,用经典的精华来滋养自己的人生根基、精神世界。"掬水月在手,弄花香满衣。"传统文化教育犹如一道风景,它时时唤起学生创造的灵性,奏响学生心中诗文的琴弦,激活学生的好奇心和美好情怀,教师参与还进一步提高了师生的文化品位、审美情操与文化底蕴。从这个意义上说,教师是热爱者,是传播者,也是受益者。

(执笔:邬雯怡)

传承中华经典　弘扬中华文化
——上海小学生古诗文大会、中学生古诗文阅读大赛树品牌

上海教育报刊总社

上海小学生古诗文大会由上海教育报刊总社、上海市语言文字水平测试中心主办，《少年日报》《当代学生》杂志承办，已成功举办3届。上海中学生古诗文阅读大赛由上海市教委教研室、上海教育报刊总社主办，《当代学生》杂志承办，已成功举办17届。这两项活动为中华经典诵读大赛、为中央电视台《中国诗词大会》节目都遴选和输送了优秀作品和优秀选手。这两项活动在上海中小学校拥有广泛影响，具有相当程度的社会影响，为在上海基础教育领域传承中华经典、弘扬中华优秀传统文化做出了积极贡献，是上海中小学古诗文阅读推广活动中的品牌项目。

一、活动背景

上海教育报刊总社主管的《当代学生》杂志，以"陶冶性情、开拓视野、认识自我、探索人生"为办刊宗旨，坚持以为青少年提供读写指导为主、以弘扬传统文化为特色的内容定位，始终关注当代中学生的阅读和写作状况，帮助读者在

古典文学和传统文化方面进行拓展。因为始终关注中学生的阅读和写作现状,杂志在本世纪初敏锐地注意到,学生逐渐与古代经典、传统文化渐行渐远。为了扭转这种趋势,《当代学生》编辑部于2002年提出了举办中学生古诗文阅读大赛的意向,并于当年举办了首届比赛。由于比赛符合学校和学生的需求,一经创办就大获成功。每年都有十几万的中学生参与。如今,大赛已成为上海中学界有影响力的权威赛事,为弘扬中华民族优秀传统文化起到了不可忽视的作用,得到了很多知名学者和市教委领导的高度肯定。

党的十八大以来,党中央高度重视中华优秀传统文化的传承发展,始终从中华民族最深沉精神追求的深度看待优秀传统文化,从国家战略资源的高度继承优秀传统文化,从推动中华民族现代化进程的角度创新发展优秀传统文化,使之成为实现"两个一百年"奋斗目标和中华民族伟大复兴中国梦的根本性力量。教育部2014年印发《完善中华优秀传统文化教育指导纲要》,指出要落实立德树人根本任务,进一步加强新形势下中华优秀传统文化教育。在这个大背景下,《当代学生》杂志坚定了继续举办中学生古诗文阅读大赛的信念,同时与同为上海教育报刊总社的兄弟媒体《少年日报》联合,于2016年开始共同发起举办上海小学生古诗文大会。

2017年初,中共中央办公厅、国务院印发了《关于实施中华优秀传统文化传承发展工程的意见》,把传承中华传统优秀文化推上了新的历史高度。2018年9月,教育部、国家语委联合发布《中华经典诵读工程实施方案》。上海小学生古诗文大会、中学生古诗文阅读大赛也正是契合了传承和弘扬中华优秀传统文化的宗旨。

二、活动宗旨和特色

(一) 活动宗旨

传承和弘扬中华优秀传统文化,提高中小学生在古诗文诵读、理解和鉴赏方面的能力,以大会(大赛)的形式激发广大中小学生诵读、学习古诗文的兴趣。

(二) 活动特色

1. 各方支持

两项活动均自举办之初就得到复旦大学中文系、华东师范大学中文系、上海师范大学人文学院、上海市语言文字水平测试中心、上海社科院文学所、上海市师资培训中心、上海古籍出版社等重量级单位的支持。中学生古诗文阅读大赛曾在2005年9月得到现任教育部副部长(时任上海市科教党委副书记)翁铁慧同志高度肯定,她认为,《当代学生》编辑部做了一件很有价值、很有意义的事——每年举办一届中学生古诗文阅读大赛。中学生积极踊跃参与其中,把参赛的过程,看作是接受民族文化教育和熏陶的过程,可以从古典诗文中汲取精神养料,丰富自己的精神世界。两项活动均得到了众多学者专家的支持。复旦大学中文系骆玉明教授、吴兆路教授、朱刚教授,华东师范大学中文系方智范教授、杨焄教授,上海师范大学人文学院孙逊教授、曹旭教授、李定广教授,上海社科院文学所孙琴安教授,上海古籍出版社赵昌平总编、奚彤云副总编,以及钱梦龙、过传忠、卢元、步根海、金志浩、褚守农、黄玉峰、陈军、王伟娟、薛峰、储竞、景洪春等上海市中小学语文特级教师都曾欣然出任活动评委。

2. 诵读展演

上海小学生古诗文大会设诵读展演环节,由各学校组队参加,每届展演活动均有众多学校积极报名。组委会通过学校提交的诵读展演视频,组织初评、复评,并举行现场展演终评。2019年上海小学生古诗文大会、中学生古诗文阅读大赛组委会共同承担了2019中华经典诵读大赛上海赛区的选拔职能。2019年3月组织报名视频提交工作,4月组织初评和复评,4月21—27日开展中小学组入围作品的网络投票,并于5月26日举行决赛的现场展演活动。评选出上海赛区的各奖项,并确定参加全国决赛的作品。

3. 活动组织

上海小学生古诗文大会每年9月中旬开始初选,经过复选、决选评出古诗文桂冠少年和一、二、三等奖若干名。该活动的参与对象为三至五年级小学生,初选、复选均采取微信网络答题的形式,初选重在普及,鼓励老师、家长和孩子共同参与,希望更多学生乃至家庭关注古诗文、爱上古诗文。决选采取书面答题形式,选拔古诗文学习的佼佼者。

中学生古诗文阅读大赛,每年9月由各学校自行组织初赛,11月由各区教研室组织复赛,12月全市统一决赛,复赛、决赛均由大赛组委会组织专家统一命题。高中组每年举行现场团体赛。

三、活动效果与反响

（一）参与面广，受益者众

上海小学生古诗文大会和中学生古诗文阅读大赛受到上海中小学生、学校及家长乃至社会的广泛关注，参与面广，参与人数众多。小学生古诗文大会每届均有十几万小学生参与微信答题初选，3年来参与人数已接近50万，中学生古诗文阅读大赛每届均有十几万中学生参加初赛，17年来总的参与人数超过300万。许多参与活动的中小学生表示，是小学生古诗文大会和中学生古诗文阅读大赛让他们喜欢上了古诗文，喜欢上了经典诵读，喜欢上了中华优秀传统文化。

（二）选拔、输送人才和优秀诵读作品

1. 选拔、输送古诗文优秀学生

在两项古诗文活动中脱颖而出的中小学生，在小升初、初中升高中和高中升大学的过程中，受到了招生学校的普遍青睐。在小学生古诗文大会中，获得五年级组桂冠少年的学生，基本被华育中学、兰生复旦中学、上宝中学、张江集团学校、文来中学、世界外国语中学等名校录取，而在中学生古诗文阅读大赛中获奖的初中组学生大多进入上海中学、复旦附中、华师大二附中、交大附中、南洋模范中学、上海市实验学校等市实验性示范性高中，高中组获奖学生则备受复旦、交大、香港大学、南京大学等知名高校欢迎。高中组学生的获奖情况还被直接纳入市教委高中学生综合素质评价系统。

由两项古诗文活动组委会遴选和推荐的上海优秀学生武亦姝、侯尤雯、李芸芸、钱子昂、姜闻页、吴倩霓等在中央电视台《中国诗词大会》《中国汉字听写大会》等节目中展露风采，取得佳绩。

2. 选拔和输送优秀古诗文诵读作品

上海小学生古诗文大会自2018年起，开展古诗文诵读展演活动，这与教育部今年开展的中华经典诵读大赛不谋而合。在古诗文诵读展演活动中表现优异的作品被推送到全国比赛中，获得了优异成绩。通过多年中学生古诗文阅读大赛的积淀和浸润，上海中学生的经典诵读也达到相当水平，被选拔和推送的作品同样在全国比赛中表现优异。

（三）媒体关注

两项古诗文活动，不仅受到学生、学校、家长，以及教育系统的广泛关注，

也得到许多主流媒体的关注和报道。

多年来,解放日报、文汇报、新民晚报、东方卫视、上视新闻综合、上视夜线约见、上海广播电台、澎湃新闻、上海观察、腾讯大申网、上海教育新闻网、魔都眼等传统媒体和新媒体等均予以报道,这充分说明两项古诗文活动的品牌影响力。

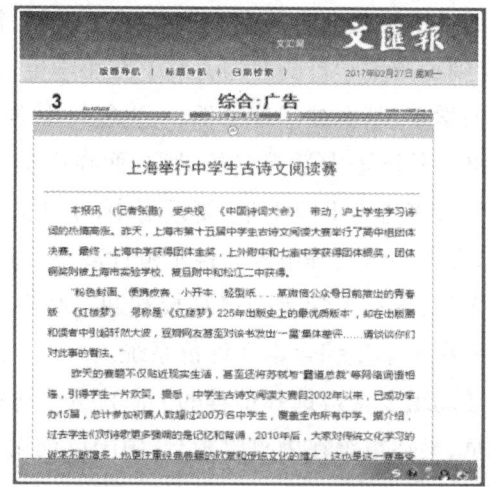